I0815464

BIBLIOTHÈQUE DES CAHIERS DE L'INSTITUT
DE LINGUISTIQUE DE LOUVAIN — 69

# LE COMPARATISME

## t. 2: ÉMERGENCE D'UNE MÉTHODE

par

GUY JUCQUOIS

PEETERS
LOUVAIN-LA-NEUVE
1993

D/1993/0602/24 ISSN 0779-1666 ISBN 90-6831-482-3
ISBN 2-87723-053-0

© PEETERS
Bondgenotenlaan 153
B-3000 Leuven

et Publications Linguistiques de Louvain
Place Blaise Pascal 1,
B-1348 LOUVAIN-LA-NEUVE

Printed in Belgium

*Chez le même éditeur:*

RECHERCHES SUR LES FONDEMENTS DU COMPARATISME

1. Le comparatisme:
   t. 1: Généalogie d'une méthode, 1989.
   t. 2: Émergence d'une méthode, 1993.
   t. 3: La comparaison dans les sciences de l'homme (en préparation).
2. Analyse du langage et perception culturelle du changement. L'application de la notion de différentiel au langage, 1986 (épuisé; nouvelle édition en préparation).
3. Les modèles de l'homme. Sciences et langage des normes:
   t. 1: Les règles de la grammaire sociale (en préparation).
   t. 2: Les règles de la grammaire scientifique (e. préparation).
4. De l'égocentrisme à l'ethnocentrisme ou les illusions de la bonne conscience linguistique, 1986.
5. Économie et communications. Les pouvoirs de la parole (en préparation).
6. L'intégration de la différence. Les changements de la parole (en préparation).

# LE COMPARATISME

## Deuxième partie – Émergence d'une méthode

## LIMINAIRE

Dans le premier volume de cette série, le lecteur aura compris comment les procédures comparatives, dans le domaine de la vie quotidienne comme dans les divers secteurs des sciences de l'homme, sont étroitement liées à un ensemble de facteurs, externes et internes, qui les rendent possibles, voire nécessaires, ou, qui, au contraire, en freinent et en inhibent le processus. Dans l'histoire occidentale, deux brèves périodes marquent les premières tentatives comparatistes, davantage d'ailleurs dans la quotidienneté ou dans la formulation de projets, de réformes, de revendications qui concernent tous les problèmes du quotidien que dans l'élaboration d'une réflexion qui soit marquée par la spécificité comparatiste. Le tome premier du Comparatisme : Généalogie d'une méthode retraçait cette longue histoire dont les moments forts sont la Première Sophistique et la Première Renaissance et s'achevait sur les luttes théoriques qui opposent le monde scientifique dans la seconde moitié du XVIII^e^ siècle.

Le dix-huitième siècle s'achève ainsi sans avoir résolu les contradictions accumulées progressivement depuis la Renaissance. Les esprits les plus clairvoyants du seizième siècle avaient bien perçu la nécessité d'une nouvelle vision du monde, mais une chose est de percevoir la nécessité d'un changement des mentalités et une autre de se révéler capable de le réaliser...

Cette nouvelle anthropologie que l'Occident attendait aurait pu naître du contact avec le Nouveau Monde si celui-ci s'était réalisé autrement. Les divergences étaient trop fondamentales entre l'Amérique et l'Europe, entre l'Indien et l'Occidental, pour que les premiers contacts ne soient pas violents, au moins moralement. Ces approches furent non seulement violentes, mais malheureusement destructrices.

L'Occident aurait pourtant pu apprendre au contact de l'Indien ou du Chinois. Certains grands esprits tirèrent des leçons des relations que l'Europe entretint avec ces régions lointaines. Des figures telles que MONTAIGNE, LAS CASAS ou ERASME, pour ne citer que celles-là, nous font entrevoir ce qu'aurait été l'histoire de l'Occident si un certain nombre de leurs contemporains, et particulièrement les puissants, avait eu l'audace ou la capacité mentale de penser l'Autre d'une manière aussi ouverte que ces figures de proue !

Il n'en a rien été malheureusement et depuis le seizième siècle les cultures étrangères que la rencontre de l'Occident a définitivement condamnées ou irrémédiablement exterminées sont très nombreuses. Ce sont autant de manières de faire, de s'adapter, de résoudre les divers problèmes de la vie, de naître et de mourir, que l'humanité a perdues pour toujours.

Dans nos propres régions, une même attitude d'incompréhension a réduit de nombreux peuples au silence. Une même politique d'ignorance a nivelé la différence culturelle, linguistique, religieuse ou institutionnelle. Il faudra attendre notre époque pour que, dans le cadre des Communautés Européennes, une timide réflexion s'amorce visant à sauvegarder et à protéger certains particularismes.

Nous avons vu combien l'Occident lui-même fut aux prises avec ses propres contradictions depuis la Renaissance jusqu'à la Révolution Française et même au-delà de celle-ci. Les crises de tout ordre secouèrent nos pays durant toute cette période : elles exprimaient l'impossibilité dans laquelle vivaient les populations et les conflits qui traversaient toutes les couches de la société.

La Renaissance s'ouvrait sur la nécessité du dialogue politique : la réponse fut l'absolutisme. La Renaissance débutait avec une volonté de réformer les pratiques religieuses et une exigence d'authenticité et de sincérité : les guerres de religion et l'intolérance religieuse prirent leur place. La Renaissance avait désacralisé la nature et prônait l'observation et l'expérimentation : la rationalité cartésienne remplaça l'une et l'autre. La Renaissance était désir de s'ouvrir à l'Autre et d'aller à sa rencontre : on réduisit l'étranger en esclavage ou on le fit disparaître pour mieux le déposséder.

Autant de pistes que l'Occident aurait pu emprunter, s'il s'était trouvé suffisamment d'esprits ouverts et préparés à cette grande et unique aventure de l'humanité. Il n'en fut rien et l'Occident vécut jusqu'au début du dix-neuvième siècle dans le prolongement et dans les conséquences de ce refus de l'Autre.

Il n'y a donc rien de surprenant à constater l'incapacité des hommes de science, à travers les dix-septième et dix-huitième siècles, à élaborer d'une manière moderne tant les sciences du vivant que celles de l'homme. Dans ces deux types de sciences, en effet, le cartésianisme ne pouvait apporter aucun élément de réponse satisfaisant. Ces disciplines ne peuvent se constituer que sur la base d'observations et d'expérimentations répétées, les unes comme les autres devant s'insérer dans les jeux d'interprétations que suggèrent d'incessantes comparaisons.

On a noté combien un génie tel que BUFFON, dans le domaine des sciences naturelles, avait pu s'approcher de l'hypothèse transformiste. On a remarqué la lente éclosion d'une méthode comparative dans les sciences naturelles, l'anatomie comparée. On se souvient aussi de l'important matériel scientifique que ramenèrent en Occident les nombreuses expéditions scientifiques de la seconde moitié du dix-huitième siècle. Ce siècle exacerbe les contradictions antérieures et annonce déjà le renouveau qui débutera avec le dix-neuvième siècle.

Les recherches, d'un BUFFON notamment, engagent la réflexion aussi sur ce qui deviendra un nouveau secteur scientifique, celui des sciences de l'homme. L'homme, en effet, commence à être étudié en lui-même et pour lui-même en dehors de toute référence, ni à Dieu, ni au souverain. Il devient objet d'étude dans sa singularité et sa spécificité, tout comme dans sa multitude et dans sa statistique.

Ce changement d'anthropologie annonce le dix-neuvième siècle avec diverses ruptures épistémologiques : début des mathématiques modernes avec LOBATCHEVSKI, GAUSS et BOLYAI, début de la paléontologie avec LAMARCK et CUVIER, de la grammaire comparée avec BOPP et RASK, de l'histoire comparée avec VICO et MICHELET, ou encore commencement de la médecine expérimentale avec BICHAT et plus tard BERNARD, de la psychiatrie moderne avec PINEL...

Le changement de mentalités s'annonce par la Révolution de 1789. À l'absolutisme qui se termine succède la démocratie parlementaire et de cette dernière sortira progressivement le nécessaire pluralisme contemporain. Certes, le pouvoir est d'abord monopolisé par la bourgeoisie victorieuse de la Révolution Française. Mais c'est du libéralisme, en tant que force politique, que sortira le socialisme. Les théories qui exprimeront le socialisme seront, de BABEUF à MARX, issues des mêmes milieux sociaux.

L'essor économique succède à l'industrialisation, plus rapide ou précoce dans telle région que dans telle autre. Les classes laborieuses n'en profiteront pas immédiatement que du contraire. Progressivement, cependant, les bienfaits de l'expansion se répandront de proche en proche et atteindront aussi des classes qu'on cessera de considérer comme dangereuses au fur et à mesure qu'elles participeront au bien-être général.

La sécurité matérielle, voire le confort, est peut-être une assise nécessaire à une plus grande ouverture vers l'Autre et à davantage de tolérance... ? Si c'était le cas, on comprendrait que, malgré une nouvelle et dernière vague de colonialisme, l'Occident ait commencé à s'intéresser réellement à l'Autre à travers le dix-neuvième siècle. L'essor des sciences humaines est frappant : bien sûr, cela participe aussi de l'engouement romantique pour l'exotisme et la culture populaire. Mais cet engouement lui-même aurait été impensable au dix-septième et même au dix-huitième siècle.

En effet, le mépris des campagnes – on l'a noté – était général en Occident durant ces deux siècles. Un indice, parmi d'autres : deux des plus grands saints de ces deux siècles, Saint Vincent de PAUL et Saint Alphonse de LIGUORI se vouèrent tous deux à la christianisation des campagnes qu'ils considéraient, à juste titre, comme abandonnées et délaissées.

L'intérêt tout nouveau pour nos régions et nos campagnes recouvre la curiosité, elle aussi nouvelle, pour l'étranger. On met la même passion à recueillir, à étudier et à éditer les chansons populaires ou les contes et légendes de nos régions, qu'à noter et traduire les coutumes et récits de peuples lointains et souvent déjà en voie de disparition ou d'acculturation.

Sans doute, cet intérêt du dix-neuvième siècle n'est-il pas absolument pur. Il manifeste plus souvent le goût de l'exotisme et du sensationnel qu'un souci désintéressé de rencontrer l'Autre dans toutes ses dimensions et dans toutes ses composantes. Si cette époque est celle de l'élaboration des sciences de l'homme, il faudra attendre la nôtre pour que débute, encore que timidement, une critique des présupposés de ces sciences.

La pensée comparative émerge lentement : on a repéré ses premières manifestations dès la fin du dix-huitième siècle. À ce moment, elle n'est qu'occasionnelle, mais pas encore méthodique. Ce sera le propre du dix-neuvième siècle d'élaborer une méthode comparative qui s'inaugurera dans quelques disciplines-pilotes.

Le comparatisme du dix-neuvième siècle n'aurait pu se concevoir en dehors d'un certain contexte général. Font sans doute partie de ce même contexte des phénomènes apparemment aussi distincts et disparates que la démocratie parlementaire, l'avènement d'une pensée plus libre dont la libre-pensée et le pluralisme furent probablement des signes, l'industrialisation et l'essor économique avec progressivement une meilleure répartition des richesses, les nouvelles formes du colonialisme mais aussi la suppression de l'esclavage, etc.

Nous ne croyons ni à l'idéologie des "grands hommes", ni à un déterminisme qui exprime trop souvent la thèse inverse. Nous pensons que les découvertes scientifiques résultent largement d'une évolution des esprits dont les fruits se manifestent généralement en plusieurs endroits et chez plusieurs personnes. Le synchronisme d'une même découverte qui se produit à deux endroits, ou davantage, souligne clairement, pensons-nous, combien les chercheurs et les découvreurs sont entièrement hommes de leur temps. Ils restent cependant des "grands hommes", car leurs découvertes ne furent possibles que par le long et courageux travail qu'ils entreprirent contre eux-mêmes et contre la majorité de leurs contemporains, encore trop souvent plongés dans les inhibitions et les résistances héritées du passé. Le simplisme et l'erreur du déterminisme historique rejoignent ceux de l'idéologie des "grands hommes" en ceci que, dans les deux cas, les parts respectives de la liberté et du déterminisme sont mal appréciées. C'est pourquoi ces deux méprises conduisent, l'une et l'autre, à l'aliénation.

Ce préalable permettra au lecteur de mieux comprendre notre propos. Il justifiera notamment les motifs qui nous ont poussé à tenter de repérer, dans des domaines fort diversifiés, les éléments qui permettaient de mettre en évidence tant les survivances et les résistances du passé que les premières manifestations de l'émergence d'un esprit contemporain dont la caractéristique primordiale serait, selon nous, le relativisme. Celui-ci repose sur l'acceptation d'un postulat d'adaptabilité permanente, sur le mouvement et le changement. Or, ce qui frappe quand on compare la société d'Ancien Régime et la nôtre, c'est précisément l'immobilisme principiel de l'une et la mobilité proclamée de l'autre. Changement radical s'il en est, révolution si profonde des mentalités que nous n'en avons pas encore, après plus de deux siècles, tiré toutes les conséquences ! On conçoit, dès lors, qu'un bouleversement aussi fondamental des mentalités, des manières d'être et de vivre, n'ait pu survenir d'emblée. Le terrain dut être longuement préparé. Cette préparation se devait d'avoir lieu dans les sciences de la vie puisque la vie est changement, mouvement, adaptation. Inversement, les modifications de conceptions ne pouvaient aisément s'imposer dans le domaine de la société puisqu'elles étaient radicalement incompatibles avec les conceptions antérieures. C'est ce qui explique que les sciences de la vie ont joué, du dix-septième siècle à nos jours, le rôle de matrice de nos sociétés et de nos mentalités occidentales. Ceci rend compte de l'importance qu'on leur consacrera à travers tout ce volume qui retrace l'histoire des oppositions entre l'Ancien Régime et les temps nouveaux. Il fallait également préciser ce qui précède pour qu'on comprenne le rôle que jouent encore aujourd'hui les sciences du vivant, entretemps appelées sciences biologiques et, plus particulièrement, la génétique dont la fonction méthodologique est largement parallèle à celle du comparatisme parmi les sciences de l'homme.

L'aide qu'apportent toujours nos semblables, ou certains d'entre eux, dans la levée des résistances accompagne parfois, lorsque des circonstances heureuses et des personnalités de choix interviennent, l'appui concret et matériel qu'offrent les proches dans la réalisation d'un volume comme celui-ci. Il m'est très agréable de reconnaître cette dette envers de nombreux Collègues avec lesquels j'ai eu le plaisir de discuter divers points repris ici, je remercie également mes étudiants dont toute la chaleur et la sympathie m'encouragent au quotidien. Je suis redevable enfin à l'amitié de mes proches de nombreuses précisions, corrections et améliorations qui faciliteront l'accès à ce texte. Ce fut particulièrement le cas d'Yves DUHOUX, de Mireille HUE, de Damien HUVELLE, de Valérie LOISEAUX et de Christophe VIELLE, à qui ce livre doit beaucoup, à qui je dois, moi, encore plus.

# TITRE 4 – LA MÉTHODE COMPARATIVE

# CHAPITRE 9 – L'IDÉE D'UNE MÉTHODE

*De l'histoire naturelle aux sciences de la nature. Le transformisme. Le lamarckisme. Le darwinisme. Les sciences naturelles et les sciences de l'homme. Le renouveau scientifique.*

## De l'histoire naturelle aux sciences de la nature

Le XVIIIe siècle vit encore complètement dans l'idée d'un "ordre naturel". Les esprits divergent sur les raisons de cet ordre, mais ils sont encore unanimes à le reconnaître à l'oeuvre. Cet ordre se manifeste par des relations entre les êtres vivants.

Les causes de cet ordre naturel ne constituent par pour tous un objet d'interrogation, car cet ordre n'est pas conçu comme étant l'aboutissement d'un processus évolutif et temporel. Les relations perçues entre les êtres vivants sont censées trouver leur justification en elles-mêmes. Cette attitude conforte évidemment des explications finalistes dans lesquelles un projet ou un dessein serait à l'oeuvre.

C'est le climat dans lequel se développe, à la fin du XVIIIe siècle et au début du XIXe, ce qu'on appelle encore l'histoire naturelle. Si cette croyance en un "ordre naturel" dirige les savants, les recherches positives entreprises, au Museum principalement, modifient progressivement le climat et mettent peu à peu en cause les présupposés de cet ordre de la nature (DAUDIN. 1926. b. 253).

En 1788, se fonde en France la Société linéenne dont le but initial est de réhabiliter le maître suédois méprisé par BUFFON. En 1793, elle se transforme en Société d'Histoire Naturelle et devient un centre d'enseignement. Les efforts de cette Société s'allient à ceux du Museum pour promouvoir l'enseignement de l'histoire naturelle : du niveau élémentaire au niveau le plus élevé de l'enseignement, cette discipline fait l'objet d'études.

Entre les maîtres du XVIIIe siècle, LINNE et BUFFON, et ceux du début du XIXe, LAMARCK ou CUVIER, quelque chose a changé. Les premiers "se contentaient d'une compréhension classificatrice et descriptive, qui ne pouvait prendre en charge l'économie interne des formes de la vie" (GUSDORF. 1978. 431), les seconds s'inspireront des sciences physique et chimique et tenteront non seulement de décrire mais surtout d'expliquer. On passera alors du récit à l'explication ou d'une "histoire naturelle" à des "sciences naturelles".

Au XVIIIe siècle, la recherche d'une classification "méthodique" vise à mettre en évidence, voire à découvrir, les caractères de chaque espèce et de chaque genre. Cette étape apparemment franchie, la recherche se propose alors "comme son but le plus élevé de grouper, à tous les degrés de la distribution, les unités collectives selon les 'rapports' ou affinités qui les unissent et reproduire par là, aussi fidèlement que possible, l'ordre que la 'Nature' même a paru mettre entre elles" (LINNE apud DAUDIN. 1926. c. 79).

Pour bien comprendre comment on passa progressivement de la conception d'un inventaire de la Nature à la notion d'évolution, il faut expliciter quelque peu une notion introduite par le XVIIIe siècle, la notion de "série".

Si on compare les travaux de LINNE à ceux de LAMARCK, on constate qu'en une cinquantaine d'années on est passé de l'élaboration d'une "méthode" de classification à l'idée de "série". La systématique inaugurée par LINNE se révèle particulièrement bien adaptée et met en évidence les affinités des espèces et des genres entre eux.

Mais ni LINNE, ni ses successeurs "ne garantissent qu'on doive réussir à les exprimer fidèlement en choisissant, selon des règles fixes, des caractères déterminés et en formant les unes après les autres, d'après ces caractères, des 'divisions' nettement 'tranchées'" (DAUDIN. 1926. c. 230). Au contraire, l'idée se fait jour qu'il doit exister entre toutes les formes du vivant un enchaînement graduel et continu, l'idée de "séries" devient plus forte que celle de "méthode" dont elle est pourtant partiellement issue.

Le concept de "série" provenait également de la perception d'une sorte de dégradation régulière, bien qu'insensible, entre un maximum et un minimum de "vitalité". Cette notion était indépendante de la systématique et exerça son influence en dehors des "méthodes" ou en se combinant, d'ailleurs imparfaitement, à celles-ci (DAUDIN. 1926. c. 80).

Les naturalistes du XVIIIe siècle sont préoccupés – on l'a souligné – d'établir les classes animales avec la plus grande exactitude. Pour cela, ils repèrent le maximum possible de signes distinctifs, incluant même dans leur description des caractères "dont la signification anatomique et physiologique est accessoire" (DAUDIN. 1926. c. 159).

La conséquence de cette attitude est évidente : "de la seule notation d'un nombre croissant de ces caractères résulte une conséquence directe et inévitable : la découverte d'un nombre croissant de similitudes entre les êtres considérés" (DAUDIN. Loc. cit.). Au fur et à mesure que se reproduit cette impression de similitudes entre des êtres vivants, se renforce aussi l'idée de leur enchaînement graduel.

L'insistance mise par les naturalistes du XVIIIe siècle sur les "passages" ou les "transitions" gradués entre les espèces pourrait nous faire croire qu'il s'agit de précurseurs du transformisme (DAUDIN. 1926. c. 231). Pourtant ce serait une erreur, car dans l'esprit des naturalistes de cette époque, sauf peut-être pour BUFFON, l'insistance sur les "transitions" ne signifie pas que les espèces seraient issues les unes des autres, mais vise tout simplement à "exprimer la quasi-continuité des ressemblances que l'observation découvre, selon eux, entre des formes données".

Chez certains esprits plus clairvoyants, ainsi chez LAMARCK dès ses débuts, se manifeste l'idée d'une progression entre les vivants, thèse à laquelle s'associe "la représentation tout abstraite et spéculative d'un ordre rationnel de la production, réglé sur la perfection relative des êtres à produire" (Ibid.).

S'il fallait caractériser les XVIII$^{e}$ et XIX$^{e}$ siècles, l'un par rapport à l'autre, sans doute faudrait-il dire que le XVIII$^{e}$ siècle a précisé la notion d'espèce et instauré les bases d'une nomenclature scientifique, tandis que le XIX$^{e}$ siècle, notamment par les travaux de LAMARCK, de CUVIER et de GEOFFROY SAINT-HILAIRE, en se basant sur l'anatomie comparée, a "donné à la classification la valeur d'une synthèse de l'histoire de la Vie en suggérant une dépendance mutuelle des divers groupes du règne animal" (TETRY. 1981. 401).

L'idée d'évolution dominera toute la pensée du XIX$^{e}$ siècle introduisant à l'intérieur de chaque groupe animal et entre les groupes des liens de parenté. La notion d'évolution du vivant était, comme telle, déjà connue depuis l'Antiquité et le XVIII$^{e}$ siècle l'avait reprise et s'y était progressivement accoutumé, elle triomphera au XIX$^{e}$ siècle (CAULLERY et TETRY. 1981. 542).

Le concept d'évolution diffère cependant grandement entre le XVIII$^{e}$ et le XIX$^{e}$ siècle. Au XVIII$^{e}$ siècle, ce qui frappe le naturaliste c'est la continuité des espèces ordonnées en séries bien régulières "de telle manière que l'on saisisse intuitivement le passage de l'une à l'autre" (BREHIER. 1983. 800). Le changement, d'abord avec LAMARCK et ensuite avec DARWIN, réside dans le fait, qu'au XIX$^{e}$ siècle, l'intérêt se portera non plus sur la continuité, mais sur la rupture de la gradation entre les espèces par le jeu des anomalies.

En effet, LAMARCK, dès son discours d'ouverture en 1800 et ensuite dans sa *Philosophie zoologique*, se situe à contre-courant en attirant l'attention non plus sur les régularités, mais, au contraire, sur les anomalies apparentes. Par exemple, le type vertébré implique divers organes répartis d'une manière déterminée – ainsi, des yeux placés symétriquement, une dentition, des pattes pour se mouvoir, etc. – , or on trouve des vertébrés chez lesquels ces organes sont distribués autrement, ou même des vertébrés où ces organes font défaut ou sont atrophiés. La gradation est donc irrégulière. LAMARCK, comme plus tard DARWIN, se basera sur ces irrégularités pour proposer une explication entièrement nouvelle de l'ensemble des êtres vivants.

## Le transformisme

Si on doutait du fait qu'une théorie scientifique ne puisse être formulée que dans un contexte qui l'engendre idéologiquement en quelque sorte, on trouverait dans la découverte du transformisme un de ces exemples supplémentaires pour établir qu'une découverte n'est possible que dans un contexte mental et idéologique bien déterminé, si bien que, lorsque ce contexte est présent, il n'est pas rare de voir plusieurs savants la faire simultanément.

En 1858, alors que DARWIN n'avait rédigé que la moitié à peine de son *Origine des espèces*, il reçoit par la poste un mémoire que lui adressait de l'Archipel malais un naturaliste presqu'inconnu, un certain Alfred Russel

WALLACE. Ce mémoire contenait en une vingtaine de pages les grands principes de la théorie darwinienne (ROSTAND. 1978. 152). WALLACE avait écrit son mémoire en trois jours et il l'adressait à DARWIN avec l'espoir que celui-ci apprécierait la nouveauté de ces vues[1] !

En un quart de siècle, entre 1860 et 1890, et malgré des oppositions houleuses, tant du monde scientifique que des Églises, le transformisme devient rapidement une certitude, au même titre, selon l'expression de WEISMANN (Apud ROSTAND. 1978. 152), "que la rotation de la terre autour du soleil".

Pour donner une idée de la prévention contre les théories transformistes, voici le texte émanant d'un des membres de l'Académie des Sciences de Paris, Pierre FLOURENS, pourtant disciple de CUVIER et physiologiste célèbre, qu'il écrivit à propos de DARWIN : "La science de ceux de ses livres qui ont fait principalement sa réputation, l'*Origine des Espèces*, et, plus encore, La *Descendance de l'Homme*, n'est pas de la science, mais une quantité d'assertions et d'hypothèses absolument gratuites, et souvent erronées d'une façon évidente. Ce genre de publications et ces théories constituent un mauvais exemple qu'un Corps qui se respecte ne peut encourager" (Cité par ROSTAND. 1978. 151).

C'est pourtant DARWIN qui fait entrer le transformisme dans l'ère de la science moderne. Pour comprendre le changement survenu, examinons quelque peu le climat épistémologique des débuts du XIX^e^ siècle. Le débat transformiste est largement ouvert aux environs de 1800 : CABANIS (1757-1808), dans ses *Rapports du physique et du moral de l'homme*, évoque l'hypothèse transformiste comme quelque chose qui "ne paraît plus si rigoureusement impossible" (Cité par GUSDORF. 1978. 448).

On commence à se rendre compte que la durée de l'histoire terrestre est beaucoup plus longue qu'on ne l'avait imaginée jusqu'alors. Cet allongement rend la transformation des espèces concevable. En 1800, LACEPEDE publie un *Discours sur la durée des espèces inséré* dans son *Histoire naturelle des poissons.* La même année, CUVIER donne ses *Leçons d'anatomie comparée* dans lesquelles il évoque une perspective paléontologique. D'autres auteurs encore envisagent l'hypothèse transformiste et c'est dans ce contexte favorable que LAMARCK formulera ses théories sur lesquelles on reviendra plus en détail.

Durant un certain temps, deux conceptions vont coexister : le créationnisme d'une part et diverses versions du transformisme de l'autre. La première et la plus importante opposition aux thèses créationnistes vint du concept d'évolution, mis en avant par LAMARCK en 1809. Des débuts du dix-neuvième siècle jusqu'aux succès des théories de DARWIN, les thèses créationnistes s'opposeront au progrès des versions successives des thèses évolutionnistes.

Pendant toute cette période, le concept d'évolution se perfectionnera progressivement jusqu'au darwinisme qui sera la première théorie qui tend à

---

1 ROSTAND (1978. 153) donne quelques passages du texte de WALLACE et on constate combien le parallèle est frappant entre ce dernier et DARWIN. C'est jusque dans le détail, voire dans les expressions choisies, que l'identité se vérifie !

démontrer le fait évolutif. DARWIN, "contrairement à ce que pensent la plupart de ses contemporains, affirme que les espèces, telles qu'on les voit aujourd'hui, ne sont pas nées *ex nihilo*, créées par une force surnaturelle, mais sont issues d'espèces 'précédentes'" (NOEL. 1982. 9) et, ceci est tout nouveau, il propose une explication du mécanisme évolutif dont nous acceptons encore aujourd'hui les principes.

Mais pour que cette étape décisive soit franchie, il fallait qu'un certain nombre de conditions soient remplies. Pour nous, il est devenu difficile de ne pas voir dans le transformisme l'aboutissement des classifications zoologiques antérieures, pourtant le passage des unes à l'autre ne fut possible que grâce à diverses modifications dans les mentalités et dans les conditions du travail scientifique (DAUDIN. 1926. b. 250).

Du point de vue des sciences du vivant, on peut distinguer dans l'évolution du dix-neuvième siècle deux périodes, la première qui s'étend sur le premier quart du siècle, la seconde qui va des années trente aux années soixante.

Dans le premier quart de siècle, se mettent en place des conditions nouvelles de travail : aux résultats et interprétations de l'anatomie comparée qui acquiert un véritable statut scientifique s'ajoutent les données de l'embryologie comparée qui, "vers le milieu du siècle, sera en mesure de juger de l'homologie réelle des structures d'après leur mode de formation" (DAUDIN. 1926. b. 251).

La première période s'ouvre avec les réflexions de LAMARCK – et en cela aussi il se distingue de BUFFON et de son école – qui pense que "les causes essentielles du développement de l'organisation et des fonctions doivent être cherchées dans les propriétés physiologiques des animaux et des végétaux inférieurs" (DAUDIN. 1926. b. 210). LAMARCK constate, en effet, que ces organismes sont doués de "facultés" étonnantes et notamment dans le domaine de la reproduction. Il en déduit que "la différence physique de l'inerte et du vivant" doit être posée "comme inhérente aux modalités d'un fonctionnement, d'une action" (Ibid.), cela laisse la place à une influence possible des conditions du milieu sur ces phénomènes, ce qui constitue le fondement du transformisme naissant.

Entre ces deux périodes, le travail des zoologistes s'est heurté à une opposition entre un inventaire complet des caractères et leur sélection hiérarchique (DAUDIN. 1926. b. 242), mais les savants sont parvenus à éviter cette contradiction en recourant alternativement aux deux conceptions et en les complétant l'unc par l'autrc.

Durant la seconde période, divers concepts scientifiques nouveaux paraissent oeuvrer à l'avènement d'une interprétation plus réellement physique de la variance du monde végétal et animal (DAUDIN. 1926. b. 258). Cette époque est marquée par les progrès de la physiologie expérimentale avec Claude BERNARD, par la constitution définitive de la théorie de la cellule et par l'étude de sa pathologie, par les recherches de PASTEUR sur l'action physico-chimique des organismes microscopiques.

Cette époque peut être qualifiée de véritable "révolution biologique", selon les termes de RUFFIE (1976. 27), et le transformisme en est une des grandes phases. L'idée centrale de cette théorie est que des espèces voisines – et donc classées à proximité – doivent avoir une origine identique. Le transformisme se base ainsi sur la notion de parenté et d'évolution.

En somme, selon les termes de DAUDIN (1926. b. 249), on peut conclure des luttes scientifiques de cette première moitié du dix-neuvième siècle que, "pendant tout le temps où elle s'est attachée surtout à établir une classification 'naturelle', la zoologie a mis en oeuvre l'idée-mère des théories de la descendance sans l'avoir adoptée".

Ce n'est qu'à partir de DARWIN qu'on fera coïncider la recherche d'une classification zoologique et une généalogie du monde du vivant, en sorte que la zoologie transformiste n'a pas eu à renier la systématique antérieure mais a, au contraire, constitué une sorte de prolongement naturel de celle-ci.

## Le lamarckisme

Le dix-huitième siècle avait été séduit par l'idée d'une continuité entre les espèces. L'idée de "série" s'en était dégagée, comme on l'a vu plus haut. LAMARCK s'intéresse aux anomalies de cette gradation des espèces en sorte qu'il inverse les points de vue : au lieu d'une gradation régulière, il met en évidence une "gradation irrégulière" comme il la nomme lui-même (Apud BREHIER. 1983. 800).

Ce qu'il faut expliquer, estime-t-il, ce sont les écarts par rapport à la gradation régulière. En travaillant sur des organismes fort simples, il en arrive à supposer que ce sont les circonstances et le milieu qui provoquent des besoins différents de ce qu'ils étaient, d'où des efforts nouveaux pour les satisfaire, ce qui aboutit finalement à une modification et même à un déplacement des organes. Ces changements se fixent grâce à l'habitude. Le milieu produit donc toujours des anomalies et des irrégularités.

S'intéressant à la systématique, LAMARCK critique l'oeuvre de ses prédécesseurs. Il propose une "méthode d'analyse" universellement applicable. En présence "d'un ensemble quelconque d'objets différents", il faut épuiser "les unes après les autres leurs différences de manière à isoler finalement l'un quelconque d'entre eux" (DAUDIN. 1926. c. 193). Cette méthode est, selon ses propres termes, "une méthode de dissection" par comparaison et élimination des éléments comparables.

En botanique, il reprend la notion de série qu'il imagine "comme une 'chaîne' faite d'affinités multiples et, par là même, indivise" (DAUDIN. 1926. c. 196). LAMARCK reconnaît un certain nombre de familles déjà établies antérieurement, mais "la délimitation et la distribution interne de chacun de ces groupes ayant été fixées, le plus souvent, d'après des 'caractères isolés', et non point toujours d'après les mêmes", il en découle que ces familles se prêtent mal à être enchaînées avec des transitions graduelles.

Si on prend l'ensemble des anomalies, on constate également une hiérarchie des classes qui se manifeste par les diminutions que subit, d'une classe à l'autre, le système des "organes essentiels" (Apud DAUDIN. 1926. b. 150). Cependant, "chaque organe pris isolément ne suit pas une marche aussi régulière dans ses dégradations : il la suit même d'autant moins qu'il a lui-même moins d'importance". Il arrive donc qu'un organe acquière, dans une classe déterminée, des degrés de développement qui ne reflètent pas la hiérarchie des animaux entre eux.

Il s'agit-là d'anomalies au second degré, pourrait-on dire, qui s'expliquent aussi par l'action de causes étrangères et qui rendent la progression moins évidente. Il y a donc des cas que l'on ne peut relier en une progression "unique et continue" (Ibid. 151), c'est ce que LAMARCK appelle les "variations irrégulières dans le perfectionnement et dans la dégradation des organes non essentiels", ces variations sont dues également à l'influence de causes extérieures qu'on peut appeler globalement le milieu.

On a ainsi affaire à des séries qui sont, selon les termes de LAMARCK, "linéaires" dans leur ensemble et "rameuses" dans le détail. Les unités ultimes de la classification peuvent différer entre elles "par des caractères qui procèdent, dans une large mesure, des conditions de milieu" (DAUDIN. 1926. b. 152). Comme ces conditions sont fort différentes les unes des autres, on peut s'attendre à ce que les unités puissent diverger entre elles à beaucoup d'égards.

Ces conceptions mettent évidemment en jeu la notion d'espèce telle qu'on la concevait à cette époque. En effet, l'espèce était "l'entité par excellence", "la seule dont la marque soit effectivement portée par tous les individus" (ARON. 1968. 33), trait d'union entre chaque être vivant, qui se reconnaît, ou qui est reconnu, comme entité ou individu et, simultanément, comme appartenant à telle espèce.

LAMARCK s'en prend au concept d'espèce, perçue comme étant le reflet de la fixité, de l'impossibilité de changement et de l'indifférence aux conditions du milieu. C'est, de plus, la seule catégorie qui fût suffisamment et rigoureusement définie. Les autres entités taxinomiques – genres, familles, ordres, classes – sont perméables et il est, par exemple, toujours possible d'introduire une espèce de plus dans tel genre.

Les critiques lamarckiennes porteront donc sur le concept d'espèce et celui ci laissera la place à l'entité la plus élémentaire, l'individu, seule entité d'ailleurs à pouvoir subir les influences du milieu. En réalité, LAMARCK s'en prend davantage à notre image de l'espèce qu'à l'entité biologique elle-même, car, estime-t-il, c'est dans l'espèce que "se réfugie l'illusion anthropologiquc en biologie" (ARON. 1968. 35).

Pour que le passage d'une espèce à l'autre soit possible, il faut, bien entendu, supposer que les diverses espèces n'ont pas fait l'objet de créations individuelles – théorie évolutionniste s'opposant résolument aux conceptions créationnistes et fixistes – et que la stabilité qui se constate n'est que provisoire et correspond à une stabilité identique du milieu. Si ce dernier vient à se modifier, les caractéristiques spécifiques changent également : "A mesure que les circonstances d'habitation, d'exposition, de climat, de nourriture, de vivre [sic]..., viennent à changer, les caractères de taille, de forme, de proportion entre les parties, de couleur, de consistance, d'agilité et d'industrie, pour les animaux changent proportionnellement" (Apud CAULLERY et TETRY. 1981. 542).

D'où viennent ces conceptions de LAMARCK ? DAUDIN (1926. b. 205) remarque à ce sujet que les années durant lesquelles les conceptions transformistes de LAMARCK se sont forgées, soit entre 1796 et 1800 environ, "sont précisément celles au cours desquelles CUVIER fait connaître, par toute une série de communications que publient ou que résument des recueils scientifiques du temps, ses premières recherches sur les Mammifères fossiles". Or les conceptions de CUVIER, traditionnelles en ce qui concerne la notion d'espèce, sont aux antipodes de celles de LAMARCK. Ce dernier aurait ainsi eu l'attention attirée sur cette question et aurait révoqué la conception traditionnelle reprise par CUVIER.

Mais comment rendre compte alors, dans l'optique de CUVIER, des animaux fossiles s'ils ne constituent les échelons intermédiaires, des stades de transition ou les chaînons manquants comme nous dirions aujourd'hui ? Comme CUVIER s'en tient à la fixité des espèces, il doit supposer des cataclysmes qui auraient détruit un monde antérieur au nôtre. Les différences constatées entre des espèces actuelles et des espèces fossiles "paraissent prouver l'existence d'un monde antérieur au nôtre, détruit par une catastrophe quelconque", pense CUVIER (Apud DAUDIN. 1926. b. 207 n.3).

Ces catastrophes, d'une ampleur dépassant l'imagination, ont dû bouleverser l'ordre de la nature et l'équilibre statique entre les divers animaux. Cette hypothèse ne peut que déplaire à un esprit tel que LAMARCK : pour celui-ci, comme pour BUFFON avant lui, outre qu'elle n'explique pas comment se seraient développées et répandues les espèces nouvelles postérieures à cette catastrophe, cette hypothèse apparaît comme irrationnelle "puisqu'elle sacrifie, en somme, à la souveraineté de l'accident la régularité même de l'ordre naturel" (DAUDIN. 1926. b. 209).

Comme le souligne RUFFIE (1976. 44), on est surpris qu'un esprit aussi pénétrant que CUVIER, un des fondateurs de l'anatomie comparée, paléontologue des plus importants, qui fut un des premiers à remarquer les similitudes entre espèces vivantes et espèces disparues, soit demeuré aussi farouche partisan du fixisme et cela d'autant plus que cela l'entraînait nécessairement dans un monde de suppositions concernant ces "bouleversements universels"[1].

Pourtant, malgré son hypothèse d'une catastrophe universelle, malgré ses conceptions fixistes, CUVIER a contribué, peut-être davantage même que

---

[1] D'où, par exemple, ses préoccupations concernant le caractère universel du déluge et la chronologie de cet événement.

LAMARCK selon DAUDIN (1926. b. 254), à "la dissolution du dogme scientifique qui posait comme réguliers et nécessaires les rapports constitutifs de l'ordre naturel". Il a montré l'arbitraire des représentations sérielles du monde vivant et "le degré très inégal des rapports entre les types zoologiques", il a admis et fait accepter que "le nombre et la répartition des espèces, sinon leurs caractères, peuvent être bouleversés, dans des cas exceptionnels, mais décisifs, par des événements physiques" (IDEM. 256). C'était aussi faire accepter par le monde scientifique que des circonstances extérieures peuvent bouleverser et détruire partiellement l'ordre de la nature.

Après cette parenthèse sur les conceptions de CUVIER, revenons encore au transformisme de LAMARCK. Ses conceptions requièrent d'attribuer au temps un rôle essentiel dans la genèse du monde vivant. Mais s'il n'y avait eu que ce seul facteur de changement, on aurait dû trouver une grande régularité dans les séries animales. Or, ce n'est pas le cas, c'est donc que d'autres causes ont dû agir.

LAMARCK songe alors à l'influence des "circonstances d'habitation" et à celle des "habitudes contractées" (Apud DAUDIN. 1926.b. 164) qui ont introduit progressivement des "anomalies" nombreuses et variées dans les séries animales. Le "défaut d'emploi" d'un organe va aussi le rendre plus précaire, l'affaiblir et finalement être la cause de sa disparition. Inversement, un emploi plus fréquent d'un organe va le fortifier et le développer et même, si de nouvelles fonctions apparaissent comme nécessaires, assistera-t-on à l'apparition et au développement de nouveaux organes.

Pour LAMARCK, les faits se succèdent donc comme suit : le changement des circonstances entraîne le changement des habitudes, ce qui provoque le changement des actes qui suscite à son tour une modification de la forme. Il illustre ses conceptions par des exemples :

> *Ainsi, la Girafe contrainte de brouter les feuilles des arbres s'efforce d'y atteindre; cette habitude sévissant depuis longtemps chez tous les individus de l'espèce, a entraîné des modifications utiles de la forme; les jambes de devant sont devenues plus longues que celles de derrière et le cou s'est allongé suffisamment pour atteindre des branches à 6 m de hauteur.*
>
> *L'Oiseau que le besoin de trouver sa nourriture attire sur l'eau, écarte les doigts lorsqu'il veut nager; la peau prend l'habitude de s'étendre et ainsi se forme, par transmission des effets de l'exercice répété pendant de nombreuses générations, la palmure des Oiseaux aquatiques.*
>
> *Les Ruminants se battent à coups de tête; les chocs ont déterminé la formation d'une tubérosité cornée ou osseuse : "Dans les fréquents accès de colère auxquels les mâles sont souvent sujets, les efforts de leurs sentiments intérieurs attirent les fluides plus fortement vers cette partie de leur tête; il se dépose là, par suite une sécrétion de substance osseuse, mélangée à de la substance cornée, ce qui donne naissance à de petites protubérances solides" (CAULLERY et TETRY. 1981. 543).*

L'explication par l'influence du milieu découle chez LAMARCK d'un examen soigneux des faits zoologiques et des résistances qu'ils manifestent alors à leur insertion dans des séries harmonieuses et régulières (DAUDIN. 1926. b. 201). Dans les remaniements qu'il propose des distributions du monde du vivant, LAMARCK met en oeuvre trois règles sur un fond qu'il pose comme étant en évolution (RUFFIE. 1976. 43 sq. et CAULLERY et TETRY. 1981. 543).

La première règle est que cette évolution se manifeste par une complexification croissante des êtres vivants, la vie se développe du simple vers le plus complexe. Dans chaque groupe, apparaissent d'abord les êtres simples, le plus souvent de petite taille.

Ensuite joue la seconde règle : l'usage ou le non-usage d'organes est suscité par le milieu et entraîne le développement ou au contraire l'atrophie des organes. LAMARCK distingue deux types de propriétés du vivant : les unes sont dites "inaltérables", parce qu'elles sont fondamentales du vivant, les autres sont "altérables" et varient en fonction du milieu. Dans les premières, se rangent les grandes fonctions vitales, digestion et assimilation de la nourriture, locomotion, respiration, perception, reproduction, etc. Dans les secondes, toutes les modalités par lesquelles s'exercent les grandes fonctions, "elles correspondent aux caractères morphologiques et aux appareils qui exécutent ces fonctions" (RUFFIE. Op. cit. 44), par exemple les branchies, la trachée et les poumons pour la respiration, etc.

La troisième règle assure l'harmonie entre les deux premières ou encore entre le continu et le discontinu : selon cette règle, les caractères acquis se transmettent à la descendance et finissent par se fixer. Si l'influence du milieu se maintient, LAMARCK suppose, en effet, que les caractères altérables seront modifiés dans le même sens à travers la succession des générations et "seront amplifiés par un processus cumulatif jusqu'à la limite permise par l'équilibre biologique de l'animal" (RUFFIE. Loc. cit.).

Les théories de LAMARCK ne furent pas appréciées de son vivant. LAMARCK fut méprisé et humilié par ses pairs, il finit ses jours seul, pauvre et oublié. Pourtant il fut le premier à poser le problème de l'évolution du vivant. Par contre, il ne parvint jamais à renoncer au schéma d'une progression unique du vivant, élaborant des suites linéaires que rien ne venait confirmer (DAUDIN. 1926.b. 155, 234).

Durant sa vie, ce furent surtout les critiques négatives de CUVIER qui limitèrent son influence. Ce dernier porta sur LAMARCK un jugement dédaigneux : "Personne, disait-il, ne crut [ses vues] assez dangereuses pour mériter d'être attaquées" (Apud CAULLERY et TETRY. 1981. 543). Néanmoins, c'est CUVIER qui retardait sur ce point en étant le dernier représentant important des théories fixistes : à la mort de LAMARCK, "le problème de l'évolution est posé en pleine lumière, même si l'on ignore tout de son mécanisme" (RUFFIE. 1976. 45).

Après son décès, les critiques concernèrent les principes qu'il avait formulés. Certes le milieu exerce une influence sur l'organisme et on constate une réponse adaptative de ce dernier. Mais, a-t-on fait remarquer, "l'organisme ne répond pas *toujours* à l'action du milieu par une modification utile; celle-ci est souvent quelconque et sans aucune utilité" (CAULLERY et TETRY. 1981. 544). De plus, toutes les expériences qui ont été tentées pour vérifier l'hérédité de caractères acquis ont été négatives. Dans la mesure où ces vérifications emportent la conviction, il faut en conclure que les réponses adaptatives ne seraient pas héréditaires, ce qui leur enlève tout intérêt démonstratif dans le cadre des théories lamarckiennes.

Le lamarckisme a été généralement abandonné après le triomphe des théories darwiniennes. Au début de notre siècle, cependant, un savant viennois, Paul KAMMERER, secoua le monde scientifique en affirmant, à la suite de LAMARCK, le caractère héréditaire de traits acquis. Il se basait pour cela sur des expériences qu'il avait faites sur la salamandre et sur le fameux crapaud accoucheur.

L'affaire fit grand bruit après la première guerre mondiale surtout lorsqu'un savant anglais, William BATESON, insinua que les expériences de KAMMERER avaient été truquées. Tout ceci se termina par le suicide du biologiste autrichien. Arthur KOESTLER (1972) reprit tout le dossier et tenta de réhabiliter KAMMERER en demandant en outre au monde scientifique de revoir son attitude et d'accepter de vérifier les expériences proposées comme confirmation des thèses lamarckiennes. À notre connaissance cela ne fut pas entrepris...

## Le darwinisme

On a compris que, pour LAMARCK, les variations seraient finalisées et fonctionnelles en ce sens qu'elles se produiraient toujours en vue d'une meilleure adaptation. Pour DARWIN, au contraire, les variations sont "des données brutes et inexplicables" (BREHIER. 1983. 802) qui ont lieu dans un sens quelconque. Si LAMARCK se rattache à un déterminisme physicaliste, DARWIN, au contraire, appartiendrait à un courant mécaniste excluant tout finalisme.

L'un comme l'autre sont partisans de l'évolutionnisme, mais, pour LAMARCK, l'évolution est une réponse adaptative aux influences du milieu, tandis que pour DARWIN l'adaptation résulte de la sélection naturelle. Il n'admettait pas qu'il y ait une réaction directe des organismes aux sollicitations du milieu. Les espèces évoluent, estime DARWIN, mais uniquement par la sélection naturelle, nom qu'il donne au "principe de conservation ou de persistance du plus apte" (Apud CUNY. 1972. 91).

Charles DARWIN était le petit-fils d'Erasmus DARWIN, biologiste auteur d'une *Zoonomia, or the laws of organic life* (2 vol. Londres, 1794-1796), mélange d'idées nouvelles et de rêveries métaphysiques (CAULLERY et TETRY. 1981. 545), non sans rapport avec les thèses de LAMARCK.

Au début de sa vie, DARWIN était encore fixiste, comme presque tous les naturalistes de son époque. À l'âge de 22 ans, il s'engagea comme naturaliste sur le *Beagle* en partance pour l'Amérique du Sud et les îles du Pacifique. Le voyage dura de 1831 à 1836. À son retour, du fait d'une santé déficiente, DARWIN se réfugia à la campagne et consacra le reste de sa vie à étudier les collections qu'il avait rapportées de son expédition.

Doué pour l'observation, il nota, lors de son voyage, "en se déplaçant du nord au sud, une substitution des espèces alliées", "la diversité et l'endémisme des différentes îles Galapagos ainsi que la parenté des peuplements de l'Amérique du Sud et des îles proches de ce continent", il remarqua enfin "les liens de parenté des Mammifères édentés vivants, avec ceux des espèces éteintes des couches pampéennes" (Ibid.).

Tous ces faits lui semblèrent en contradiction avec la théorie fixiste. Il remit en cause, dès lors, le concept d'espèce à la base du fixisme. Il supposa que l'espèce ne pouvait être cette entité fixe, création arbitraire et indépendante, qu'imaginaient la plupart de ses contemporains, mais qu'elle devait se diversifier progressivement et particulièrement dans les milieux isolés. Il posait donc une évolution graduelle et une variabilité spécifique qu'il retrouvait d'ailleurs chez les animaux domestiques et dans les plantes cultivées.

Mais DARWIN fut marqué également par la lecture de l'ouvrage de MALTHUS, *An essay on the principle of population*, publié à Londres en 1798. Selon l'économiste anglais, il existait une disproportion entre l'accroissement des populations et celui des ressources alimentaires. Il en découlait, concluait-il, divers inconvénients et notamment une lutte pour la survie, la victoire appartenant à ceux qui étaient favorisés par la nature. Cela donna à DARWIN les deux concepts de lutte pour la vie et de sélection naturelle.

Les théories darwiniennes étaient en harmonie avec les conditions idéologiques de leur temps : "le modèle darwinien n'est que la traduction, sur le plan biologique, de la situation sociologique du début de l'ère industrielle" (RUFFIE. 1976. 46). En ce sens, le darwinisme montre que, comme toute théorie scientifique, il est aussi porteur de l'idéologie dominante de l'époque. L'utilitarisme biologique de DARWIN répond bien à l'idéologie de la bourgeoisie victorienne. Sous cet angle en tout cas, la théorie évolutionniste de DARWIN méritait la condamnation pontificale de PIE IX au même titre que les autres conceptions dites modernistes.

DARWIN avait eu l'occasion d'observer des éleveurs. Il avait constaté qu'ils mettaient à profit nombre de "variations accidentelles" en choisissant parmi celles-ci celles dont ils pourraient tirer profit et en les favorisant. C'est la sélection artificielle. Il pensait que la nature procédait de la même manière, c'est la sélection naturelle. Si la puissance de sélection observable dans les races naturelles est sans doute moindre que celle qui existe dans les races domestiques, le temps permet d'accumuler certains effets durant des périodes considérables (BREHIER. 1983. 802).

Parmi les variations accidentelles, certaines étant nuisibles dans un contexte déterminé, les sujets qui les portent disparaîtront donc. Par contre, les animaux porteurs de variations accidentelles bénéfiques seront avantagés, ils survivront et leur descendance sera favorisée. Cette survivance du plus apte explique aussi la formation de nouvelles espèces, par le jeu constamment changeant d'adaptations successives. La fixité des espèces n'est qu'une illusion due soit à un ralentissement conjoncturel de l'évolution, soit et plus probablement à la lenteur des transformations et à nos difficultés de percevoir des changements survenants selon une échelle temporelle très différente de la nôtre[1].

La théorie darwinienne se présente comme un processus de régulation entre deux principes contradictoires : la croissance du vivant et la sélection du vivant. Le premier principe aboutit à une augmentation sans limite du vivant, le second à une restriction très sévère. Le jeu de ces deux principes contradictoires et qui doivent s'équilibrer n'est pas sans rappeler la tension existante entre éros et thanatos.

Selon le premier de ces deux principes, DARWIN considère que les organismes vivants se reproduisent spontanément d'une manière prolifique. Si chaque potentialité reproductrice aboutissait à terme et se reproduisait à son tour, "la masse des vivants augmenterait si vite que la nourriture et même l'espace vital manqueraient bientôt" (RUFFIE. 1976. 47). Chaque espèce tendrait à envahir la terre entière et serait finalement la cause de sa propre disparition.

DARWIN, comme on l'a rappelé plus haut, suit ici l'enseignement de MALTHUS. On constate que l'application du premier principe appelle, sous peine d'une disparition totale et radicale, l'application d'un second principe qui fonctionne comme un régulateur de WATT. La simple observation du monde montre, en effet, qu'il existe un équilibre dans la nature : le volume de chaque espèce reste approximativement identique et stable. Il y a donc un autre principe qui réduit drastiquement les potentialités reproductrices et les survivants de chaque espèce.

C'est le principe de sélection naturelle qui aboutit à la survie des mieux adaptés. Une observation, même superficielle, montre une étonnante variabilité des individus de chaque espèce. Les variations peuvent être avantageuses, indifférentes ou nuisibles dans une situation déterminée. À la survivance du plus apte, résultat de la sélection naturelle, DARWIN ajoutera ensuite la sélection sexuelle.

On constate, en effet, que les mâles luttent pour obtenir les femelles, "les mâles les plus beaux, les plus forts, seront les vainqueurs et seront seuls à procréer, les femelles choisissant les mâles les plus beaux" (CAULLERY et TETRY. 1981. 546 et CUNY. 1972. 90 sq.). Ainsi, la survie est élective – seuls les meilleurs et les mieux adaptés survivront – et différenciatrice – à chaque circonstance s'opère la sélection.

---

1 La difficulté à percevoir des changements qui se déroulent selon une échelle différente de la nôtre est étudiée en détail dans JUCQUOIS. 1986. a. passim.

Le darwinisme est évidemment une théorie évolutionniste, pourtant DARWIN évitera d'employer ce terme pour la qualifier. Il y a à cela deux raisons : la première est que le terme était déjà utilisé, à son époque, en biologie et s'appliquait à une théorie embryologique inconciliable avec le darwinisme.

En effet, le biologiste allemand Albrecht von HALLER l'avait employé, en 1744, pour "désigner une théorie selon laquelle les embryons se développeraient à partir d'homoncules contenus dans les oeufs du sperme" (GOULD. 1979. 33). Selon cette théorie, toutes les générations humaines passées et encore à venir auraient été créées dans les ovaires d'Ève et dans les testicules d'Adam, en s'emboîtant les unes dans les autres comme des poupées russes. Inutile de préciser que la théorie de von HALLER, moribonde à l'époque de DARWIN, excluait celle de ce dernier. D'autre part, le terme "évolution" impliquait l'apparition, selon un certain ordre, de chaînes d'événements et le terme contenait, en anglais comme en français, l'idée d'un perfectionnement progressif (GOULD. 1979. 34).

Pourtant, ce terme que DARWIN évite dans toute son oeuvre, il l'emploie tout à la fin de son livre :

> *"N'y a-t-il pas de la grandeur dans cette manière d'envisager la vie, avec ses diverses potentialités d'abord recelées dans un petit nombre de formes, voire une seule; puis tandis que notre planète continuait ses révolutions, obéissant à la loi immuable de la gravitation, à partir d'un si humble commencement, d'innombrables formes toujours belles et plus merveilleuses n'ont cessé d'évoluer et, aujourd'hui encore, évoluent" (Cité d'après GOULD. Loc. cit.).*

DARWIN a-t-il voulu opposer, par l'emploi du terme "évoluer", le caractère mouvant des changements organiques en face du caractère statique des lois physiques telles que celle de la gravitation ? Ce qui est certain, c'est que DARWIN prit bien soin de bannir toute idée de progrès dans ce qu'on a appelé, après lui et malgré lui, l'évolution des espèces.

Les thèses de DARWIN connurent un grand succès de librairie : la première édition de 1250 volumes fut épuisée en une semaine (CAULLERY et TETRY. 1981. 547), les éditions suivantes et les traductions se succédèrent à un rythme très rapide. Pourtant ces théories suscitèrent de violents combats, tant dans le public scientifique que dans le domaine religieux. Le monde religieux, en effet, ne pouvait accepter l'extension du darwinisme au domaine de l'homme. À l'évêque anglican qui défendait l'origine divine de l'homme, HUXLEY répondit qu'il préférait "être un singe perfectionné, plutôt qu'un Adam dégénéré" (Apud CAULLERY et TETRY. Loc. cit.).

Le darwinisme s'imposa progressivement partout, non sans des combats d'arrière-garde dont certains épisodes durent encore de nos jours[1]. Il donna lieu

---

[1] On sait qu'il existe des états qui aujourd'hui encore interdisent l'enseignement du darwinisme dans les établissements d'enseignement qui en dépendent...

lui-même à des théories dérivées comme celle de Fritz MÜLLER, reprise et diffusée par Ernst HAECKEL (1834-1919), qui proposa de reconnaître dans les diverses étapes de l'évolution de l'embryon le reflet de l'évolution des espèces : l'ontogenèse répétait la phylogenèse.

S'il est exact, comme le souligne CHEVALIER (1966. 352), que la théorie darwinienne "n'est ni tout à fait originale dans sa teneur biologique..., ni complète et achevée, car elle présente des lacunes considérables et maints traits sujets à caution, voire irrecevables", il n'en demeure pas moins que le darwinisme a exercé et exerce encore une influence considérable.

Cette influence s'est parfois exercée en dépit de ce que DARWIN semble avoir voulu exprimer. Cela se manifesta principalement à propos de l'origine de l'homme : confondant origine animale du corps et création spirituelle de l'âme, partisans et adversaires se disputèrent comme si "la descendance animale de l'homme paraissait impliquer que l'homme n'est rien d'autre qu'un animal" (CHEVALIER. 1966. 354).

Il est vrai que DARWIN lui-même avait cru nécessaire de prendre position sur ce point. Tout en maintenant ses propres opinions sur Dieu cachées du public et en déclarant dans son *Autobiographie* qu'il était resté théiste jusqu'à une date postérieure à la parution de l'*Origine des espèces* (THUILLIER. 1981. 27), il reste qu'il s'éloigna du christianisme à partir de 1838 et qu'il rejeta – ce qui nous paraît naturel aujourd'hui, mais ne l'était pas à son époque ! – tout recours aux causes finales : "nous ne savons rien de la volonté de Dieu", écrit-il, et il est donc "totalement inutile" de s'y référer dans un texte scientifique.

Prudent, malgré tout, DARWIN jugea bon de concéder un certaine place au Créateur dans son *Origine des espèces*, mais c'était, semble-t-il, pure concession qu'il regretta. En effet, il s'en explique dans une lettre à J. HOOKER, datée de 1863 : "J'ai longuement regretté de m'être aplati devant l'opinion publique et de m'être servi du terme biblique de 'création'; en fait, je voulais parler d'une 'apparition' due à un processus totalement inconnu" (Cité par THUILLIER. 1981. 28).

Quoi qu'il en soit des opinions religieuses de DARWIN et de leur éventuelle incidence sur la formulation de ses théories, il marqua l'histoire des sciences naturelles parce qu'il fut "le premier à se former de la genèse des espèces une représentation qui ne paye aucun tribut, n'offre aucune concession, directe ou indirecte, au dogme vieilli et affaibli, à son époque, de l'ordre naturel" (DAUDIN. 1926. b. 262).

À son actif également, il faut porter le recours constant à l'observation, effectuée non dans un "museum" attenant à une bibliothèque, mais sur le terrain. Comme l'écrit DAUDIN (1926. b. 260), "son succès contribue de façon décisive à grandir l'autorité de l'homme qui a vu par rapport à celle de l'homme qui a lu". À partir de DARWIN, le zoologiste, comme le botaniste, devra recourir, chaque fois que cela sera possible, à l'observation et à l'expérimentation sur le vivant.

Le darwinisme rencontra aussi des critiques plus fondamentales. DARWIN compare la sélection artificielle, celle de l'éleveur, à la sélection naturelle. Dans la première, cependant, il y a une volonté agissante dans un certain sens, dans la sélection naturelle, par contre, comment accepter que le hasard puisse fonctionner répétitivement dans le même sens (CHEVALIER. 1966. 355) ? Hasard ou nécessité ? On sait que la science contemporaine a repris ce vieux débat[1].

Les lacunes du darwinisme proviennent de l'ignorance de l'époque sur la nature des caractères héréditaires et sur leur mode de transmission (RUFFIE. 1976. 48). DARWIN suppose que les variations qui conduisent à une espèce nouvelle sont des variations de faible ampleur. Les anomalies plus conséquentes sont présentées comme des monstruosités, alors qu'il s'agit précisément de mutations, seuls traits jouant un rôle génétique comme on le découvrit ensuite.

Tous les faits observables vont également en sens inverse à la lente transformation que supposait DARWIN. Les espèces apparaissent, au contraire, d'une manière discontinue, "par une mutation brusque issue d'une variation germinale", due elle-même, comme l'a montré CUENOT, "à une préadaptation en quoi consiste la véritable sélection naturelle" (CHEVALIER. 1966. 356). Ce ne sont donc pas les habitudes qui se transmettent héréditairement, mais bien les aptitudes.

Pourtant DARWIN va en un sens opposé lorsqu'il lie les variations transmises à la simple influence du milieu, influence qu'il estimait même, vers la fin de sa vie, avoir encore sous-estimée (RUFFIE. 1976. 48). Par cet aspect, DARWIN se rapproche de LAMARCK.

Les travaux de DARWIN s'inscrivent donc naturellement dans le long effort des naturalistes qui l'ont précédé (DAUDIN. 1926. b. 263). L'histoire des sciences naturelles, à cette époque, "ne permet guère de constater de nouveauté dans la pensée qui n'ait été préparée, ou tout au moins soutenue par une innovation dans le mode de travail et dans la perception des faits" (IDEM. 266).

## Les sciences naturelles et les sciences de l'homme

Dans quelle mesure les progrès enregistrés dans le domaine des sciences naturelles se répercutent-ils dans une nouvelle connaissance de l'homme ? Dans quelle mesure la confrontation entre les animaux qu'inaugurent la paléontologie et l'anatomie comparée s'étend-elle aussi à l'homme ? A cet égard également, les oeuvres de LAMARCK et de DARWIN marquent un renouveau.

La biologie lamarckienne parvient à réconcilier, au sein d'une même entreprise, science de la nature et science de l'homme : "l'espèce humaine, dernier moment de l'histoire naturelle, se trouve mise en place dans l'ensemble de l'univers, et sommée d'y assumer ses responsabilités" (GUSDORF. 1978. 450).

---

1 Débat qui pourrait aussi n'être qu'une conséquence d'un point de vue *a posteriori* ! En effet, on peut supprimer la question en supposant que ce que l'éleveur ferait en éliminant *synchroniquement* les sujets inintéressants de son point de vue, la nature l'aurait fait en les éliminant *diachroniquement*, c'est-à-dire par la longue succession des générations.

L'homme devient chez LAMARCK un véritable produit de la nature au sein de laquelle il trouve sa place à l'extrémité d'une chaîne à l'autre bout de laquelle figurent les molécules animées, minimum vital à l'opposé de l'homme qui représente le maximum vital :

*"L'homme, véritable produit de la nature, terme absolu de tout ce qu'elle a pu faire exister de plus grand sur notre globe, est un corps vivant qui fait partie du règne animal, appartient à la classe des mammifères, et tient par ses rapports aux quadrumanes, dont il est distingué par diverses modifications, tant dans sa taille, sa forme, sa stature que dans son organisation intérieure; modifications qu'il doit aux habitudes qu'il a prises et à sa supériorité, qui l'a rendu dominant sur tous les êtres de ce globe et lui a permis de s'y multiplier, de s'y répandre partout, et d'y comprimer la multiplication de celle des autres races d'animaux qui auraient pu lui disputer l'emploi de sa force" (Cité d'après GUSFORF. 1978. 444 sq.).*

LAMARCK se risque même à envisager, sur un mode comparatif et hypothétique, une relation de l'espèce humaine aux singes supérieurs :

*"Si l'homme n'était distingué des animaux que relativement à son organisation, il serait aisé de montrer que les caractères d'organisation dont on se sert pour en former, avec ses variétés, une famille à part, sont tous le produit d'anciens changements dans ses actions, et des habitudes qu'il a prises et qui sont devenues particulières aux individus de son espèce" (Ibid.).*

Mais l'homme est supérieur aux autres espèces parce qu'il a su le mieux s'adapter et se spécialiser. Pour LAMARCK, l'exercice d'une fonction développe l'aptitude à cette fonction et l'organe qui l'exécute, c'est tout le pouvoir de l'habitude. On peut constater ce processus à propos de bien des organes, mais c'est surtout dans l'exercice des facultés mentales qu'on le voit à l'oeuvre :

*"Celui de tous les organes du corps de l'homme... en qui les effets de l'exercice et d'une habitude d'emploi sont les plus considérables, c'est l'organe de la pensée, en un mot, c'est le cerveau de l'homme" (Apud DAUDIN. 1926. b. 216).*

Cet exemple montre, pour LAMARCK, que les variations du milieu n'exercent pas leur influence seulement sur des organes extérieurs, mais que celle-ci se fait sentir jusque dans les organes internes. De même, cette influence ne se borne pas seulement aux êtres qui se situent dans les limites inférieures de la série des êtres vivants, puisque l'homme, qui se situe dans les sommets de cette chaîne, est soumis aux mêmes facteurs (DAUDIN. 1926. b. 230).

D'ailleurs, l'homme représente l'achèvement le plus complet de ce que la nature a pu réaliser. LAMARCK considérera donc comme entièrement légitime de le prendre comme mesure et comme modèle de toute comparaison animale (DAUDIN. 1926. b. 134).

Cette inscription de l'homme, à une place privilégiée mais néanmoins dans la chaîne des êtres vivants, poursuit la désacralisation entreprise depuis la Renaissance : l'homme devient un animal, modèle et référence, mais animal malgré tout.

À cet égard, DARWIN poursuivra dans le même sens l'oeuvre de LAMARCK et de ses prédécesseurs. Puisque DARWIN récuse la notion de création, l'homme ne sera pour lui que l'ultime représentant du dernier groupe des vertébrés, celui des Primates : "il figure désormais au tableau de la famille, à côté du chimpanzé ou du gorille, cousinage humiliant pour celui qui se considérait jusque-là comme un produit de la volonté divine, comme un ange déchu par le péché originel" (RUFFIE. 1976. 46).

Dans les conceptions théologiques de l'époque, c'était un des fondements même des grandes religions monothéistes qui s'effondrait. Malgré une certaine prudence dans l'exposition, les théories de DARWIN devaient susciter l'hostilité des milieux religieux et spiritualistes. En effet, elles ne pouvaient manquer d'apparaître comme une vision matérialiste de l'homme tant en raison des préjugés de l'époque que du fait des conceptions de DARWIN lui-même.

DARWIN se tient sur ses gardes : dans ses carnets personnels il note qu'il doit "éviter de montrer à quel point <il> croit au matérialisme". Compte tenu de la mentalité régnante, les présupposés matérialistes de DARWIN lui permirent de proposer sa théorie de la genèse des espèces et de l'origine de l'homme. Dans ses carnets, il affirme clairement que, pour lui, l'homme n'est qu'un animal, supérieur aux autres, mais animal malgré tout (THUILLIER. 1981. 26).

Une telle vision de l'homme devait se répercuter sur les sciences de l'homme. DARWIN, dès 1838, avait écrit que "l'esprit est fonction du corps" (Carnet N, cité par THUILLIER. Loc. cit.). C'était dans la logique transformiste : si l'homme s'adaptait au milieu, c'était notamment dans et par ses fonctions mentales, morales et sociales. D'ailleurs ces fonctions elles-mêmes se révélaient vides de sens si on les prenaient en elles-mêmes en renonçant à leur rôle adaptateur dans un milieu déterminé.

C'est l'esprit tout entier qui acquiert ainsi une signification biologique (BREHIER. 1983. 803) et DARWIN donne lui-même l'exemple de ce que serait une psychologie transformiste lorsqu'il publie, en 1872, *The expression of the emotions in man and animals* où il cherche à montrer "dans la plupart des mouvements qui accompagnent une émotion des ébauches d'actes manqués" (Ibid.). Paul RÉE poursuivra dans cette voie en proposant une explication transformiste des sentiments moraux, ce qui constituera un des points de départ des réflexions de NIETZSCHE.

Ces théories, que DARWIN ne publiera que sur le tard, ne sont qu'un aspect des vues qu'il formule, dès les débuts de sa carrière, dans ses carnets. En effet, c'est tout un programme de recherches qu'il imagine au départ et qu'il tient secret très longtemps. Ces projets dans le domaine de la psychologie sont fort variés – problèmes de l'instinct, du rêve, du langage, etc. (THUILLIER. 1981. 25)

– et assurent une liaison entre la biologie et la psychologie et l'ensemble des sciences de l'homme.

Sa psychologie n'est d'ailleurs pas seulement descriptive, mais inclut aussi la méthode comparative, dont il est un des fondateurs, par sa confrontation de l'homme et de l'animal. Par ailleurs, en liant, par le jeu de l'évolution, la vie mentale et le comportement aux conditions organiques, DARWIN permit le développement de la psychologie de l'enfant conçue comme une succession de processus intégratifs et d'autre part de la psychopathologie perçue comme l'inverse, à savoir l'action de processus désintégratifs (PIAGET. 1971. 13).

On a vu plus haut les distances que DARWIN avait voulu maintenir avec une certaine conception de l'évolution conçue comme un progrès. Nombre de savants, en effet, avaient tendance à confondre l'idée de changements organiques avec celle de progrès (GOULD. 1979. 36). Cela entraîna DARWIN à rejeter ce qu'on a appelé le darwinisme social et qui consistait à dresser un classement des diverses cultures selon leur degré d'évolution – censé représenté par l'accroissement de la complexité et par une homogénéité plus grande.

Pourtant, d'un point de vue général, le darwinisme fut un des facteurs décisifs dans la constitution de sciences de l'homme précisément pour cette notion d'évolution qu'il introduisit dans la démarche scientifique. On mesure le chemin que DARWIN fait parcourir à ces sciences lorsqu'on compare ses positions à celles de COMTE. Pour le positivisme, l'idéal scientifique se réduisait "à la seule fonction de la prévision fondée sur les lois" (PIAGET. 1971. 12), dans la perspective darwinienne l'accent se porte sur une compréhension de ce qu'on pourrait appeler le "mode de production". De cette manière, DARWIN exerça une grande influence sur l'élaboration des sciences sociales.

Entre le moment où, à la fin du XVIII^e siècle, BUFFON propose de construire une anthropologie qui soit une histoire naturelle de l'homme et la fin du XIX^e siècle, l'anthropologie, d'abord partie de la zoologie, devient science indépendante, pour se dédoubler ensuite en une anthropologie physique et une anthropologie morale et culturelle, l'homme, dont la connaissance justifie la démarche, devient l'objet de diverses disciplines scientifiques "jusqu'à perdre de vue la forme humaine, horizon théorique de la recherche" (GUSDORF. 1972. 387).

Progressivement, cédant aux difficultés d'un descriptivisme de plus en plus parcellaire, la vision globale de l'homme tend à s'appauvrir au fur et à mesure que diminue le désir et la capacité d'une perception comparative et dynamique.

## Le renouveau scientifique

On a vu que le XVIII^e siècle, et notamment BUFFON, avait introduit une liaison entre l'histoire naturelle et l'anthropologie ou plus généralement les sciences de l'homme. Au siècle des Lumières toutefois, ces sciences s'élaborent sur le seul modèle scientifique disponible, à savoir celui qu'avait conçu Isaac

NEWTON dans ses *Philosophiae naturalis principia mathematica*, c'est-à-dire une conception basée sur la physique et les mathématiques. Les sciences de l'homme, qui naissent au XVIIIe siècle, tentent donc de se conformer à l'épistémologie newtonienne.

Ce n'est pas qu'à la fin du siècle on n'ait pas pris conscience d'un nécessaire renouvellement méthodologique. On constate ou, plus exactement, on imagine que les sciences physico-mathématiques sont proches de leur achèvement. Grâce à LINNE et surtout à BUFFON, les sciences naturelles ont considérablement progressé, reste donc à accomplir un progrès semblable pour les sciences de l'homme.

Un texte de BARTHEZ, datant de 1778, insiste sur l'importance des sciences de l'homme :

> *"La science de l'homme est la première des sciences, et celle que les sages de tous les temps ont le plus recommandée... Quelqu'importante que soit la science de l'homme, ceux qui l'ont cultivée profondément sont forcés de reconnaître qu'elle a fait peu de progrès jusqu'à présent, et même beaucoup moins, à proportion, que n'en ont fait d'autres sciences utiles. La cause de cette différence me paraît être qu'on a négligé, dans l'étude de l'homme, les règles fondamentales de la vraie méthode de philosopher" (Cité d'après GUSDORF. 1971. 194).*

En conséquence, on propose de combler le retard des sciences de l'homme, comme on le fera encore souvent ensuite, en s'inspirant des méthodes qui ont été couronnées de succès en mathématique et en physique. Les sciences de l'homme, au XVIIIe siècle et au début du XXe, se construisent donc encore à partir de présupposés et sur des bases formelles. L'observation et la comparaison n'en constituent pas encore les fondements.

Le renouvellement de certaines disciplines et la naissance d'autres au XIXe siècle seront les ultimes conséquences d'un progrès épistémologique réalisé préalablement ailleurs et particulièrement dans les sciences naturelles.

Héritières des "systèmes" et des "méthodes" du XVIIIe siècle, les sciences naturelles du XIXe s'élaboreront grâce au travail de zoologistes tels que LAMARCK et CUVIER qui visèrent à apprécier exactement les rapports que les espèces entretenaient entre elles. Ces rapports devaient, pour CUVIER surtout, être mis en avant principalement par l'étude anatomique dont la dissection constituait un instrument de premier plan (DAUDIN. 1926. b. 241). Certes, avant CUVIER aussi on recourait à la dissection comme moyen de connaissance anatomique. Mais celui-ci en fit la méthode fondamentale de la zoologie (DAUDIN. 1926. a. iv).

Le progrès effectué grâce à LAMARCK et CUVIER en cette première partie du XIXe siècle se mesure lorsqu'on les compare à leurs grands prédécesseurs, LINNE et BUFFON. Ces derniers, en effet, pourtant "maîtres incontestés du XVIIIe siècle, se contentaient d'une compréhension classificatrice et descriptive, qui ne pouvait prendre en charge l'économie interne des formes de la vie". Selon

GUSDORF (1978. 431), que nous citons, "le naturaliste procède à la manière de Noé, dressant l'inventaire de la cargaison zoologique de son arche".

Pourtant c'est aussi sur le modèle de la physique newtonienne que CUVIER entend initialement élaborer sa zoologie nouvelle, son apport à un renouveau épistémologique est donc partiellement à son insu. CUVIER adopte néanmoins une lecture nouvelle de l'organisme vivant, vision qui ne sera plus teintée d'anthropomorphisme et d'esthétisme, mais qui sera basée sur une étude de leur structure et de leur fonctionnement.

Dans cette même voie, la biologie lamarckienne – et LAMARCK innove sur ce point en même temps qu'il invente le terme même de "biologie" – vise à une perception plus globale de la nature, selon ses propres termes, sa biologie veut être "la connaissance de l'origine, des rapports et du mode d'existence de toutes les productions naturelles dont nous sommes environnés partout" (Cité par GUSDORF. 1978. 436).

Le projet était d'ailleurs plus ancien puisque, déjà au XVIIIe siècle, le naturaliste visait un savoir totalitaire. Les espèces devaient s'organiser en classification dont l'intelligence supposait "un déchiffrement de la structure de l'univers" (GUSDORF. 1978. 262). C'est par la précision des analyses et l'utilisation plus judicieuse de la dissection que LAMARCK et CUVIER innovent, beaucoup moins cependant dans l'expression de leur cadre théorique explicite.

Il existe, en effet, en ce début de XIXe siècle, un contraste saisissant, sauf à certains égards chez un LAMARCK, entre "la précision, la solidité, la justesse définitive de la plupart de ses résultats scientifiques et l'incertitude ou la fragilité de ses formules méthodiques ou théoriques" (DAUDIN. 1926. b. 239).

Ce retard théorique sera à la fois un frein et le terrain requis pour l'éclosion d'un renouveau épistémologique. Un frein puisque DARWIN se rendait compte que ses théories n'avaient une chance de s'intégrer dans le domaine des idées scientifiquement acceptables que s'il les exprimait selon les normes de la culture scientifique de son époque (THUILLIER. 1981. 28) et qu'il dut ainsi se résoudre à les infléchir et les exprimer en des termes recevables[1].

C'est cependant l'alliance d'un vide théorique et de progrès décisifs dans l'analyse qui permit les avancées spectaculaires des sciences du vivant au cours du XIXe siècle. Ce sont ces progrès aussi qui rendirent nécessaire l'élargissement de l'angle d'approche et suscitèrent l'avènement de l'anatomie comparée.

---

[1] DARWIN estimait d'ailleurs que si la théorie devait orienter les observations, il fallait, du moins en un premier temps, en révéler le moins possible de peur de se déconsidérer aux yeux du public (THUILLIER. 1981. 25 - 26).

## CHAPITRE 10 – IMPLICATIONS IDÉOLOGIQUES

*Les nouvelles conceptions politiques. La fin des Lumières. La déchristianisation. Conservatisme et avant-gardisme. Mentalités et contradictions. Sciences du vivant, sciences du changement. Science et société.*

### Les nouvelles conceptions politiques

On a vu, au chapitre 7, comment la transition du XVIIe au XVIIIe siècle s'est faite au milieu de crises successives et de contradictions qui, dans ce contexte, ne pouvaient se résoudre. Les mêmes tendances se manifestent à travers toute l'Europe occidentale, même si la chronologie absolue des événements diffère d'un pays à l'autre. Les solutions contemporaines s'ébauchent plus rapidement dans le nord de l'Europe que dans le bassin méditerranéen, le centre de gravité se déplaçant dans le même temps du sud vers le nord. La France, pays médian, reflète bien la situation générale et peut être choisie comme représentative : moins apte à adopter des solutions progressistes que l'Angleterre, elle est néanmoins en avance sur le sud européen. Tant politiquement qu'économiquement, elle constitue le "géant de l'Europe" durant toute cette période et la Révolution de 1789 qui y surviendra sera un événement de portée européenne et même mondiale. À ces divers titres, nous avons centré l'exposé sur ce qui y survient et sur l'évolution qui s'y dessine. Sauf dans le détail et dans la chronologie, l'essentiel peut aussi être repris pour les autres nations occidentales.

Partout, l'appareil gouvernemental tend à la centralisation aux mains de spécialistes de l'administration. Conjuguées à l'absolutisme qui régit encore les rapports du souverain et de ses sujets, ces nouvelles tendances vont rendre l'État toujours davantage impersonnel. C'est ainsi que, "presque partout en Europe, le pouvoir a cessé d'être un partage entre souverains et grands auxquels la naissance conférait le pouvoir économique et le statut social" (HAMPSON. 1972. 37).

Le service de l'État devient souvent une carrière et comme telle elle requiert de la compétence. Les fonctionnaires s'installent dans tout le pays et constituent progressivement "une source nouvelle d'information et d'influence sur ce qui avait jusqu'alors été laissé au domaine de la tradition, de la nature et de la Providence" (IDEM. 38).

Cela suggère aux souverains une politique plus ambitieuse et donc plus onéreuse. On a vu que c'était une des causes essentielles du déficit budgétaire chronique et cela malgré des impôts croissants qui freinent la reprise économique pour les époques et les lieux où celle-ci deviendrait possible. Le remplacement progressif et partiel de la noblesse par des fonctionnaires attitrés n'empêche pourtant pas les États d'être encore souvent dominés par une aristocratie réactionnaire dont l'action contrecarre, au moins partiellement et pour un temps, l'absolutisme bureaucratique. Sur ce point, la France diffère de l'Angleterre où l'assimilation de la noblesse et son reclassement social s'effectue sans tension majeure, mais elle diffère aussi de l'Espagne, de l'Italie ou du Portugal où l'aristocratie accroît encore son importance, sans contrepartie réelle au service de la société ou de l'État.

En France, la noblesse tirera sa revanche durant l'été de 1788 en "neutralisant le pouvoir royal et en imposant au roi la convocation des États généraux" (DUPEUX. 1972. 79). Lointaine revanche contre le despotisme de Louis XIV, elle suscitera également le déchaînement de forces que la noblesse ne contrôlera pas, celles issues des couches bourgeoise et populaire.

Les masses populaires, en effet, connaissent les incertitudes d'une survie toujours précaire et dont les aléas provoquent de fréquents mécontentements. La bourgeoisie se sent opprimée par les réglementations provenant de l'administration et par les obstacles qui entravent son ascension sociale. Couche sociale perméable aux enseignements d'une philosophie universaliste qui prône la liberté et l'individualisme.

Le passage de l'Ancien Régime à l'époque contemporaine consiste en un transfert du pouvoir du prince au peuple. Le sujet du roi devient le citoyen de la république, celui-ci n'a de rapport qu'avec la Loi, "c'est pourquoi la première tâche de la Révolution, son souci permanent aussi est d'élaborer une Constitution, une Déclaration des droits" (MAIRET. 1978. 75). L'État devient ainsi l'instrument de la loi à laquelle est transférée l'autorité que détenait auparavant le souverain.

L'idée de révolution se fait jour dès le XVIe siècle et chemine lentement, depuis, dans la conscience européenne. L'année 1789 transformera ce contenu latent en une évidence : "depuis ce temps la révolution est le tout de la pensée et de la stratégie politique" (IDEM. 77). Cette transformation est l'oeuvre du peuple : "c'est le peuple qui fait la révolution et celle-ci se fait au nom du peuple".

La montée des revendications populaires contre le roi a mis en place, à travers tout le XVIIIe siècle, la conception jacobine d'une équivalence entre la loi et la liberté : le respect de la loi entraîne le règne de la liberté. L'accession du peuple à la souveraineté suppose que le droit accède au pouvoir : "la loi civile et politique prime, dès lors, sur la loi de la nature" (MAIRET. 1978. 73). C'est ce qui permet de faire remonter à l'idéologie révolutionnaire aussi bien le courant socialiste que le courant libéral. Les deux s'inscrivent dans la notion révolutionnaire de *bien commun*. Cette notion, qu'ignorait l'Ancien Régime, véhicule l'ambiguïté d'une occultation des intérêts divergents et partiellement contradictoires entre les masses populaires et la bourgeoisie.

Le bien commun renvoie au concept de communauté à laquelle participe chaque individu. Celle-ci ne doit cependant pas être envisagée de manière concrète, mais bien comme une entité morale ou éthique qui fonde les devoirs que chacun est censé avoir envers la communauté et qui constituent le juste pendant des droits que celle-ci accorde à chacun. On comprend ainsi qu'aussi bien les idéologies individualistes que les idéologies collectivistes aient pu se réclamer de la Révolution Française !

Le peuple est souverain, il est donc législateur également. Le citoyen se soumet aux lois qu'il se donne à lui-même, sa liberté consiste à obéir à l'État. Comme ce dernier ne peut survivre qu'en se transformant, on doit affirmer que l'État est par nature révolutionnaire. Mais si cela est, "il s'avère que la révolution est toujours au service de la fondation et de la conservation de l'État" (IDEM. 79).

Cette idéologie s'exprime au mieux dans le jacobinisme dont les racines sont multiples. L'apport de ROUSSEAU est évident, quoique simplifié, ses images remontent souvent à l'histoire romaine, ses opinions à la philosophie des Lumières (BOULOISEAU. 1972. 38). Mais le jacobinisme est avant tout une mystique : les influences du christianisme se font sentir notamment dans sa foi en l'avenir et dans sa volonté de rénovation morale.

Si la Révolution manifeste sa haine de l'aristocratie et du despotisme, elle proclame la dignité de l'homme et sa liberté. D'ailleurs le despotisme était corrompu et soutenu par des hommes corrompus, la vertu républicaine associera donc ses exigences morales à l'amour de la patrie. Le travail scientifique lui-même perd de sa gratuité et devient louange et gloire à la patrie.

GEOFFROY de SAINT-HILAIRE proclame, en 1794, que "tandis que nos frères d'armes vont repousser d'un bras nerveux les efforts impuissants des rois coalisés et cimenter de leur sang les bases de notre République, nous, [hommes de science,] dans le silence de l'étude, nous allons acquérir de nouvelles connaissances afin d'ajouter un nouveau rayon à la gloire nationale" (Apud GUSDORF. 1978. 430).

Les aspirations égalitaires qui découlent de ces conceptions de l'État s'expriment dans la destruction de l'aristocratie et dans la suppression des monopoles et des privilèges. Poussés à l'extrême ces principes menaçaient le principe même du droit de propriété, aussi, sans renoncer à l'idée d'une égalisation relative des fortunes, on s'accommoda d'une juste coexistence. Il fallut donc régler le droit de propriété et instaurer les fondements d'un droit social.

La solidarité que la République prône à l'intérieur de ses frontières correspond, à l'extérieur, à un désir d'entente et d'union entre les peuples en une fraternité universelle. La tolérance est affichée bien haut. De fait, on en constate des exemples : ainsi, malgré des arrêtés qui, dans l'Est, "le condamnent à la déportation, le peuple juif a conquis sa place", de même on "applaudit dans les régions méridionales à l'entente entre protestants et catholiques", tandis que "les Jacobins acceptent la 'dédicace' d'une compagnie de volontaires noirs" (BOULOISEAU. 1972. 40).

Mais à y regarder de plus près, on s'aperçoit qu'elle est souvent superficielle. Ainsi, si les étrangers et les comédiens reçurent les droits civils, si la division en trois ordres de même que le servage qui frappait encore, en 1789, un million et demi de Français furent supprimés, l'égalité des Juifs provoqua de vives discussions et ne fut décrétée qu'en 1791, trois jours seulement avant la séparation de l'assemblée (GODECHOT. 1963. 133). De même, l'égalité entre Blancs et Noirs et son corollaire, l'abolition de l'esclavage, provoqua la violente opposition des représentants des colons français...

Mêmes hésitation et réserve dans l'attitude envers le paysannat. L'assemblée, le 4 août 1789, avait voté avec enthousiasme l'abolition du régime féodal. On publia le 15 mars 1790 les modalités d'application : les paysans constatèrent alors que "seuls étaient abolis gratuitement la dîme et les droits féodaux 'honorifiques' et personnels". Ils devaient donc racheter les multiples redevances ou droits réels ! Cette disposition entraîna de nouveaux troubles qui durèrent plus d'un an avant que l'assemblée législative et la Convention ne donnent satisfaction aux revendications paysannes et suppriment complètement les derniers vestiges de la féodalité (GODECHOT. 1963. 133).

Il n'y a rien de surprenant d'ailleurs à ces oppositions et conflits d'intérêts qui s'expriment lors de la Révolution, si on se souvient des divergences dans les idées politiques qui se manifestaient, dans les derniers temps de l'Ancien Régime, parmi les philosophes dont ils étaient pourtant tous adversaires. Les uns, en effet, issus de la noblesse tel MONTESQUIEU, s'opposaient à l'absolutisme royal, d'autres, des bourgeois comme VOLTAIRE, se montraient partisans du despotisme éclairé, d'autres enfin, comme ROUSSEAU, réclamaient pour le peuple des pouvoirs très importants (GODECHOT. 1982. 308-310).

Des philosophes, tels que MONTESQUIEU ou VOLTAIRE, se situent du côté des nantis qu'ils représentent en quelque sorte. Ils ne peuvent qu'être en désaccord et en opposition avec les idées défendues par les philosophies du peuple. L'État, tel que l'imagine ROUSSEAU, est presque omnipotent : les individus vivant auparavant sous les lois naturelles et ayant conclu entre eux le "contrat social" quittent l'"état de nature" et abandonnent de ce fait une partie de leur liberté à une "personne publique", c'est la "république". L'État devra, pour ROUSSEAU, remédier aux inégalités entre les citoyens par des lois sur l'héritage, par l'impôt également, voire par la limitation de la propriété foncière.

Ainsi, malgré les oppositions entre ces diverses catégories de philosophes, et quoique la Révolution ne fût pas la conséquence directe de leurs questionnements auxquels elle donna, au contraire, toute leur importance politique, les porte-paroles de ces intérêts largement contradictoires s'affrontèrent rapidement à l'assemblée. La diversité des pensées politiques explique les hésitations de cette dernière à mettre en application certains grands principes révolutionnaires qui heurtaient de front les intérêts des uns et des autres.

Malgré ces divergences, la pensée révolutionnaire est aussi une pensée unitaire, issue directement des Lumières. L'Ancien Régime était fondé sur l'inégalité naturelle de l'homme, "fondement théorique de tout un système complexe de lois, d'imposition et de gouvernement local, son rejet impliquait une réorganisation complète des institutions" (HAMPSON. 1972. 221)[1]. Malgré le maintien ultérieur des différences sociales et leur protection, voire leur renforcement, sous la République, la campagne pour l'élection des députés aux états généraux, durant l'hiver 1788-1789, se caractérisa par l'affirmation violente de l'égalité sociale et par une explosion de haine contre la noblesse (IDEM. 1972. 220).

Tant l'idée rousseauiste de la nature que l'exigence d'une compréhension rationnelle du monde et de la société, conceptions s'enracinant dans la philosophie des Lumières, oeuvraient dans le sens d'un refus d'une explication religieuse ou d'une justification par la coutume ou la tradition (IDEM. 1972. 218).

## La fin des Lumières

La nature s'autonomise dans l'intervalle du XVII^e^ au XVIII^e^ siècle : de décor pour l'homme ou d'expression concentrée de l'ensemble de ses caractères, elle commence à exister pour elle-même et "devient un être autonome et vivant avec lequel l'homme entretient les relations les plus diverses" (BARRIERE. 1974. 338).

L'homme reste cependant, sinon la mesure de toutes choses, du moins leur reflet. Cette conception demeure un humanisme par le fait que la "nature est conçue à l'image de l'homme, ses qualités ne sont que celles agrandies, de l'homme". La science reste subordonnée à l'humanisme de la même manière d'ailleurs que la nature elle-même. Quand BUFFON décrit les animaux, l'homme est présent derrière eux. Si l'homme ne se suffit plus à lui-même, "tout ce qui n'est pas lui converge <cependant> vers lui" (BARRIERE. 1974. 355).

Comme le souligne HAMPSON (1972. 98), l'apparition de l'économie politique en tant que discipline autonome illustre bien les rapports complexes entretenus par les Lumières entre la raison et la nature, toutes deux envisagées, naturellement, à leur manière. Vers le milieu du XVIII^e^ siècle, un groupe de philosophes – ceux qu'on appela les *physiocrates* – prétendit même avoir découvert un 'ordre naturel' qui réglait le processus économique.

Selon ceux-ci, grâce à un miracle divin, la nature produirait la richesse à profusion au départ de quelques semences : celles-ci seraient si abondantes qu'elles suffiraient non seulement à assurer la reproduction de l'espèce, mais encore à nourrir l'humanité. Les Physiocrates pensaient que l'industrie humaine ne pouvait qu'ordonner et arranger ce que seule la nature était capable de

---

[1] C'est ce qui explique d'ailleurs la volonté de Louis XVI de maintenir, malgré l'orage qui gronde, les inégalités sociales. Dans les réformes promulguées le 23 juin 1789 et qui représentaient des "concessions substantielles" (HAMPSON. 1972. 221), Louis XVI, dans le premier article de sa charte, déclare que "le roi veut que l'ancienne distinction des trois ordres de l'État soit conservée en son entier, comme essentiellement liée à la constitution de son royaume".

produire : il restait donc à l'homme, en se basant sur la raison, à imiter les lois de la nature.

Conception résolument optimiste concernant la nature de l'homme, surtout en regard du pessimisme d'origine religieuse si fréquent au XVII$^{e}$ siècle (IDEM. 15). Optimisme qui n'était pourtant pas partagé à un même degré par tous les esprits éclairés de l'époque : VOLTAIRE, ROUSSEAU et DIDEROT nous offrent trois points de comparaison à ce sujet (BARRIERE. 1974. 332).

VOLTAIRE représente le point de vue de l'optimisme critique : la tâche qui se présente à l'humanité consiste, selon lui, à dégager la raison des erreurs et des préjugés de manière à aboutir à un "raisonnement éclairé". Il se moque d'un optimisme exagéré, mais pour celui qui consent à se limiter, tout finit par s'arranger. À travers le relativisme voltairien, c'est encore le scepticisme de la fin du XVII$^{e}$ siècle qui parle.

Pour ROUSSEAU, au contraire, la souffrance et le mal ne sont qu'accidentels : c'est la société qui les engendre de par ses défauts. ROUSSEAU a confiance en lui-même et il croit en la bonté de l'homme : "intuition du coeur" et "expérience du moi" en constituent les fondements selon les termes de BARRIERE (Loc. cit.).

DIDEROT, enfin, joint son expérience intérieure à celle qu'il entend tirer de l'expérience scientifique. Sa doctrine se base sur la raison et sur la science physiologique, ce qui le conduit à un matérialisme dont il semble parfois craindre les conséquences. Son optimisme serait plutôt celui d'un inquiet face à l'avenir de l'homme dont il veut sauvegarder la morale.

La philosophie des Lumières n'est donc pas une dans son expression, elle ne l'est pas non plus dans son enracinement historique. En effet, elle est tout d'abord héritière du doute méthodique et de la logique cartésiens, conséquence de la toute puissance de la raison humaine. Elle est également fille de l'expérimentation systématique introduite depuis les débuts du XVII$^{e}$ siècle dans la science anglaise avec Francis BACON et que les découvertes de NEWTON et les écrits de LOCKE achevèrent d'imposer au rationalisme.

LOCKE, dans son *Essai sur l'entendement humain* (1690), alla jusqu'à estimer que la pensée elle-même pouvait être l'objet de l'expérience. Il en conclut que les idées ne venaient pas de l'âme ou de Dieu, comme l'écrivait encore DESCARTES, mais bien des sens. Conçu de cette manière, le rationalisme devait déboucher sur le relativisme. Les expérimentations et les découvertes, que ce soient celles de GALILEE ou de NEWTON, ou celle de la circulation du sang par HARVEY, ou encore l'usage du télescope et du microscope, parmi d'autres, sapent ce qui reste encore d'autorité scientifique à l'Écriture sainte ou à ARISTOTE (GODECHOT. 1982. 307).

Ainsi, la confiance dans le progrès par la science et la technique renforce une attitude de doute ou de scepticisme dans d'autres domaines et l'idée de la relativité de toute chose s'impose à l'esprit humain. Dans la seconde moitié du XVIII$^{e}$ siècle, on l'a vu, BUFFON, dont l'*Histoire naturelle* connut un immense succès, répand l'idée que les phénomènes sont contingents et qu'il n'y a donc pas de vérité absolue.

À la fin du siècle, ces divers savoirs et certitudes s'organiseront dans ce que DESTUTT de TRACY appela l'*Idéologie* et qui se présentait "comme une science universelle qui reconstitue la genèse de toutes les connaissances possibles et autorise la mise en ordre de savoirs particuliers" (WORONOFF. 1972. 147). L'Idéologie marqua nombre de recherches de la fin du XVIIIe siècle et représentait "l'aboutissement grandiose de la philosophie des Lumières", mais "l'ordre qu'elle inaugurait, dans le domaine intellectuel, était aussi fragile que les autres parce qu'il ignorait les tensions et les changements" (IDEM. 149). Les certitudes qu'elle propose sont déjà celles du passé à un moment où les fondements du savoir se remodèlent.

Le statut du Je ne fait, depuis DESCARTES, qu'enregistrer une continue dépossession du sujet et, si la subjectivité humaine s'affirme progressivement, elle n'affirme, selon les termes de GUSDORF (1982. 361), "qu'une source secondaire, un relais pour une autorité extrinsèque", même si cette autorité devient le Dieu des philosophes et des savants. Les Lumières font encore partie de cette mentalité et sont, à cet égard, relativement en retard sur leur époque. En effet, selon VOYELLE (1985. 265 sq.), vers 1750 approximativement, apparaissent les indices d'un changement des mentalités dont la Révolution constituera une marque visible et importante.

La raison triomphe lorsqu'elle se hisse, pensent encore les Lumières, au niveau de la pensée de l'Horloger suprême ou du Grand Architecte de l'Univers. Le thème connaîtra un grand succès à travers le *mécanisme* qui conçoit la nature comme un agencement "de particules matérielles en interaction selon des lois rigoureuses" (GUSDORF. 1982. 430). Le modèle de la machine, de l'automate ou de l'horloge se répand mais trouve aussi sa limitation dans le fait que "l'horloge ne peut être son propre horloger", d'où la difficulté d'harmoniser l'explication rationaliste et mécaniciste et la propre conscience du Je.

Le conflit qui opposera les tenants de l'organisme à ceux du mécanisme illustre cette dernière difficulté. L'idée d'une spontanéité irréductible immanente au vivant, avait été proposée et défendue, notamment par STAHL (1660-1734). Selon cette théorie vitaliste, il existe une coupure radicale entre l'ordre mécanique et l'ordre vital, l'*organisme* coordonne la totalité des processus destinés au maintien de la vie : "sensibilité, motricité, fonctions diverses en vue du maintien de l'existence". Ces conceptions exerceront une grande influence en France dans la seconde moitié du XVIIIe siècle, même si l'animisme stahlien, "aux résonances ontologiques" (GUSDORF. 1985. 156), y revêt un caractère davantage épistémologique.

La fin des Lumières connaîtra le retour de l'irrationalité, le cogito romantique est issu d'un terroir dont il reste solidaire (GUSDORF. 1982. 362). Le monde préexiste au Je, la prise de conscience se présente comme un (r)éveil. Le sujet est perçu dans sa contingence, en cela se poursuit l'ancienne conception, à la différence toutefois qu'il ne s'appartient plus à lui-même. L'objet du savoir, lui, ne peut plus être ramené à une unité qu'une seule vue pourrait embrasser. Le savoir devient une passion, à l'instar de l'amour, "il poursuit le rêve d'une possession inaccessible, dans l'accomplissement d'une communion entre la vie de l'être individuel et la vie universelle" (IDEM. 359).

Si on est d'accord, en général, pour considérer la fin du XVIIIe siècle comme le coeur d'une révolution "dont les racines plongent dans les cent années qui précèdent et dont l'on ressent encore aujourd'hui les effets" (WEBER. 1987. 9), ce n'est pas uniquement du fait des importants changements, voire des convulsions, politiques, économiques ou industrielles. Certes ces modifications furent essentielles. Elles s'inscrivaient cependant dans une modification plus globale des mentalités. On a vu que l'époque des Lumières avait trouvé son point culminant dans l'Idéologie, mais les prétentions d'exhaustivité et l'optimisme se heurtaient aux incertitudes, politiques, morales ou scientifiques, de la nouvelle époque qui débutait (WORONOFF. 1972. 148 sq.).

Cette époque voit apparaître ce qui caractérisera le monde depuis et toujours davantage : la mondialisation de la vie d'une part et de l'autre le passage de la stabilité au changement. On a noté précédemment tout ce qui, de la Renaissance à la fin des Lumières, préparait et conditionnait le changement. Pourtant, dans la perspective de la longue durée, malgré les guerres ou les révoltes, malgré les famines et les crises, malgré les modifications des mentalités et les progrès de la science, la stabilité restait encore évidente à travers le XVIIIe siècle. Au début de ce siècle, "l'environnement, le mode de vie, les institutions se modifiaient si peu, si lentement, qu'à la plupart des hommes ils apparaissaient immuables" (WEBER. 1987. 9).

Le passage de la stabilité à la mobilité est sans doute le signe majeur de notre époque. Les interrogations du XVIIIe siècle, notamment dans le domaine des sciences du vivant, avaient introduit la temporalité comme principe d'explication. Déjà, à la Faculté de Théologie qui voulait imposer à BUFFON le respect littéral du texte de la Genèse, on avait opposé une attitude plus souple en considérant la Création comme un acte divin accompli, non en une fois, mais en plusieurs étapes successives : l'intelligibilité s'articulait ainsi sur le temps (GUSDORF. 1985. 214).

Les progrès rapides des sciences du vivant soulignent des rapprochements dont le plus troublant reste sans doute celui qu'on commence à entreprendre entre l'animal et l'homme. Selon l'expression de GUSDORF (Op. cit. 215), "ces évidences, multipliées à mesure que le siècle avance vers sa fin, donnent à penser que l'histoire naturelle est vraiment une *histoire*".

La nouvelle perception de la temporalité qui marquera le romantisme constitue la toile de fond sur laquelle pourra se concevoir le lent passage d'une espèce à l'autre, passage opéré par l'addition d'une multitude de transformations progressives, toutes orientées dans le même sens. Ainsi s'annonce, dès le XVIIIe siècle, le transformisme d'une nature en évolution.

Vers la fin du siècle, s'amorce une nouvelle épistémologie du vivant grâce à la conjonction des progrès de l'anatomie comparée et à la doctrine du plan de composition des êtres vivants. Cette pensée s'exprime avec force notamment chez Étienne GEOFFROY SAINT-HILAIRE : la nature, selon lui, a formé tous les êtres vivants sur un plan unique dont les détails peuvent varier, mais qui reste néanmoins unique dans son principe.

Les analogies entre les êtres vivants s'expliquent alors par ce schéma fondamental unique débouchant sur "une intelligibilité dynamique véhiculée par le temps" (GUSDORF. 1985. 216). Les métamorphoses que vit la société en cette période charnière sont pour ainsi dire projetées également dans l'intelligence des êtres vivants : "le mouvement implique plus que l'ordre, ou plutôt l'ordre apparent n'est qu'un mouvement plus lent, figé par notre pensée" (Ibid.). Dans la société, comme dans la science, le dynamisme l'emporte sur le statisme, donnant priorité au changement et au devenir.

Le remplacement progressif, dans le courant du XVIIIe siècle, du mécanisme, comme principe d'explication des êtres vivants, par le courant physiologiste reflète la révolution intellectuelle qui s'opère : c'est le corps animé et non plus une prétendue mécanique qui passionne les savants. La physiologie – le terme existait dès le XVIe siècle – s'imposera en tant que discipline scientifique qui étudie les mouvements, internes ou externes, du corps animé. Si l'anatomie décrit les organismes, la physiologie en analyse le fonctionnement.

Le succès de cette physiologie – opposée fondamentalement aux explications mécaniques antérieures – sera grand à l'époque romantique où l'on aura également "une physiologie des sociétés, une physiologie du mariage et au besoin une physiologie des cravates" (GUSDORF. 1985. 143) ! Au-delà de ces fantaisies et de ces succès de mode, la physiologie soulignait un besoin linguistique insatisfait : il fallait désigner cette nouvelle science dont l'objet était le mouvement vivant. Erasme DARWIN, grand-père du célèbre naturaliste, proposera vers 1795 le terme de "zoonomie", le mot n'aura pas de succès et c'est "biologie" – créé semble-t-il en 1800 (IDEM. 145) – qui l'emportera. Ces tentatives lexicologiques montrent la nécessité de désigner une nouvelle science dont l'objet sera précisément l'étude des lois de la vie organique.

## La déchristianisation

Pourquoi s'intéresser à une éventuelle déchristianisation durant le XVIIIe siècle dans le cadre d'une recherche sur l'émergence d'une mentalité nouvelle, la mentalité comparative ? La réponse s'inscrit naturellement dans le même contexte qui justifie, par exemple, notre intérêt pour les conceptions des Lumières ou pour les modifications des points de vue politiques. Les attitudes religieuses s'inscrivent également dans un cadre plus général qu'on étudiera ensuite, mais déjà, en elles-mêmes, elles répercutent les modifications de mentalités survenues, tout en les conditionnant ou en les renforçant éventuellement.

Le point de départ de la déchristianisation ne se situe pas, comme on l'a souvent pensé, sitôt terminé l'âge classique. VOYELLE (1978. 322 sq.), pour s'en tenir à l'analyse de la pratique religieuse et aux marques qu'elle laisse subsister pour l'historien, situe bien plus tardivement, entre 1720 et 1750, selon les lieux, parfois plus tard également, le "moment de plus grande régularité dans la pratique, pointe ultime de la conquête catholique".

Les modifications constatables ensuite ne vont d'ailleurs pas nécessairement dans le sens d'une déchristianisation des hommes. Les signes extérieurs de la pratique religieuse vont en diminuant au cours de la seconde moitié du XVIIIe siècle, les "coutumes" religieuses de même, mais n'est-ce pas du fait d'une intériorisation et d'une individualisation des options religieuses, davantage vécues et moins subies qu'auparavant (VOYELLE. 1978. 324) ?

Sans doute cela est-il vrai pour certaines individualités à qui est ainsi donnée l'opportunité d'une vie spirituelle davantage personnelle, mais, pris dans l'ensemble et sans pouvoir entrer dans le secret des consciences, on ne peut contester que la globalité des pratiques et des signes convergent pour manifester, en cette seconde moitié du XVIIIe siècle, un changement profond d'attitudes.

Il faut aussi prendre en compte les tensions, voire les conflits, qui se multiplient entre la science et une certaine théologie conservatrice. On a signalé plus haut l'attitude retardataire de la Faculté de Théologie qui prétendait imposer à BUFFON un respect littéral du texte de la Création. Cela ne doit pas occulter qu'au sein même de la tradition chrétienne une certaine pluralité de lecture des textes sacrés était admise et qu'"une bonne partie de la prédication consistait <d'ailleurs> à mettre en lumière la valeur parabolique des récits de l'Ancien et du Nouveau Testament" (GUSDORF. 1985. 214).

Ce qui est certain également, c'est que l'attitude face au monde religieux va se différencier davantage en cette seconde moitié du XVIIIe siècle. La Constituante en fera, en 1791, l'expérience malgré elle. Il n'y avait, au départ, guère de demande de modification du statut religieux de la France. Des questions financières contraindront les députés à s'occuper de la religion : l'abolition de la dîme et la mise à la disposition de la Nation des biens du clergé entraînaient l'obligation pour l'État de subvenir aux besoins des ministres du Culte et d'en faire des salariés (GODECHOT. 1963. 141).

De ce point de départ, découla logiquement une série de mesures qui révélèrent les antagonismes : pour payer les ministres du Culte, il fallait en déterminer, et le nombre, et les circonscriptions. On révisa ces dernières sur le modèle des circonscriptions administratives. La Constituante donna donc au clergé une "constitution civile". La discussion une fois ouverte, certains tentèrent d'imposer des vues anticléricalistes, d'autres des théories jansénistes, d'autres encore de renforcer le gallicanisme.

Personne, cependant, ne songea à proposer l'organisation d'un État laïc : le principe de la séparation de l'Église et de l'État n'avait pas encore cours. Certaines dispositions ne pouvaient être acceptées par l'Église, ainsi le principe de l'élection des évêques et des curés, l'interdiction formulée aux évêques de demander confirmation de leur élection au pape auquel "ils pourraient seulement... écrire 'en témoignage de l'unité de foi et de communion'" (IDEM. 142).

La constitution civile du clergé fut votée en juillet 1790, et aussitôt les fonctionnaires ecclésiastiques furent priés de prêter serment de fidélité. Beaucoup attendirent, avant de se prononcer, la décision du pape Pie VI. Mais de telles innovations, jointes d'ailleurs à une profonde hostilité envers les principes de 1789 que le Pape accusait d'ailleurs, non sans quelque raison, les révolutionnaires français de tenter de répandre également dans ses possessions d'Avignon et du Comtat, ne pouvaient trouver l'agrément de la papauté. Pie VI condamna en avril 1791 la constitution civile du clergé[1].

La condamnation mit en lumière la scission qui existait dans le clergé français. Désormais, il y eut deux églises : l'une, l'Église constitutionnelle reconnue et salariée, l'autre, l'Église romaine restée fidèle au pape mais dont les prêtres devenaient 'réfractaires' au serment. Cette affaire manifesta des oppositions insoupçonnées jusqu'alors : le schisme rejoignait et renforçait la division entre révolutionnaires et contre-révolutionnaires.

L'idéologie jacobine représente en quelque sorte la synthèse entre ces divers courants. Elle se veut convaincante et persuasive, "l'atmosphère de lutte qu'elle entretient doit procurer à la fois des raisons de vivre et de mourir" (BOULOISEAU. 1972. 38). Elle sera donc à la fois sociale et individualiste, spiritualiste et matérialiste. Le jacobinisme emprunte au christianisme une confiance en l'avenir et un désir de rénovation morale, il les mêle à sa haine de l'aristocratie et du despotisme et fusionne les consciences morale et civique.

La dignité humaine est proclamée et est jugée inséparable de la liberté, mais le contenu de ces concepts diffèrent et leur mise en application diviseront les citoyens. L'Église ne proclame pas toujours les mêmes idées et, quand elle le

---

[1] Les hésitations *de tous les partenaires* à propos de la Constitution civile du clergé prouvent à quel point il était devenu difficile de se situer par rapport à des échelles de valeurs en plein bouleversement. Il est aisé, à cent cinquante ans de distance, d'écrire comme le fit LEFLON (1949. 58) que tout le monde s'accorde aujourd'hui à reconnaître que l'Église ne pouvait accepter la Constitution civile du clergé. Cet auteur ajoute toutefois que les acteurs étaient, à ce moment, "engagés dans une situation concrète et terriblement mouvante, perdus dans une confusion générale, prisonniers de toute une mentalité qui les pénètre de traditions anciennes et de doctrines fausses". On connaît les tergiversations aussi bien de Pie VI que de Louis XVI : la condamnation pontificale, à laquelle Louis XVI ne s'attendait pas et qui le mit en grand embarras, ne vint que tardivement. Les hésitations étaient dues également, pour Pie VI, aux pressions diplomatiques exercées sur lui afin de ne pas précipiter la France dans une persécution religieuse violente (MOURRET. 1921. 116), conséquence qu'aurait eu, selon certains, une condamnation officielle. Ceci permettrait de comprendre pourquoi Pie VI se contenta de protester le 29 mars 1790, soit plus de trois mois avant le vote français, contre la Constitution civile du clergé. Il le fit en termes très énergiques, mais... dans un consistoire secret dont rien ne devait être transmis aux chancelleries !

En ce qui nous concerne, ce qui nous intéresse, au-delà des faiblesses ou des hésitations individuelles, au-delà également des stratégies diplomatiques, étroitement liées à la conjoncture politique, ce sont les contradictions et les tensions véhiculées dans cette affaire et qui manifestent l'opposition entre deux mentalités coexistant parfois dans les mêmes personnes...

fait, elle n'en a pas le monopole. En même temps que le schisme qui sépare les chrétiens en réfractaires et en constitutionnels, une autre division s'installe entre partisans et adversaires d'un nouveau culte, le culte révolutionnaire. Au début de la crise, les révolutionnaires et les prêtres se rencontrent et collaborent encore. Mais le nouveau culte prend de l'importance : il a ses symboles, sa propagande, ses autels de la patrie, son serment civique, ses prières et ses chants, ses fêtes en l'honneur de la liberté et de la révolution (PONTEIL. 1973. 101).

Le Culte de la raison est proclamé, ROBESPIERRE s'en inquiète. Outre les conséquences négatives qu'il prévoit sur le plan de la politique extérieure, il "dénonce l'intrigue qui se cache sous le mouvement : les déchristianisateurs attaquent à la fois l'Église et le Comité de Salut Public". Pour les contrecarrer, il fonde, le 8 juin 1794, le Culte de l'Être suprême (PONTEIL. 1973. 102).

La concurrence entre les cultes renforce et rejoint les divergences politiques et tourne rapidement en tension, puis en opposition. Louis XVI a d'abord consenti à la constitution civile du clergé, puis, devant l'attitude de Pie VI, il se repent, veut faire choix d'un aumônier réfractaire et finalement tente lamentablement de s'enfuir. Ce qui aurait pu n'être qu'un incident consomme la rupture de la Révolution et de l'Église. L'État se laïcise alors et, sur le plan juridique, l'institution légale du divorce en constitue un signe évident.

Dès lors, l'athéisme peut prendre le relais et, au nom du Culte de la Raison, on tente de procéder à la déchristianisation. Celle-ci, et VOYELLE (1976. 236 sq.) le rappelle opportunément, n'est pas l'oeuvre seulement d'une poignée d'agités ou d'athées impénitents, comme on l'a souvent prétendu. Tout est beaucoup plus nuancé : ainsi, les représentants en Mission à travers la France ne sont pas toujours les responsables de la déchristianisation dans les lieux où ils sont envoyés. VOYELLE (Loc. cit.) a bien montré, dans le détail, comment dans certaines régions leur arrivée est précédée de l'abdication du clergé, dans d'autres, au contraire, leur venue semble avoir moins d'effets...

Certes, il y eut des représentants en Mission qui imposèrent "une ligne dure d'activisme déchristianisateur", selon les termes de VOYELLE (1988. 51) et ce courant ne doit pas être nié. Mais le Comité de Salut Public et la Convention ne cherchaient point cet effet-là : la plupart des textes législatifs rappellent la liberté des cultes et désavouent les manquements qui viennent à leur connaissance. En fait, à en juger d'après les plaintes de telle ou telle communauté, les départements étaient livrés le plus souvent à l'arbitraire des représentants.

Plutôt que d'opposer de façon simpliste des révolutionnaires incroyants à des opposants chrétiens, l'époque voit naître et s'amplifier l'opposition entre deux conceptions : le monde traditionnel, statique, s'achève et cède progressivement la place, et non sans heurts, au monde contemporain. C'est donc un certain christianisme qui disparaît, tandis qu'un nouveau christianisme se cherche. En d'autres termes encore, ce qu'on a appelé la déchristianisation qui aurait caractérisé le XVIIIe siècle finissant, ne serait en réalité que l'expression des conflits entre deux modes d'expression. Le phénomène ressortit, dès lors, aussi à la diffusion des idées nouvelles dans une société, avec, en outre le décalage bien connu entre la capitale et la province.

Les études détaillées de Michel VOYELLE, par exemple sur les abdications de prêtrise (1988. 63 sq. et carte 5), soulignent la complexité de cette déchristianisation. Pour ne rien simplifier dans une question suffisamment complexe, une certaine historiographie religieuse, traditionaliste, emboîte le pas : selon certains historiens, en effet, la révolution intellectuelle qui accompagna la révolution politique aurait, à la charnière des XVIIIe et XIXe siècles, "éloigné des Églises un grand nombre de leurs baptisés" (DE BERTIER DE SAUVIGNY. 1966. 268). Toujours d'après ces mêmes historiens, l'idéologie révolutionnaire aurait rongé les bases mêmes du christianisme. Ce serait, selon ceux-ci, ce qui expliquerait aussi bien l'opposition générale et durable de l'Église à l'esprit révolutionnaire, mais encore les manifestations d'anticléricalisme et même des attitudes antichrétiennes qu'on retrouve effectivement, sous diverses formes, au XIXe siècle.

Mais ne faut-il pas, là aussi, faire la part des choses ? A beaucoup d'égards, avec le recul, cet antichristianisme élémentaire fut profitable, aussi bien à l'Église qu'à ses adversaires, en élevant le débat d'idées à un niveau supérieur à celui auquel il se situait antérieurement. L'Église fut contrainte de s'adapter à une pensée moderne, scientifique, fondamentalement rétive au dogme et à l'argument d'autorité. Comment penser qu'elle ne s'y purifia pas ?

Le relâchement de la pression exercée, par le pouvoir spirituel, comme par le pouvoir temporel, doit être compté au nombre des facteurs externes qui favorisèrent l'avènement et le renforcement d'une mentalité comparative, notamment par la diversification des points de vue et des conceptions dans tous les domaines. Ce n'est sans doute pas un hasard si l'interprétation des textes sacrés se fit dorénavant, aussi, à l'aide de l'éclairage qu'en donne la comparaison de données historiques, paléontologiques ou philologiques ou si l'étude comparative de religions, principalement orientales, introduisit, de manière encore maladroite et souvent polémique, un principe de relativisme au sein du dogme.

## Conservatisme et avant-gardisme

La seconde moitié du XVIIIe siècle et les débuts du XIXe constituent pour l'avènement d'une mentalité comparatiste une période de toute première importance. De même que, dans le bref moment de la Première Renaissance, tout s'avéra possible (JUCQOIS. 1989. 65 et sq.), ainsi également la période de transition que nous examinons conjugua tous les contraires en des factions, adverses les unes des autres. Les individus eux-mêmes sont souvent écartelés par des tendances qui les déchirent[1]. Parfois, tradition et modernité se partagent pacifiquement un domaine, la première se revendiquant aisément de l'intuition et de l'instinct, la seconde faisant appel à la raison.

Tiraillements, tensions, conflits, se manifestent dans tous les domaines et, notamment, en art et en littérature. Les contrastes, qu'apportent l'histoire des arts plastiques ou l'histoire de la littérature, soulignent l'importance des contradictions qui traversent les sociétés occidentales en cette fin de XVIII^e siècle et en ce début de siècle suivant.

Si la Révolution apparaît comme le couronnement du siècle des Lumières (SOBOUL. 1981. 518) et le triomphe supposé de la raison sur l'obscurantisme, la dislocation des cadres sociaux traditionnels et les difficultés d'insertion de beaucoup dans la nouvelle société agirent en sens inverse en redonnant crédit à l'irrationnel. Les peurs suscitées par les nouvelles formes de pouvoir poussèrent certains dans la direction de la contre-révolution.

Certaines personnalités suffisamment fortes parviennent encore à endiguer l'action des forces profondes issues du sentiment et de l'instinct. Ainsi, DAVID imposa-t-il le maintien de l'esthétique classique et de l'inspiration traditionnelle antique dans les arts plastiques. Par contre, la littérature traditionnelle se révèle incapable de se maintenir. La lecture d'histoires littéraires contemporaines étale le malaise : LA HARPE, par exemple, ne peut que confronter formellement les productions insipides de son époque aux modèles classiques, sans pour autant percevoir l'abîme qui sépare les unes des autres[2]. Rétrospectivement toutefois,

---

1 La coupure entre le XVIII^e siècle et les Lumières d'une part et les nouvelles formes de pensée de l'autre est soulignée aussi par le destin des hommes: en une dizaine d'années meurent la plupart des grands écrivains du XVIII^e siècle, ROUSSEAU et VOLTAIRE en 1778, d'ALEMBERT en 1783, DIDEROT en 1784, BUFFON en 1788, d'HOLBACH en 1789. Ceux qui vivront les événements révolutionnaires se consacreront davantage, nécessité oblige, à l'éloquence qu'à la plume.

Dès le 9 Thermidor (27 juillet 1794), la phase d'ébullition révolutionnaire est en voie d'accalmie. La route est tracée vers le Directoire, le Consulat, l'Empire et au-delà vers la Restauration et le XIX^e siècle. Malgré les apparences, c'est bien une nouvelle période qui débute alors. Faut-il rappeler, en littérature, le rôle de transition de personnalités telles que CHATEAUBRIAND ou Madame de STAEL, incarnant, en France, le préromantisme ? Ce n'est pas jusqu'à l'origine et l'insertion sociale de ces deux auteurs qui manifestent les nécessaires accommodements entre la tradition et la nouveauté...

2 Sur les quatorze volumes que comporte l'édition de 1818 du *Lycée ou cours de littérature ancienne et moderne* de LA HARPE les *sept derniers volumes* (t.8 à 14 inclus) sont consacrés au XVIII^e siècle : on voit l'importance que revêtait pour les contemporains une littérature sans la moindre saveur et dont la postérité nous fera grâce. Le tome 8 qui amorce la période débute par une "Introduction" reprenant le texte d'un discours prononcé le 31 décembre 1794, lors de l'ouverture du Lycée. Ce discours porte en sous-titre la mention: "de la guerre déclarée par les Tyrans révolutionnaires, à la Raison, à la Morale, aux Lettres et aux Arts". C'est ainsi que la raison pouvait successivement se retrouver dans les deux camps et être toujours finalement du côté du plus fort... !

c'est davantage en littérature que dans les arts plastiques qu'apparaît le mieux la rupture entre le classicisme et le romantisme.

En peinture, cependant, l'opposition entre deux contemporains souligne l'importance de deux personnalités, hors du commun, DAVID et GOYA, révélatrice, la première, de la force de la tradition sous des apparences révolutionnaires, la seconde de la vivacité de l'innovation dans un contexte pourtant ultraconservateur. On vient d'évoquer DAVID. À l'opposé de celui-ci se situe GOYA, qui constitue à lui seul une exception dont toute l'importance ne se manifestera qu'ultérieurement (MALRAUX. 1953. 97). Pour celui-ci, véritable devancier de la condition de l'homme moderne, la peinture "crie l'angoisse de l'homme abandonné de Dieu". Les voix de la nuit, auxquelles il rend leur force, peuvent sans doute terrifier nos contemporains, mais elles lui rendent également sa liberté.

Le contraste est, en effet, saisissant entre GOYA (1746-1828)[1] et son contemporain DAVID (1748-1825). On mesure ici également la cécité de leurs contemporains lorsqu'on relit aujourd'hui l'accueil que la critique d'art réserva au "Serment des Horaces" de DAVID : "l'histoire de l'art ne nous apporte aucun exemple d'un tableau qui aurait fait plus de bruit que l'apparition de celui-ci... Aucune affaire d'État de la Rome ancienne ni aucune élection papale de la Rome nouvelle n'agita jamais les esprits à un plus fort degré" (cité d'après LANKHEIT. 1966. 104). C'est dans ces termes et d'autres analogues que la critique accueillit cette oeuvre pourtant fade et conventionnelle à notre goût. Le tableau date de 1784 et le public y vit surtout l'apologie de la liberté politique et du courage civique. C'était peut-être créditer le peintre d'un message qui n'était que dans l'air du temps...

Qu'il s'agisse de scènes reprises à l'Antiquité, comme les "Funérailles de Patrocle" (vers 1778, dessin), l'"Enlèvement des Sabines" (1799) ou les "Amours de Pâris et d'Hélène" (1788), ou de portraits de contemporains, comme Mme de RECAMIER, ne se font jour, ni critique sociale, ni dessein politique, ni angoisse existentielle : DAVID ne remet rien en cause et aurait pu tout aussi bien être l'apologiste du Roi Soleil[2].

---

Les tensions, à la fin du XVIIIe siècle et au début du XIXe, entre un modèle classique périmé et de nouvelles tendances semblent ne pas avoir attiré suffisamment l'attention. Le IXe Congrès de l'Association Internationale de Littérature Comparée, tenu à Innsbruck en 1979, était partiellement consacré au thème des "Modèles classiques dans les littératures" (Actes, t.1. Innsbruck. 1981) : aucune communication ne se rapporte à la période qui nous intéresse.

1 MALRAUX disait de GOYA qu'"il préfigurait tout l'art moderne parce que l'art moderne commence à cette liberté".

2 Cf. toutefois infra pour d'autres opinions sur le peintre et à propos de ses engagements politiques éventuels au moment de la Révolution.

J.-L. DAVID, *Serment des Horaces* (1784), d'après LANKHEIT (1966. 105)

DAVID (vers 1778), les *Funérailles de Patrocle* d'après DE KEYSER (1965. 56)

DAVID, *Enlèvement des Sabines* (1799) d'après CABANNE (1975 342)

DAVID, *Les amours de Pâris et d'Hélène* d'après DE KEYSER (1965. 37)

*Mme Récamier* d'après FAURE (1976. 307)

Quel contraste avec GOYA ! S'il peint des personnages officiels, comme la "Famille de Charles IV" (1800), on ne peut s'empêcher de relever sur les visages les rictus et les souffrances des remises en cause. Quel monde entre la peinture classique qui se survit ainsi à travers des artistes tels que DAVID et les grimaces de ces "Vieilles" dont les chairs flasques et décrépites annoncent la mort prochaine !

GOYA, *La famille de Charles IV* d'après JANSON (1978. 584)

GOYA, *Les vieilles* (détail) d'après FAURE (1976. 341)

La modernité de certaines oeuvres, comme "Les uns aux autres", fait de GOYA un précurseur des surréalistes. Quelle étonnante prescience de la dialectique du désir : sa toile la "Maja nue" (peu avant 1800) est déclarée obscène par l'Inquisition. Il la rhabille et produit, la même année, la "Maja vêtue" qu'il voile ainsi d'un vêtement blanc, d'une large écharpe de couleur ocre dorée et d'une mantille noire. Elle en devient, paradoxalement, infiniment plus sensuelle et le peintre souligne ainsi l'absurdité de cette censure tatillonne. La véritable révolution, celle des mentalités, est donc moins chez celui qui en est pourtant crédité par ses contemporains et compatriotes qui préparent et vivent 1789 que chez celui qui, bien que peintre révolutionnaire, est pourtant officiellement peintre d'une cour très conservatrice...

Les tensions et contradictions que reflètent les arts et la littérature sont l'écho des tiraillements qui apparaissent aussi dans les mentalités. Certains réussissent à concilier le goût pour le classicisme à l'antique et l'expression de tendances modernes. En littérature, l'oeuvre poétique de MILLEVOYE (1782-1816) tente de manifester, selon ses propres termes (Préface à ses *Élégies*), "<son> respect pour le goût et <son> amour pour les classiques", ce qui ne l'empêche pas le moins du monde de rechercher son inspiration dans des sources médiévales interprétées selon les canons romantiques

De même en peinture, le meilleur disciple de DAVID, INGRES (1780-1867), peindra un "Songe d'Ossian" pour la chambre de Napoléon au Quirinal, malgré son aversion affichée pour le romantisme d'un DELACROIX. D'ailleurs, même chez un DAVID, le "Serment des Horaces", bien que datant de 1785, serait, pour certains, plein déjà d'un souffle révolutionnaire et cette oeuvre prouverait combien, sous l'apparente froideur classique, bouillonneraient l'ardeur et la volonté de changements radicaux. Peut-être, comme l'écrit DIDIER (1976. 76), et contrairement à notre perception personnelle évoquée plus haut, que la Révolution fut "pour DAVID <aussi> l'occasion d'exprimer tout à fait ses aspirations profondes". Il est difficile de se prononcer sur les intentions réelles et sur le message que le peintre voulait communiquer : à moins de ne voir dans DAVID aussi les manifestations des contradictions dont traite ce chapitre... Traits personnels assurément que ces détails, mais qui témoignent, sans doute, des difficultés d'une cohérence qui se cherche...

GOYA, *Les uns aux autres*, d'après DE KEYSER (1965. 193)

GOYA, *La Maja nue* et *La Maja vêtue*

## Mentalités et contradictions

La Révolution prétend s'enraciner dans la raison, elle libère pourtant aussi des forces irrationnelles. Le détail des faits est souvent plus complexe qu'on ne le croyait jadis[1]. Les travaux de VOYELLE mettent en lumière combien les éléments festifs, officiels et calculés autant que populaires et spontanés, s'entrecroisent avec des éléments rationnels : le culte de la Raison s'associe à celui de la Liberté, donnant lieu à l'ouverture de temples, à une pratique nouvelle et à des fêtes spectaculaires (1976. 183 sq.). Mais, déjà, les déesses de la Raison personnifient dans leur beauté sensuelle, sinon plébéienne, une invitation à d'autres cultes que celui de la seule raison...

Les Lumières avaient mis le raisonnement à contribution pour démontrer le caractère inéluctable de la Révolution. L'idée d'un progrès constant, pourvu qu'on se plie aux lois de la Raison, justifia également le suprême hommage que la Convention rendit à René DESCARTES en l'admettant, par le décret du 2 octobre 1793, au Panthéon. De même, CONDORCET, bien que décrété d'arrestation et proscrit par les Girondins, écrit, en 1794, son *Esquisse d'un tableau historique des progrès de l'esprit humain*, dont le titre est, à lui seul, reflet des mentalités. Il y exprime sa foi inébranlable dans le progrès et la perfectibilité de l'humanité (SOBOUL. 1981. 520).

À l'inverse, ceux qui constituèrent la Contre-révolution se recrutèrent parmi les victimes de la Révolution ou, ce qui revint souvent au même dans leur esprit, parmi les victimes de la Raison. La Révolution ne serait pour eux que la conséquence d'un abus de la raison humaine[2], incapable de régir sainement la Cité, ou encore la victoire d'un complot maçonnique à moins que tout ne soit le résultat d'une fatalité. Si la raison humaine fait défaut, la raison divine y supplée : la Révolution serait, ainsi pour Joseph de MAISTRE, punition divine que la Providence adresse à la France dans l'espoir qu'elle se régénère. La même Providence enverra à la France, punition subie et régénérescence achevée, la Restauration. Usage légitimisant de la raison que le prétendant sut apprécier comme il convenait : il fit parvenir à Joseph de MAISTRE une gratification de cinquante louis (IDEM. 522) !

Les mécontentements issus de la Révolution rejoignaient d'ailleurs un autre courant remontant aux environs des années 1760 lorsqu'on commença à prendre conscience que la spéculation scientifique et philosophique conduisait à une impasse. La raison n'est pas révoquée comme telle, mais le coeur est accepté "comme compagnon légitime de l'esprit" et on "en vint à accepter le sentiment comme source d'une sorte de connaissance à laquelle l'intelligence ne pouvait prétendre, et comme arbitre de l'action" (HAMPSON. 1972. 157).

Une répartition et une complémentarité analogues se produisent dans le domaine de la recherche scientifique dont le cours s'infléchit davantage dans le

---

1 Cf. les études détaillées de VOYELLE (1985. 265 sq.).

2 Gilles KEPEL (1991. 87 sq.) dresse un parallélisme étonnant lorsqu'il met en évidence une attitude identique chez diverses personnalités religieuses de notre fin de siècle !

sens du conservatisme ou, au contraire, suit des courants novateurs, tantôt sous l'action de personnalités hors du commun, tantôt également selon une propension naturelle à tel secteur de s'engager plus spontanément dans telle orientation. Selon l'expression de HAMPSON, "si le sentiment tenait la barre, la raison restait aux commandes" (Loc. cit.). Dans les éventuels conflits où la raison est partie prenante, ce n'est plus toujours elle qui l'emporte. CASSIRER (1966. 293) fait remonter au passage de DESCARTES à NEWTON[1], dans le domaine de la physique, la mutation interne qui permet à l'homme pensant de se "libérer du despotisme absolu de la déduction" pour faire place, à côté d'elle et non pas nécessairement contre elle, à l'observation directe de simples faits.

Du XVI^e^ au XVIII^e^ siècle, la science avait, peu à peu, perdu son caractère sacral. Elle n'en est pas pour autant plus objective, car la dimension théocentrique antérieure est remplacée par un aspect anthropocentrique : ainsi, REAUMUR, dans ses études sur les insectes, affirme que la systématique a pour but essentiel la commodité humaine. Dimension subjective de toute connaissance que rappelle CONDILLAC dans son *Traité des sensations* (1754) : "<Les> idées ne nous font point connaître ce que les êtres sont en eux-mêmes; elles ne les peignent que par les rapports qu'ils ont à nous, et cela seul démontre combien sont superflus les efforts des philosophes, qui prétendent pénétrer dans la nature des choses" (HAMPSON. 1972. 61).

Il existe évidemment un lien naturel entre le subjectivisme et le recours à l'observation des faits. Il en existe un également entre le subjectivisme et le rejet de l'autorité. Paul HAZARD a, sur ce point, fortement souligné le contraste entre le XVII^e^ et le XVIII^e^ siècle : "la hiérarchie, la discipline, l'ordre que l'autorité se charge d'assurer, les dogmes qui règlent fermement la vie : voilà ce qu'aimaient les hommes du dix-septième siècle", au contraire, "les contraintes, l'autorité, les dogmes, voilà ce que détestent les hommes du dix-huitième siècle, leurs successeurs immédiats". En résumé et de manière imagée, "la majorité des Français pensait comme BOSSUET; tout d'un coup les Français pensent comme VOLTAIRE : c'est une révolution" (Apud GRIMBERG et SVANSTRÖM. 1974. 318).

La révolte contre l'autorité et le dogme se fait au nom de la raison : le contraste est saisissant, davantage encore en ce XVIII^e^ siècle qu'en d'autres temps, entre les progrès de la science et d'une véritable rationalité d'une part et de l'autre l'adhésion des masses encore incultes à des réponses et des idées traditionnelles, bien souvent entachées de superstition et d'intolérance. D'une façon générale, "là où des situations et des événements nouveaux ne s'expliquaient pas directement par des causes naturelles, l'opinion publique les attribuait à des causes surnaturelles" (DURANT. W. et A. 1966. 9).

---

[1] Le discrédit du cartésianisme fut progressif et lié partiellement à des observations. Ainsi, la gravité newtonienne supposait, du fait de la rotation de la terre dans un air raréfié, un aplatissement léger des deux pôles et un élargissement corrélatif à l'équateur. Cela fut confirmé expérimentalement par des observations effectuées en Laponie et au Pérou en 1736-1740 (HAMPSON. 1972. 60).

À ce point de l'exposé, il est utile de se souvenir des contradictions que connaît sans doute toute société et qui font que coexistent parfois, éventuellement chez les mêmes personnes, des attitudes archaïques et de résistance et des comportements rationnels et novateurs. Ce qu'on appelle parfois "la force d'inertie" des mentalités collectives agit toujours comme un frein. L'histoire des mentalités doit être ainsi, à beaucoup d'égards, une histoire des résistances au changement. C'est ce que propose précisément un des plus grands dix-huitièmistes actuels, Michel VOYELLE (1985. 236 sq.), dans un article partiellement programmatique et dont les données proviennent largement de la période qui nous intéresse ici. Sans doute, pensera-t-on, les exemples de VOYELLE sont tirés de ce XVIIIe siècle finissant qu'il maîtrise, et on aura raison, mais il n'empêche que ce n'est probablement pas par hasard si c'est précisément cette période qui suggère la problématique et qui permet d'étayer les hypothèses formulées sur les contradictions, existant à un moment déterminé, dans les mentalités de contemporains.

Revenons-en à la contradiction, sinon à l'opposition, qui marque de nombreuses attitudes de cette période de transition : superstition et intolérance contre rationalité et esprit de liberté. Si le peuple manifeste son attachement et ses préférences envers des superstitions, le pouvoir en prend souvent le relais. Il entérine ces superstitions et les cautionne par le maintien de pratiques et d'institutions archaïques dont la violence et l'intolérance nous surprennent aujourd'hui. Le propos doit toutefois être nuancé : au fur et à mesure que se développe le doute, l'opinion publique accepte de moins en moins bien les persécutions religieuses que l'État, succédant à l'Église en tant que gardien de l'unanimité sociale et de l'ordre, reprend à son compte.

Si la censure de la presse et de la parole fut généralement moins sévère en pays protestant qu'en pays catholique, elle culmina en pays latins et notamment en France où elle n'avait cessé de s'intensifier depuis François Ier. Elle fut encore renforcée par un édit de 1723, mais, paradoxalement, les manquements étaient, dans la première moitié du XVIIIe siècle, rarement poursuivis. Le cas échéant, "un livre imprimé sans l'autorisation du gouvernement pouvait être brûlé par l'exécuteur des hautes oeuvres, tandis que l'auteur conservait la liberté; et s'il était embastillé, ce n'était généralement que pour une brève période durant laquelle il était bien traité" (DURANT. W. et A. 1966. 15).

La tentative d'assassinat de Louis XV par DAMIENS (5 janvier 1757) marqua la fin de cette ère de relative tolérance. Dès lors, le pouvoir prend édit sur édit avec menaces de peine de mort contre "tous ceux qui seraient convaincus d'avoir écrit ou imprimé n'importe quel livre cherchant à porter atteinte à la religion ou à l'autorité royale, ou pouvant troubler l'ordre et la tranquillité du royaume". L'achat ou la vente d'exemplaires de *La Pucelle* de VOLTAIRE ou de son *Dictionnaire philosophique* était sanctionné de peines allant du pilori ou du fouet à neuf ans de galères[1].

L'acharnement de la censure s'exerçait également envers l'usage de certains mots, même dans des textes dont elle permettait l'édition. Dans une lettre adressée à VOLTAIRE, d'ALEMBERT écrivait, en 1762 : "vous ne sauriez imaginer à quel degré de furie l'Inquisition en est arrivé. Les inspecteurs de la pensée... biffent de tous les livres des mots tels que *superstition*, *indulgence*, *persécution*" (Cité par DURANT. Loc. cit.).

Une telle pression sur la liberté de pensée devait produire à court terme un rejet des autorités qui l'exerçait ou au nom desquelles cette censure s'appliquait, et ceci explique aussi bien la révolte contre l'Église que celle contre l'État. Néanmoins, et le fait fut souligné à plusieurs reprises, l'enchevêtrement des résistances, collectives ou individuelles, et des volontés de changement, le mélange de rationalité et de superstition, la prise de conscience des limites d'un certain usage de la raison et des nécessités de la liberté et de la spontanéité, tout cela imprégnait des mentalités qui s'accoutumèrent progressivement à la coexistence de principes contradictoires.

Les excès de la Terreur ne ramenèrent pas à la situation antérieure, mais conduisirent bientôt aux premières formes de pluralisme et de tolérance politiques. Les abus de la rationalité classique et mécanique précipitèrent l'abandon des conceptions scientifiques cartésiennes et l'adhésion au newtonisme et à de nouvelles rationalités. Ainsi encore, dans le domaine des sciences naturelles, un LAMARCK (1744-1829), bien que sans lien avec les courants romantiques (GUSDORF. 1985. 147), s'inscrit dans la lignée du déterminisme physicaliste des Lumières, lui-même issu du mécanisme cartésien. Il annonce néanmoins, et comme malgré lui, l'époque suivante par les difficultés qu'entraîneront ses explications. LAMARCK recourt à des concepts datant des Lumières. Ainsi, "le titre même du dernier livre, publié par LAMARCK à l'âge de 76 ans, et passé inaperçu, a valeur de manifeste : *Système analytique des connaissances positives de l'homme, restreintes à celles qui proviennent directement ou indirectement de l'expérience*" (1820) (IDEM. 151). Au nom de la raison, LAMARCK parle de "système" et d'"analyse", termes que le romantisme a déjà refusés et qu'il a remplacés par les concepts d'"organisme" et de "synthèse".

Il n'y aura pas, en France, de science romantique comme l'Allemagne, notamment, en connaîtra. L'opposition radicale entre un LAMARCK et son contemporain allemand TREVIRANUS recoupe l'opposition entre un agnosticisme enraciné dans les Lumières et un gnosticisme romantique qui s'en est dégagé. L'individualisme naissant a son pendant en biologie où la vie doit dorénavant s'expliquer du dedans des êtres : la spontanéité intrinsèque utilise la réalité matérielle pour atteindre et maintenir un équilibre toujours instable, s'inscrivant

---

1 Quand on sait que, bien souvent, les condamnés aux galères n'étaient pas libérés à l'expiration de leur peine, mais que celle-ci était purement et simplement prolongée sans qu'aucun recours ou contrôle ne soit envisageable, on comprend que de parler d'intolérance et de violence à propos de cette censure n'est sans doute pas une exagération !

dans des finalités successives qui, de proche en proche, englobent tous les êtres vivants[1]. Il ne sera plus possible, que ce soit au nom de la raison, laïque ou religieuse, de dissocier artificiellement et radicalement chez l'homme ce qu'une longue tradition dualiste avait permis de séparer. Le corps cesse d'être étranger à l'homme, l'unité du vivant est affirmée comme elle commence à être ressentie.

Malgré les contradictions et les résistances, les esprits évoluent et les restaurations qui s'annoncent ne seront jamais le retour à des situations et à des mentalités d'Ancien Régime. Que ce soit sur le plan politique, sur le plan littéraire ou sur celui des sciences, les mentalités évoluent et les contradictions antérieures se résorbent en de nouveaux questionnements.

En effet, la coexistence d'une conscience collective, héritée bien que transformée du passé, et d'une conscience individuelle qui se cherche encore, la nouvelle perception de son unité personnelle recoupent les contradictions et les résistances que la période connaît. Qu'il soit limité aux frontières traditionnelles ou au contraire qu'il sillonne de nouveaux territoires, l'usage de la raison contraint ou à l'exclusion et à la violence dont les témoignages abondent à cette époque ou à la pratique du dialogue et de la tolérance. Le pluralisme qui s'implante alors repose sur l'apprentissage de la comparaison.

Les contradictions et les résistances ne seront pas levées pour autant : tout le XIX^e^ siècle oscillera entre des pôles qu'on étiquette un peu rapidement de "rationnel" et d'"irrationnel", alors qu'il faudrait plutôt y voir deux formes concurrentes et exclusives – à un certain degré du moins – de la rationalité. Ainsi, on ne peut nier que le XIX^e^ siècle se soit engagé avec force non seulement dans la voie de l'industrialisation, mais ait aussi forgé, simultanément, les instruments idéologiques nécessaires à ce bouleversement économique. Pourtant, au fur et à mesure que se réalisait l'industrialisation et qu'elle apportait les fruits escomptés par la classe dirigeante, celle-ci manifeste d'une façon de plus en plus claire combien elle désire s'évader de cet univers. Romantiques et progressistes cherchent l'évasion dans un univers aux antipodes de celui qu'il bâtissent... Ainsi, Napoléon III et Eugénie font restaurer par VIOLLET-LE-DUC la grande salle du château de Pierrefonds et se détendent dans un cadre médiéval reconstruit !

Mais ceci n'est pas spécifique au XIX^e^ siècle, ni à ses débuts ni à sa fin, même si cette période manifeste particulièrement bien la problématique comparative. Les difficultés inhérentes à la comparaison sont, on le sait, liées à notre nature humaine et la conjoncture ne fait, au mieux ou au pire, que les infléchir.

---

[1] À la même époque, STAHL impose la notion d'organisme comme principe de l'ordre vital. Il abandonne la tradition platonicienne du dualisme, tradition qu'avait reprise DESCARTES, et débouche sur un animisme religieux en faisant "descendre l'âme dans le corps, où sa présence assure du dedans l'animation de l'organisme, en dehors de toute participation de la conscience" (GUSDORF. 1985. 158).

Le goût de l'évasion au XIX$^{e}$ siècle : Napoléon III et Eugénie dans la grande salle de Pierrefonds restaurée, dans le goût médiéval, par VIOLLET-LE-DUC (d'après ROBERTS. 1975. 107).

## Sciences du vivant, sciences du changement

Les progrès incessants de la science, dès le XVI$^{e}$ siècle, peuvent donner l'impression d'une lente construction dont les éléments s'additionnent les uns aux autres comme les différentes pièces d'un puzzle. En réalité, ce qui change de manière inéluctable c'est la conception du monde, "la forme rigide du visage du monde antique et médiéval éclate", le "monde cesse d'être un 'cosmos' au sens d'un ordre visible dans son ensemble, directement accessible à l'intuition" (CASSIRER. 1966. 69).

Espace et temps s'élargissent peu à peu à l'infini, notion qui se précise mathématiquement entre les XVII$^{e}$ et XIX$^{e}$ siècles, et cela non seulement en physique, mais aussi dans la quotidienneté. Les règles d'unité de temps et de lieu, chères aux classiques, disparaissent simultanément avec les limites du monde. Cette extension des lieux connaissables n'est donc pas simplement dans les faits et dans les observations, elle s'impose aussi dans les esprits : chacun la sent en lui comme il la constate dans ses relations aux autres. Un nouveau rapport s'établit "entre sensibilité et entendement, entre expérience et pensée, entre *mundus sensibilis et mundus intelligibilis*" (CASSIRER. 1966. 70).

Si la physique newtonienne exprime cette nouvelle vision du monde et supplante ainsi les conceptions cartésiennes, c'est toutefois dans le domaine des sciences du vivant, dans ce qui s'appellera bientôt la biologie, que la nouvelle rationalité éclôt le mieux. On ne peut mesurer plus adéquatement la coexistence des conceptions anciennes persistantes et de la nouvelle vision du monde qui se fait jour lentement que dans l'évolution des sciences du vivant, en la seconde moitié du XVIII^e^ siècle. La question n'était pas uniquement "l'existence d'un ordre providentiel et par conséquent l'existence de Dieu" (HAMPSON. 1972. 190), mais, d'une façon plus générale, se posait la question de l'adéquation d'une idéologie fixiste, optant résolument pour le maintien de l'ordre social établi dont la pérennité ne serait que le reflet de l'ordre de la nature éternelle.

L'attitude de LINNE et de BUFFON, à propos de la systématique, est révélatrice à cet égard. On sait que, pour le premier, les classifications animales reflétaient la hiérarchie des êtres vivants, telle que le Créateur l'avait établie. Mais ne classait-on pas ainsi, pour des raisons idéologiques étrangères à la Nature, des faits en réalité indifférenciés ? Quoiqu'opposé aux conceptions de LINNE, dans le premier volume de son *Histoire naturelle*, publié en 1749, BUFFON, fidèle à la méfiance newtonienne envers les hypothèses, s'écarte résolument des conceptions linnéennes : "Il n'existe réellement dans la Nature que des individus et (...) les genres, les ordres et les classes n'existent que dans notre imagination" (Apud HAMPSON. Loc. cit.). La même année, cependant, il publie le deuxième volume de son oeuvre où, revirement inattendu, il manifeste des opinions diamétralement opposées sur ce point : la stérilité des hybrides prouvant, selon lui, la réalité de l'existence des espèces dans la Nature[1].

Le XVIII^e^ siècle des Lumières entend fonder l'ordre de la connaissance, comme celui de la réalité, sans qu'il n'y ait aucune interférence d'une instance étrangère quelconque (CASSIRER. 1966. 121). Pour atteindre ce but il n'y a que deux voies possibles : l'expérimentation et ce que nous appellerions aujourd'hui l'étude structurale des rapports et des relations des objets entre eux[2]. L'une et l'autre supposent la décentration et la comparaison, ce ne sera donc pas un hasard si le comparatisme contemporain s'enracinera dans ces attitudes nouvelles.

Michel FOUCAULT (1966. 219 sq.) a mis en évidence comment le XVIII^e^ siècle finissant connaît une mutation épistémologique en instituant en temps fort scientifique ce qui constituait, au XVII^e^ siècle, un temps fort métaphysique. Le passage à l'étude des rapports existant entre organismes, domaine éminemment comparatif, satisfait au double concept d'organisme individuel et d'organisation collective dont le correspondant esthétique sera la tension romantique entre

---

1 Ce retournement de BUFFON ne modifia en rien ses conceptions fixistes, ce qui constitua chez lui et, du fait de son influence sur beaucoup de ses contemporains, une barrière infranchissable au progrès de conceptions évolutionnistes.

2 L'Idéologie, chez DESTUTT de TRACY notamment, tente, à la fin du XVIII^e^ siècle, de concilier l'un et l'autre "en définissant la pensée d'un rapport par la sensation de ce rapport ou, plus brièvement, la pensée en général par la sensation" (FOUCAULT. 1966. 254).

l'individualité et l'altérité, ou encore le goût pour le terroir tout proche en liaison harmonieuse avec celui pour l'exotisme du lointain.

On explique ainsi comment des structures qu'on peut observer sur des individus peuvent aider à comprendre des caractères identiques et généraux à des genres, des familles ou des embranchements. C'est ce qui fonde l'anatomie comparée qui se constitue à cette époque, mais c'est également la même attitude qui établit la grammaire comparée. Dans l'analyse classique, les organes se définissent à la fois par leur fonction et par leur structure : l'une et l'autre se superposent, mais restent néanmoins indépendantes (FOUCAULT. 1966. 276).

CUVIER, à l'aurore du XIX^e siècle, bouleverse cette lecture traditionnelle et "soumet la disposition de l'organe à la souveraineté de la fonction". Toutefois, comme les fonctions des organes ne sont qu'en petit nombre – respiration, locomotion, digestion, etc. – il importe de dépasser l'analyse individuelle en ce qu'elle pourrait laisser croire à l'indépendance de chaque organe et faire porter le regard sur les grandes unités fonctionnelles. Lorsque l'organe est rapporté à sa fonction on voit des ressemblances entre espèces, là où autrement on n'apercevrait que des divergences : si les branchies ressemblent aux poumons, c'est pour CUVIER, que les unes et les autres exercent la même fonction qui est de respirer.

Apparaît déjà dans cette comparaison, bien qu'encore implicitement, un élément important de ce qui constitue les aspects téléologiques inhérents à toute comparaison[1]. Alors que, pour le monde classique, les entités sont composées d'inventaires de traits, différents ou identiques, répondant aux hiérarchies préexistantes et éternelles, les traits s'agencent maintenant en fonction d'un but général renvoyant à une homogénéité fonctionnelle générale.

L'idée d'une adéquation progressive et meilleure des organes à des fins rejoint l'idée d'évolution qui se faisait jour, peu à peu, à travers le XVIII^e siècle. Dès 1748, Benoît de MAILLET avait suggéré, dans un ouvrage posthume (*Telliamed*, anagramme de son nom) que l'ensemble des animaux terrestres serait l'aboutissement de l'évolution d'organismes marins suite à des variations du milieu. Les oiseaux, selon cet auteur, proviendraient des poissons volants, les lions des otaries (appelés également "lions marins" !) et les hommes des tritons (Cité d'après DURANT. W. et A. 1966. 148). En 1751, MAUPERTUIS classait les singes et les hommes dans des espèces apparentées et proposait une théorie évolutionniste "selon laquelle le milieu et des modifications fortuites favorables aux survivants produisent, par sélection, de nouvelles espèces" (Ibid.). D'autres auteurs également, à travers toute la seconde moitié du XVIII^e siècle et les débuts du XIX^e, reprendront cette idée d'évolution des espèces. Ce qui nous intéresse ici, c'est que ces conceptions supposent, pour voir le jour, une modification des mentalités dont elles portent témoignage : l'évolutionnisme

---

1 Cf. t. 3, ch. 27, sur les aspects téléologiques de la comparaison.

naissant implique, en effet, l'acceptation d'une comparaison des espèces et l'abandon d'un point de vue centriste et absolu[1].

Le même chemin devra être accompli par les sciences de l'homme avant qu'elles ne se constituent véritablement en sciences au début du XIX^e^ siècle : avant que de chercher à expliquer, elles devront accepter de comprendre et donc aussi accepter que s'impliquent ceux qui les pratiquent et ceux auxquelles elles s'adressent. Elles ne s'élaboreront que dans la mesure où elles abandonneront des méthodologies réductrices et anthropo- ou européocentrées. Cette mutation n'est pas encore accomplie à l'âge des Lumières (GUSDORF. 1973. 588), pourtant un bouleversement s'y est déjà produit. Non pas simplement par la création de nouvelles disciplines, telles que la psychiatrie, l'anthropologie, l'histoire des religions ou la psychologie, non pas non plus pour l'importante croissance de la production scientifique que connaît, dans les sciences de l'homme, le XVIII^e^ siècle, mais précisément par l'avènement d'une nouvelle conception de l'homme et des relations qu'il entretient avec ses semblables et avec le monde.

La nécessité d'une nouvelle *épistémé* était pressentie, dès 1725, par VICO dans sa *Science nouvelle* ou, peu après, par le jeune HUME, en 1739, dans son *Traité de la nature humaine* : ce ne sera cependant qu'au XIX^e^ siècle que les savants oseront enfin aborder largement les comparaisons que permet un esprit décentré et qui entrevoit la nécessité de s'impliquer.

Il est une opinion courante, qui provient d'une erreur de perspective du romantisme, selon laquelle le XVIII^e^ siècle serait un siècle typiquement 'anhistorique'. En réalité, les principes historiques qu'élaborèrent les romantiques et qui leur permirent de vaincre l'éloignement du temps se révélèrent inapplicables dans l'appréciation qu'ils portèrent sur leur voisinage historique immédiat (CASSIRER. 1966. 207 sq.)[2]. En fait, les Lumières envisagent les problèmes de la nature et ceux de l'histoire sous l'angle de l'unité. Ils veulent, dès lors, appliquer à l'étude de l'une et de l'autre la même méthode de la 'raison', ce qui suppose de considérer les phénomènes étudiés comme étant immanents et s'expliquant donc les uns les autres. Bien que pour des raisons différentes, LINNE et BUFFON inscrivent tous deux l'homme parmi les espèces animales : il existe donc une histoire naturelle de l'homme, elle doit être également une histoire culturelle.

Ainsi, l'histoire de l'humanité, dans toute sa complexité, devient objet de connaissance : envisagée sous cet angle, l'histoire de la civilisation donne naissance, vers le milieu du XVIII^e^ siècle, aux premières synthèses, basées à la

---

1 On prétend souvent que l'histoire de la nature n'est apparue qu'avec le déclin du mécanisme cartésien, comme si une science finissant avait donné naissance à une nouvelle science. Il y eut longtemps coexistence de la mécanique cartésienne (qui fonctionne, par exemple, en médecine, encore à la fin du XVIII^e^ siècle) et de l'histoire naturelle depuis TOURNEFORT jusqu'à DAUBENTON. C'est précisément cette coexistence qui illustre les contradictions issues de deux anthropologies exclusives, et aussi complémentaires, l'une de l'autre, le classicisme et, dans la mesure où il s'y oppose, le comparatisme. Cf. FOUCAULT. 1966. 140 sq. et JUCQUOIS. 1989. 153 sq.).

2 Cf. toutefois infra et n. 2, p. 60.

fois sur la comparaison de sociétés et sur la perception de leur évolution. C'est dans cette perspective qu'il faut comprendre l'*Essai sur les moeurs* de VOLTAIRE ou le monumental ouvrage, publié à Paris en 1758, d'Yves GOGUET *De l'origine des lois, des arts et des sciences et de leurs progrès chez les anciens peuples* (GUSDORF. 1977. 80)[1].

Ces synthèses sont, sans doute, encore prématurées, mais ce qui importe pour notre propos c'est qu'elles supposent acquis le principe du changement et celui de la comparabilité des sociétés, hors desquels les sciences de l'homme se révéleraient inconsistantes. Les concepts d'évolution et de changement, celui très ambigu de progrès, et celui de comparaison, permettent d'établir les conditions de possibilité des sciences de l'homme. Les premiers travaux ne ressortissent ni à l'histoire proprement dite, ni à l'anthropologie, ni finalement à aucune discipline ultérieure, ils constituent la base sur laquelle ces sciences pourront, presque simultanément, se construire.

Cependant, c'est peut-être dans le domaine de l'histoire que la "science nouvelle" peut s'exprimer le plus aisément. En effet, la fin de l'absolutisme engendre une prise de conscience du temps qui passe : les événements ne se succèdent pas toujours selon le même modèle providentiel et unique, ils s'enchaînent au contraire et s'expliquent les uns les autres. Mais surtout, à travers l'exposé historique et l'analyse du passé, s'énonce et circule le plus aisément la critique du présent...[2].

Si l'historien ambitionne d'étudier l'histoire de l'humanité dans toute sa complexité, l'ampleur de la documentation à mettre en oeuvre et les compétences particulières requises pour la maîtriser excluent rapidement les grands travaux de synthèse au profit d'études détaillées et de spécialités multiples (GUSDORF. 1977. 88). Dès les débuts du XIX^e^ siècle, s'affirment l'autonomie, notamment, de l'histoire des religions, de l'histoire du droit, de l'histoire de l'art, de l'histoire des idées économiques et sociales, de l'histoire des doctrines politiques, etc.

C'est dans le même contexte que prennent véritablement naissance l'histoire des techniques et l'histoire des sciences : le travail scientifique apparaît comme

---

1 L'ouvrage parut sans nom d'auteur, mais l'attribution ne fait pas difficulté.

2 Une des raisons de la cécité des romantiques envers les qualités historiques de leurs prédécesseurs immédiats (Cf. supra et le passage cité de CASSIRER) pourrait provenir précisément de cette utilisation politique de l'histoire, par les uns et par les autres..., mais en des sens opposés. Du temps des Lumières, on critique le pouvoir et on prépare la prochaine Révolution, du temps des Romantiques on en revient à la tradition et on favorise ou, chez d'autres, on accepte du moins la Restauration.

Le lien entre science et politique était parfois explicité. Ainsi, GEOFFROY SAINT-HILAIRE, dans le discours inaugural qu'il prononce en 1794, à l'ouverture du "Museum d'histoire naturelle", créé quelques mois auparavant, revendique sa part de gloire nationale, parallèle à celle obtenue par les soldats de la République : "Tandis que nos frères d'armes vont repousser d'un bras nerveux les efforts impuissants des rois coalisés et cimenter de leur sang les bases de notre République, nous, dans le silence de l'étude, nous allons acquérir de nouvelles connaissances afin d'ajouter un nouveau rayon à la gloire nationale" (Cité dans TOPINARD apud GUSDORF. 1978. 430).

étant également fonction du contexte culturel global dans lequel il est vécu. L'importance croissante de la science et des techniques, au courant du XIXe siècle, souligne la nécessité d'en reconstituer le dynamisme à travers l'histoire. Dans ce secteur également, les notions de progrès et d'évolution se verront justifiées par des arguments d'ordre historique. C'est dire combien l'idéologie, ou mieux les idéologies concurrentes, tenteront de s'annexer ce domaine privilégié (GUSDORF. 1977. 92).

Bien que soumis pour sa part à l'idéologie positiviste qu'il promouvait, Auguste COMTE, conscient de l'importance épistémologique et heuristique d'une histoire des sciences et des techniques digne de ce nom, s'attacha à développer cette discipline et à en assurer l'enseignement. Contrairement à certains de ses contemporains et surtout à l'ensemble de ses successeurs, COMTE estimait qu'une telle étude ne pouvait qu'être interdisciplinaire.

S'étonnera-t-on qu'un secteur aussi chargé idéologiquement, surtout en ce XIXe siècle, n'ait pu donner lieu à un enseignement serein ? COMTE fit plusieurs tentatives pour obtenir une chaire d'histoire des sciences : en 1828, à l'Université où l'on ne voulut pas de lui, en 1832 aussi lorsqu'il s'adressa à l'historien GUIZOT, alors ministre de l'Instruction Publique, pour tenter de justifier cette création et la manière dont il l'envisageait. Les documents qui nous restent de ces tentatives prouvent qu'aussi bien COMTE que ses correspondants entendaient bien utiliser cette nouvelle discipline, à mi-chemin entre l'histoire et les sciences de la nature, comme tremplin pour la propagation de leurs conceptions politiques...

Revenons quelque peu à une idée importante pour la naissance du comparatisme : l'unité de composition des êtres vivants. Dès le milieu du XVIIIe siècle, de divers côtés, on avait émis l'hypothèse d'un modèle unique, d'un prototype de l'animalité. Le modèle ne correspondait bien entendu à aucun animal concret, mais il permettait de rendre compte de l'ensemble des animaux réels. Ce modèle général, base de toute l'anatomie comparée qui se développera peu après, s'obtient par abstraction des parties communes à tous les animaux, c'est-à-dire, essentiellement, les organes qui correspondent aux grandes fonctions (Cf. supra).

En 1753 déjà, DIDEROT imaginait, à l'origine du monde animal, un "prototype de tous les animaux, dont la nature n'a fait qu'allonger, raccourcir, transformer, multiplier, oblitérer certains organes" (Apud GUSDORF. 1985. 100 et n. 65). Le principe de l'unité de composition du monde animal s'impose dans la seconde moitié du XVIIIe siècle, il constitue le soubassement des théories biologiques évolutionnistes de LAMARCK à DARWIN, en passant par CUVIER et GEOFFROY SAINT-HILAIRE.

Critiquant les classifications, aussi bien de LINNE que de BUFFON, la première parce qu'elle prétendait refléter un plan divin, la seconde parce qu'elle se voulait simplement pragmatique, les Idéologues attendent l'avènement d'une nouvelle épistémologie qui ne serait plus simplement classificatoire. Le grand médecin et aliéniste PINEL propose, dès 1792, de définir les genres et les espèces, non d'après quelques signes apparents, souvent choisis arbitrairement, mais plutôt sur les rapports mécaniques que manifestent les squelettes des animaux, principe que CUVIER appliquera dans toute sa rigueur quelques années plus tard.

GUSDORF (1978. 432) signale la coïncidence de l'apparition du terme de "biologie" à la fois, en français, par LAMARCK et, en allemand, par TREVIRANUS dans des ouvrages parus indépendamment l'un de l'autre, mais simultanément en 1802[1]. À l'époque, le terme désigne l'ensemble des sciences du vivant et l'accent est placé singulièrement sur la comparaison des espèces.

Le comparatisme biologique qui s'établit alors oscille, en fait, entre deux conceptions antinomiques et qui se radicaliseront. Selon les uns, le modèle animal unique permet d'expliquer la continuité entre toutes les espèces, explication qu'on pourrait qualifier de génétique, selon les autres, au contraire, le modèle n'est qu'explicatif et fonctionnel, il s'agit d'une explication typologique[2]. En réalité, l'opposition n'éclatera pas d'emblée entre ces deux conceptions : GOETHE, par exemple, semble bien vouloir concilier les deux thèses, sans doute est-ce pour cette raison-là qu'il attendra vingt-cinq ans avant de publier, en 1820, son *Introduction générale à l'anatomie comparée* (GUSDORF. 1985. 100 sq.).

La même opposition entre ces deux formes de comparatisme apparaît aussi dans la confrontation des pratiques scientifiques : l'usage de la raison, du XVIIIe finissant, devait prémunir de vision idéologique et rendre à l'observation des faits toute leur importance; quelques décennies plus tard, aux débuts du XIXe siècle, si les faits gardent largement leur pouvoir démonstratif, ils s'insèrent cependant d'emblée dans une vision du monde qui leur préexiste en quelque sorte. Ainsi, pour GOETHE, "le premier regard est déjà donateur de sens", puisque "c'est à travers la théorie que nous accédons au réel"[3].

L'opposition entre des conceptions statiques de l'être vivant et des conceptions dynamiques, ou entre une *natura naturata* et une *natura naturans*, s'achève, dans le courant du XIXe siècle, au profit des secondes. Ce ne sont plus des formations déterminées et figées qui peuplent la Nature, mais des formes vivantes, participant à un fluide vital qui dépasse les catégories et les explique toutes à travers les nouveautés qu'il engendre. C'est une véritable organologie que la pensée romantique met sur pied : ce ne sont plus les figures statiques de la

---

1 En réalité, GUSDORF (Loc. cit.) montre, par une analyse fouillée des documents de l'époque, que LAMARCK aurait employé le terme "biologie" dès 1800 ou 1801, tandis que BICHAT y recourait également en 1801. Ce qui semble cependant admis, c'est l'indépendance de TREVIRANUS par rapport aux hommes de science français. D'ailleurs, même s'il fallait renoncer à cette coïncidence, il n'en demeurerait pas moins que le succès du terme, dès son apparition, en prouve à lui seul toute la nécessité.

2 De ce conflit initial, certaines disciplines comparatives ont conservé, jusqu'à nos jours, une indécision entre les deux tendances. C'est le cas, notamment, de la grammaire comparée où le conflit entre les deux thèses se poursuit encore actuellement. Ainsi, pour les uns, les comparaisons ne sont que de pures structures algébriques ne représentant aucun contenu de réalité historique comme tel, pour les autres, au contraire, les comparaisons renvoient à des protoformes ayant eu une existence bien réelle dont la reconstruction est vraisemblablement une approximation satisfaisante.

3 "Alles Faktische ist schon Theorie" (Cité d'après GUSDORF. 1985. 101).

géométrie et de la mécanique classiques qui servent de principe explicatif, mais bien la dynamique des fluides (GUSDORF. 1982. 433 sq.)[1].

## Science et société

L'opposition que nous venons de rappeler entre des conceptions statiques qui prévalent non seulement au XVII^e^ siècle avec le classicisme, mais même encore, à beaucoup d'égards, au milieu du XVIII^e^ et, d'autre part, des conceptions dynamiques qui l'emportent progressivement dès la seconde moitié de ce même siècle pour triompher au XIX^e^, cette opposition ne s'observe pas seulement dans le domaine des sciences.

En fait, ce qui se constate dans la vie scientifique reproduit une mentalité à l'oeuvre dans tout le corps social et dans tous les secteurs. Les bouleversements sociaux, économiques et politiques que connaît la seconde partie du XVIII^e^ siècle et qui étaient en gestation depuis la Renaissance, ne sont que l'aboutissement des impossibilités et des contradictions dans lesquelles s'enferme nécessairement toute société trop uniquement autocentrée et donc incapable de pluralisme et de dialogue. Les contradictions s'exacerbent dans la seconde moitié du XVIII^e^ siècle et se potentialisent les unes les autres : les impasses de l'absolutisme rejoignent celles d'un dirigisme économique doublé d'un protectionnisme tatillon, les famines et les rigueurs climatiques ajoutent aux problèmes de trésorerie, les oppositions de classes ne sont guère atténuées du fait de mépris réciproques des villes pour les campagnes, de la noblesse pour le Tiers-État, etc. Pourtant, les nécessités de changements sont rendues plus impérieuses du fait des contradictions dans lesquelles se débattent les acteurs sociaux.

Jusque vers 1750, au-delà de cette limite chez certains, le monde scientifique et cultivé associe stabilité du cosmos et stabilité de la société, l'un reflétant l'autre. L'univers avait commencé, pensait-on, par un acte unique de création, les plantes, les animaux et même le paysage auraient été d'emblée, à peu de chose près, ce qu'ils étaient encore. Un homme aussi ouvert que VOLTAIRE "s'accrocha à cette croyance encore plus fermement quand il sentit, à partir de 1750, qu'elle était menacée : il pensait que la preuve de l'existence de Dieu était liée à la stabilité du monde" (HAMPSON. 1972. 71), ou mieux qu'elle était liée à ce qu'on pensait et tenait pour vrai à ce sujet.

À l'inverse les matérialistes et les athées estimaient que le mouvement et la matière pouvaient, avec le temps, aboutir à toutes les formes de vie possibles. Le même VOLTAIRE, quelques années plus tard, en 1764, jugeait quant à lui qu'il était "fort probable" que le Créateur arrête les évolutions des diverses espèces aux limites prescrites d'avance. Position déjà en retrait par rapport à celle défendue dans ses écrits antérieurs dans lesquels la même thèse était présentée comme une certitude...

---

[1] De là, une dérive aisée vers l'idéalisme magique ou le lyrisme féerique, selon les expressions de GUSDORF.

Cet exemple montre combien l'évolution des idées scientifiques était largement conditionnée par l'évolution des mentalités dans tous les domaines. Il souligne aussi les liens idéologiques, qui s'oblitéreront éventuellement ultérieurement, entre conceptions fixistes et conceptions évolutionnistes. Enfin, cet exemple prouve encore, qu'au-delà des divergences entre fixistes et évolutionnistes, règne néanmoins un climat général dans lequel se posent les mêmes interrogations sur le sens et la nature du changement et de la comparaison. Sur ce dernier point, théistes et matérialistes de la seconde moitié du XVIIIe siècle sont plus proches les uns des autres qu'ils ne le sont des penseurs du début du siècle.

Ceci explique le très large consensus, à la fois de l'opinion publique et des pouvoirs politiques et universitaires, concernant l'idée d'un progrès constant des sciences et des techniques. Ce consensus se développe dès le XVIIIe siècle et s'exprime énergiquement lors de la Révolution, mais il lui survit et s'approfondit encore au XIXe siècle. En effet, la révolution industrielle, l'essor des transports et la découverte de nouveaux moyens de locomotion, l'exploitation de nouvelles ressources naturelles et les progrès de la chimie industrielle rejoignent les succès de la médecine et l'amélioration, du moins pour certains, des conditions générales de vie dont les plus clairvoyants entrevoient déjà qu'elles pourraient se généraliser (TATON. 1981. 617).

Ces réalités sont connues d'un large public : non seulement les savants échangent et publient leurs résultats dans tous les domaines à travers un nombre croissant de revues scientifiques, mais les publications de vulgarisation fleurissent et prennent le relais des sociétés culturelles qui se multiplient. L'idée d'un progrès constant des sciences – conception optimiste de changements perpétuels à la base d'une des formes privilégiées du comparatisme du XIXe siècle, l'évolutionnisme – suscite l'interrogation permanente des savants.

Curieux de ce que tentent leurs pairs, ils désirent se concerter, d'où la création de nombreuses sociétés spécialisées où les savants se retrouvent par discipline. La collaboration internationale s'intensifie et donne naissance à des congrès, dont la mode s'instaure, et à des comités internationaux[1].

L'essor est prodigieux et il doit certainement être attribué à une modification des mentalités qui rend la perception des changements non seulement possible, mais encore positive. L'inconvénient de ce nouvel esprit qu'on doit qualifier de comparatiste, au sens où nous l'entendons dans cette série, est que l'approfondissement ne se fait que selon des lignes de spécialisation qui,

---

1 Ainsi, à l'initiative du statisticien belge s'organisèrent, dès 1853, des Congrès internationaux de statistique. Cet exemple fut rapidement suivi par d'autres disciplines : la chimie en 1860, la botanique en 1864, la médecine en 1867, etc. En quelques années, ces réunions connurent un grand succès : TATON (1981. 619) signale que, pour la seule année 1900 et à l'occasion de l'exposition internationale qui s'y tenait, une quinzaine de congrès scientifiques eurent lieu à Paris !

Pour ne citer que quelques comités internationaux qui datent de cette époque : la Commission internationale du mètre (1869), le Comité international des poids et mesures (1875), etc.

dès les débuts du XIX^e siècle, iront en se rétrécissant en sorte que de moins en moins de savants s'avéreront capables et même trouveront un intérêt à la confrontation de résultats obtenus dans des spécialités différentes.

Un autre particularité des relations entre science et société à cette époque est l'intérêt croissant des pouvoirs politiques envers la recherche scientifique et ses applications éventuelles. Dès la Révolution, le nombre de chaires universitaires s'était multiplié, le mouvement se poursuivit bien après. L'augmentation du nombre des chercheurs et des professeurs, des techniciens et du personnel administratif accroît d'autant les budgets de fonctionnement des institutions. D'autre part, l'augmentation du nombre de revues et le coût des publications, la création ou le développement de bibliothèques et de laboratoires spécialisés et contenant du matériel de plus en plus coûteux, enfin les liens nombreux existant entre les personnes et les institutions, tout cela rend la part d'un mécénat, irrégulier et aléatoire, moins importante. En contrepartie, les pouvoirs publics prennent la relève. On attend d'eux qu'ils assurent une certaine stabilité à la vie scientifique, mais ceci ouvre le risque "d'entraîner la science dans une politique à courte vue, orientée essentiellement vers les recherches immédiatement rentables, ou d'interdire certains travaux jugés hétérodoxes" (TATON. 1981. 617).

Ces inconvénients n'apparaissent pas, ou pas encore, au XIX^e siècle. Par contre, on constate que l'organisation officielle de l'enseignement donne à certains un pouvoir administratif qui, sous le couvert de raisons prétendument scientifiques ou techniques, peut devenir discrétionnaire. Citons ainsi, à titre d'exemple, l'attitude du chimiste français M. BERTHELOT qui, "dans le dernier quart du [XIX^e] siècle, réussit pratiquement à étouffer les travaux favorables à la théorie atomique" (Ibid.)[1].

---

[1] Que cet aspect de la personnalité du célèbre chimiste français n'apparaisse pas encore dans la première édition du *Grand dictionnaire universel* de Pierre LAROUSSE antérieure à son opposition aux théories atomistes, rien d'étonnant pour des raisons évidentes de chronologie ! Le *Deuxième supplément* du même dictionnaire, paru en 1878, s'étend sur plus d'une colonne (t. 1, p. 545), sur les mérites insignes de M. BERTHELOT, non seulement comme savant, mais aussi comme sénateur et ensuite ministre de l'Instruction publique et des Beaux-Arts (Cabinet GOBLET). À ce poste, il remplit ses fonctions avec discernement, mais aussi avec beaucoup d'énergie et de clairvoyance à en juger par le nombre et la qualité des initiatives qu'il prit pour améliorer l'enseignement et la recherche en France.

Il est d'autant plus piquant que ce soit un tel homme, doté d'un tel pouvoir et d'une telle confiance de la part de ses contemporains qui se soit opposé avec la dernière énergie aux théories atomistes... ! Ce qui montre que personne n'est décidément à l'abri d'une autocentration, d'un repli sur soi, d'une cécité, même passagère et sectorisée.

Marcelin BERTHELOT, à gauche dans le *Nouveau Larousse illustré. Dictionnaire universel encyclopédique*, t.2, 41. Paris. S.d. [1906], à droite dans le *Grand dictionnaire Larousse encyclopédique*. t.2. 94. Paris. 1960 (et rééd. ultér.), par Auguste RODIN.

Jusqu'au XVIII^e^ siècle, la science était un luxe réservé à quelques excentriques, soutenus ou non par certains mécènes ou puisant dans les biens que les hasards de la naissance leur avaient octroyés personnellement. On entrevoyait bien, de-ci de-là, quelques applications possibles éventuelles, mais dans l'ensemble l'activité scientifique restait gratuite. Au XIX^e^ siècle, la science commencera d'affecter la vie de tout le monde, lentement d'abord et pour quelques-uns seulement, plus rapidement ensuite et pour des couches toujours plus étendues de la population. Le passage d'une mentalité à l'autre suppose une mutation dans les esprits : c'est celle qui se produira à travers tout le XVIII^e^ siècle (MORAZE. 1969. 442).

Durant cette période, en effet, s'imposeront certaines idées déterminantes pour une nouvelle conception de la science et de ses rapports avec la société. Tout d'abord, la perception du caractère inéluctable et permanent des changements dans tous les domaines. Ces changements apparaissent comme étant orientés dans le sens d'un *progrès continu* auquel participera progressivement toute l'humanité. Les avantages, qui autrefois étaient le lot de certains privilégiés, seront dorénavant répartis plus équitablement entre tous : l'égalité, exigence morale et politique, sera obtenue non seulement par la lutte et la Révolution (du moins on l'espérera et à plusieurs reprises de 1789 à nos jours),

---

Mais la remarque ne peut s'arrêter à cela : BERTHELOT n'apparaît jamais, semble-t-il, sauf dans des travaux spécialisés (Ainsi TATON. 1981. 617), sous l'aspect de celui qui entrava *aussi* le progrès dans sa spécialité. Les notices qui lui sont consacrées dans le *Nouveau Larousse illustré. Dictionnaire universel encyclopédique*, t. 2, 41. Paris. S.d. [1906], ou encore dans le *Grand dictionnaire Larousse encyclopédique*. t. 2. 94. Paris. 1960 (et rééd. ultér.), ne soufflent mot de cet aspect de celui qui reste malgré cela un grand savant. Il en va de même aussi pour le ROBERT, *Dictionnaire universel des noms propres*, p. 223, etc. Ce trait méritait pourtant d'être signalé et même, pensons-nous, souligné, comme une sorte de mise en garde contre un danger qui guette tout homme de science, même s'il est des plus grands.

mais aussi et peut-être surtout de nos jours par les bienfaits qu'apporteront inéluctablement les progrès scientifiques et technologiques[1].

Ce serait se méprendre sur l'évolution des mentalités que d'attribuer aux seuls événements de la Révolution de 1789 les mérites d'un changement profond des esprits qui permit une irréversible décentration et une curiosité toujours renouvelée. Ce serait aussi minimiser l'importance de cet événement que d'imaginer le chemin dont l'essentiel fut parcouru dans le courant du XVIIIe siècle (VOYELLE. 1985. 239-320 nuance bien ces deux points de vue). En fait, sans doute faudrait-il dire qu'aussi bien la longue et relativement lente évolution des esprits au XVIIIe siècle que la brusque explosion de 1789 sont deux expressions résultant, l'une et l'autre, des impasses dans lesquelles s'étaient engagées les sociétés occidentales depuis la Renaissance, faute d'avoir osé entendre et résoudre les véritables interrogations. Il faudra finalement attendre notre époque pour les poser, encore que de manière timide... !

Dans ce contexte où fusent les nouveaux questionnements, en ces débuts de XIXe siècle où nous avons vu la science se développer prodigieusement, en cette période aussi où le pouvoir imparti à certains s'accroît aussi dans la même mesure sans pour autant que le contrôle de son usage soit toujours possible et effectif, un petit incident dans la carrière d'un homme de science va avoir des conséquences importantes, non seulement pour le développement de sa discipline, mais aussi pour l'évolution de la science occidentale en général.

Ce petit événement se situe peu après la loi de 1793 qui institue le *Museum d'histoire naturelle*. Cette loi multiplie le nombre de chaires qui y sont rattachées : cinq chaires d'organisation animale, trois chaires de botanique, deux de minéralogie et deux de chimie sont instituées. Ces chaires sont attribuées à diverses personnalités, mais LAMARCK, qui avait jadis bénéficié de la protection de BUFFON et qui avait déjà presque atteint la cinquantaine, ne put obtenir aucune des chaires de botanique, discipline qui était pourtant sa spécialité. Il ne fut guère plus heureux du côté des chaires d'organisation animale où il dut se contenter de la chaire où l'on traitait des Insectes et des Vers, "animaux méprisables du bas de l'échelle linnéenne" (GUSDORF. 1978. 433) et qui n'intéressaient personne.

Or, cette catégorie linnéenne constituait un véritable fourre-tout, mais qui comptait 90 % des espèces vivantes. Cet échec apparent dans la carrière d'un homme qui, malgré les appuis dont il bénéficia également, n'eut cependant pas droit aux honneurs et à la reconnaissance que méritaient ses travaux, cet échec se révélera le point de départ d'intuitions fondamentales, non seulement dans sa discipline, mais aussi dans le développement de l'évolutionnisme au XIXe siècle et ainsi dans l'avènement du comparatisme.

---

[1] Les relations entre suppression des privilèges et égalité des citoyens d'une part et de l'autre jouissance équitable pour tous des bienfaits des fruits de la nature et de la science, recoupent, sur le plan juridique, de nouvelles conceptions qui, elles aussi, se font jour au XVIIIe siècle (Cf. CASSIRER. 1966. 239 sq.).

# CHAPITRE 11 – L'ANATOMIE COMPARÉE

*Les précurseurs. Les fondateurs. Les principes de l'anatomie comparée. Anatomie comparée et paléontologie. La place de l'homme.*

## Les précurseurs

Les similitudes corporelles à l'intérieur du monde animal et celles entre celui-ci et l'homme sont tellement évidentes qu'elles ne pouvaient longtemps échapper à des esprits curieux. Il n'est donc pas étonnant de trouver déjà chez ARISTOTE, *Des parties des animaux*, une comparaison des divers organes. Mais, sauf en ce qui concerne certains aspects du principe de corrélation dont on traitera plus bas, le grand philosophe grec reste encore à l'extérieur des préoccupations qui fonderont l'anatomie comparée[1].

Par ailleurs, s'il faut bien, comme nous le verrons, considérer Georges CUVIER comme le véritable fondateur de l'anatomie comparée, il n'empêche

---

1 ARISTOTE fait de l'anatomie comparée des animaux un petit peu à la manière des Normands... Voici ce qu'il écrit dans son *Histoire des animaux* (I.1 éd. de P. Louis, Paris. 1969, t.1, p. 12 sq.) : "Il y a des animaux qui se ressemblent pour toutes leurs parties, d'autres qui diffèrent. Certaines parties sont de même forme, par exemple le nez ou l'oeil d'un homme ressemble au nez ou à l'oeil d'un autre homme; la chair ou l'os de l'un ressemble à la chair ou à l'os de l'autre : et ainsi des chevaux et des autres animaux dont nous disons qu'ils sont identiques les uns aux autres par l'espèce. La ressemblance porte alors non seulement sur l'ensemble du corps mais encore sur chacune des parties. D'autres parties sont les mêmes, mais se distinguent par excès ou par défaut, chez les animaux qui appartiennent à un même genre" (Trad. P. Louis).

Un peu plus loin il précise ce qu'il faut entendre par excès ou par défaut dans ce contexte de la comparaison : "la plupart des parties se distinguent, semble-t-il, entre elles par des différences de qualités, telles que les couleurs ou la forme, qui les affectent plus ou moins, ou encore par la multiplicité ou le petit nombre, la grandeur ou la petitesse, en un mot l'excès ou le défaut", et encore : "il existe aussi des animaux dont les parties ne sont pas de même forme et ne diffèrent pas par excès ou par défaut, mais présentent des analogies : c'est le cas si l'on compare l'os à l'arête, l'ongle au sabot, la main à la pince, l'écaille à la plume : car ce que la plume est à l'oiseau, l'écaille l'est au poisson". La notion d'excès ou de défaut est définie dans un autre texte d'ARISTOTE (*Les parties des animaux*, I.4. 644 a 19) : "un oiseau diffère d'un autre oiseau par le plus, autrement dit par un excédent : l'un a de grandes ailes, l'autre de petites".

La localisation différente de parties comparables ne soulève guère de difficulté non plus : "beaucoup d'animaux ont les mêmes parties mais placées autrement : ainsi les uns ont les mamelles sur la poitrine, les autres près des cuisses".

ARISTOTE procède donc à des comparaisons dans lesquelles des caractères accessoires telles que la taille, la couleur, la forme, etc. prennent une importance déterminante. Il approche d'une conception fonctionnelle de l'anatomie comparée avec sa notion d'analogie qu'il définit dans *Les parties des animaux* (I.5. 645 b 6-10) comme étant le "fait que certains animaux ont un poumon alors que les autres n'en ont pas, mais que ceux-ci ont un autre organe qui tient lieu du poumon que possèdent les premiers".

qu'il eut des précurseurs dont certains immédiats[1]. Le climat de la seconde moitié du XVIIIe siècle fut, en effet, déterminant dans la création de diverses disciplines comparatives et particulièrement dans le domaine de l'anatomie comparée. Ceci explique que des esprits tels que BUFFON, qui ne fut pourtant point anatomiste, aient néanmoins souligné, peu avant les travaux de CUVIER, l'aspect fondamental de la comparaison dans l'explication : "quelle importance réelle peut-on tirer d'un objet isolé ? Le fondement de toute science n'est-il pas dans la comparaison que l'esprit humain peut faire des objets semblables et différents, de leurs propriétés analogues ou contraires, et de toutes leurs qualités relatives ?" (Cité par PIVETEAU. 1981. 485).

Un proche collaborateur de BUFFON, DAUBENTON est, lui, anatomiste. Il appliquera ces idées dans la partie de la description des animaux qui lui revient, dans le travail collectif, à savoir l'anatomie. Il estime, en effet, devoir nommer de la même manière les parties "comparables"[2] de l'anatomie des diverses espèces. Il s'en justifie en expliquant qu'on peut concevoir que ceux qui n'envisagent de traiter que d'une seule espèce lui réservent, pour chaque organe, des noms spécifiques, mais il pense, par contre, que cette méthode "entraînerait des inconvénients en histoire naturelle, lorsqu'on voudrait comparer tous les animaux les uns aux autres" (Cité par PIVETEAU. Loc. cit.).

Il ne s'agit évidemment pas simplement d'une question de terminologie qui opposerait ainsi BUFFON et surtout DAUBENTON à leurs prédécesseurs : la question de langage risque ici d'occulter l'essentiel. En effet, réserver des noms différents ou, au contraire, recourir au même terme ne suppose-t-il pas d'avoir déjà résolu la question de la pertinence ou non de la comparaison entre les espèces ?

Cette interprétation est confirmée par le fait que VICQ d'AZYR fait, à ce moment précisément, un pas de plus dans la direction de la science qui s'ébauche, en affirmant que les descriptions doivent être établies d'après les organes. Ceci prouve bien que la question terminologique est secondaire et n'a lieu de se poser qu'après que se soit produit un changement dans les mentalités, en sorte que ce qui apparaît comme devant faire l'objet des comparaisons anatomiques sont

---

[1] Le terme de "précurseur" mérite un bref commentaire. CANGUILHEM, dans ses *Études d'histoire et de philosophie des sciences*, Paris, 1983, se référant à KOYRE, critique son usage qui élude le véritable problème de la création scientifique par le simple fait de la consécration que donne, évidemment a posteriori, la communauté scientifique (p. 20-23). Ou encore, selon les termes d'OLENDER (*Archives du Paradis. Aryens et Sémites : un couple providentiel*, Paris, 1989, 35 et n. 92), "encercler un auteur dans une image simple, souvent confectionnée par la postérité scientifique à son usage propre, aboutit à l'invention du précurseur". Notre propos, ici, consiste simplement à mettre en évidence que les fondements de la pensée comparative correspondent à une certaine conception de la vie sociale et répondent à une nécessité intellectuelle, conception et nécessité dont l'exercice est pourtant généralement entravé par d'autres tendances aussi "naturelles " en l'homme. Il ne s'agit donc pas d'épingler le "véritable" précurseur ou découvreur de ce qui est finalement beaucoup moins une méthode qu'une mentalité, mais de montrer comment cette dernière a pu se manifester, de manières fort diversifiées d'ailleurs, à travers l'histoire de l'Occident.

[2] Ceci renvoie à la notion de *comparabilité* sur laquelle cf. JUCQUOIS. 1991.

précisément les "organes", ce qui suppose évidemment que ceux-ci aient déjà fait l'objet d'une identification, c'est-à-dire d'une comparaison, antérieure...

Le terme même d'anatomie comparée semble employé, pour la première fois, un siècle plus tôt, par GREW, en 1675 (GUYENOT. 1957. 141)[1], mais l'idée était déjà présente chez divers auteurs et cela depuis le XVIe siècle, ce qui confirme notre hypothèse que les questions que se pose le XVIIIe siècle finissant étaient déjà présentes, pour les plus fondamentales d'entre elles, dès la Renaissance.

Et, en effet, la pratique de la dissection humaine, à partir du XVe siècle, s'accompagne le plus souvent de la dissection des animaux, si bien que la comparaison des données tendait à se faire spontanément. L'étonnant n'est donc pas qu'elle ait eut lieu, mais au contraire qu'on n'en ait pas tiré les enseignements qui s'imposaient...!

En pleine Renaissance, BELON, dans son *Histoire naturelle des Oiseaux* (1555) représentait, parallèlement, le squelette de l'homme et celui d'un oiseau. Ce dernier, placé de manière à rendre la comparaison évidente, était debout et avait les ailes retombant le long du corps comme des bras. Léonard de VINCI confronte, de façon détaillée, les os de la jambe et du pied humains à ceux de la patte postérieure du cheval (GUYENOT. 1957. 139).

À la fin du XVIe et au début du XVIIe siècle, l'idée de la comparaison anatomique progresse encore. CASSERIO (1561-1616) dissèque un grand nombre d'espèces et étudie ainsi les mêmes organes, tels que les yeux, dont il suit les transformations dans des séries animales qu'il établit. La comparaison va encore plus loin avec SEVERINUS (1580-1656) qui montre les ressemblances de toutes les espèces animales. Cependant, il développe trop cette idée en étendant la confrontation au monde végétal (GUYENOT et THEODORIDES. 1969. 377). Un contemporain de GREW, du VERNEY, dans des travaux publiés de 1676 à 1693, dépasse la simple description des faits anatomiques et propose des comparaisons, par exemple de la structure de la main humaine et de l'extrémité antérieure du lion, ou encore il compare les dimensions du caecum chez les carnivores, où cet organe est plus petit, et chez les herbivores, manifestant ainsi une relation entre la disposition anatomique et le travail fonctionnel (GUYENOT. 1957. 141, GUYENOT et THEODORIDES. 1969. 377 sq.).

On pourrait multiplier les exemples : ils montrent que l'idée d'une comparaison anatomique n'était pas une nouveauté à la fin du XVIIIe siècle. Mais, même relativement répandue, la pensée d'une comparaison anatomique n'appartint pas, jusqu'à la fin du XVIIIe siècle, au courant dominant. Ce qui caractérisa la fin du XVIIIe siècle, c'est que ces questions, somme toute,

---

[1] Le terme "anatomie comparée" figure dans le titre de son ouvrage de botanique *The comparative anatomy of truncks* publié à Londres en 1675. Six ans plus tard, en 1681, GREW l'emploiera à nouveau dans un travail intitulé *The comparative anatomy of stomachs* dans lequel l'auteur fait une comparaison de l'estomac et des intestins des Quadrupèdes, des Oiseaux et des Poissons. Il tentait ainsi d'établir une corrélation entre la simple description anatomique et la physiologie des organes décrits (GUYENOT. 1957. 142 et n. 1.)

anciennes purent enfin s'y poser avec toutes leurs conséquences. En fait, dans la ligne des résistances aux interrogations de la Première Renaissance, l'époque classique avait développé le mécanisme cartésien qui, bien qu'assoupli chez certains par la théorie de HARVEY sur la circulation, déboucha néanmoins sur une anatomie descriptive. Celle-ci se combina à la physiologie pour donner lieu à une "économie animale" (GOSSIAUX. 1985. 51), loin d'une pensée comparatiste.

Si on s'interroge sur la spécificité de la pensée comparative de la fin du XVIIIe siècle, on s'aperçoit qu'elle ne réside pas dans la systématisation de la description par rapport à la science cartésienne, mais bien dans un déplacement des centres d'intérêt. Ainsi, DAUBENTON qui ose entreprendre, en 1764, une comparaison anatomique systématique interspécifique : l'étude du trou occipital lui permet, par exemple, de rapprocher le singe de l'homme. Les observations formulées par DAUBENTON dans cette étude le conduisent presque à formuler un principe fondamental de l'anatomie comparée, le principe de corrélation. En effet, "il montre que, chez les animaux marchant à quatre pattes, le trou occipital a une situation postérieure, que chez l'homme à station verticale ce trou est à la base du crâne; enfin 'que les animaux dont l'articulation de la tête avec le cou est placée entre la partie moyenne et la partie postérieure de la base du crâne (c'est-à-dire les anthropoïdes) sont disposés par leur conformation à prendre l'attitude et l'allure des autres animaux et celles de l'homme', c'est-à-dire [qu'ils] présentent un caractère intermédiaire" (GUYENOT. 1957. 142 sq.).

ARISTOTE avait sans doute pressenti le principe de corrélation qui suppose une harmonie des fonctions et une coordination des diverses parties d'un organisme en vue des fonctions qui doivent être remplies[1]. En fait, le philosophe grec ou bien étendait ses comparaisons à trop d'espèces, ou au contraire les restreignait à une seule, en sorte qu'elles manquaient de pertinence. Ce furent donc les naturalistes de la fin du XVIIIe siècle, BUFFON, VICQ d'AZYR, DAUBENTON et d'autres encore qui comprirent l'idée, évidente pourtant, que, chez un être vivant, "les organes ne sont pas simplement juxtaposés, mais agissent les uns sur les autres et coopèrent à une action commune".

Illustrons ce principe fondamental par deux exemples. Au sujet de la *Nature des oiseaux* (XVI. 8-9), BUFFON pose, en ces termes, le principe d'une corrélation entre la rapidité du vol et l'acuité de la vision : "Si la nature, en leur donnant la rapidité du vol, les eut rendus myopes, ces deux qualités eussent été contraires... et si jamais la nature a produit des oiseaux à vue courte et à vol très rapide, ces espèces auront péri par contrariété de qualités, dont l'une non seulement empêche l'exercice de l'autre, mais expose l'individu à des risques sans nombre, d'où l'on doit présumer que les oiseaux dont le vol est le plus court et le plus lent sont aussi ceux dont la vue est la moins étendue" (Cité par PIVETEAU. 1981. 486).

---

[1] Cf. ci-dessus n. 1, p. 77.

VICQ d'AZYR insiste encore davantage sur cette idée, mais, nous le verrons, ce n'est qu'avec CUVIER, quelques années plus tard, que le principe sera formulé avec toute la netteté que requiert l'élaboration de l'anatomie comparée.

Le principe de corrélation s'accompagne, à cette époque, d'une autre idée fondatrice : celle de l'unicité du plan d'organisation. Ici aussi, on peut découvrir des précurseurs : certaines comparaisons formulées par ARISTOTE déjà peuvent y faire songer. Bien plus tard, en 1557, Pierre BELON, dans ses *Portraits d'oiseaux*, présentait "un portraict de l'amas des os humains, mis en comparaison de l'anatomie de ceux des oyseaux, faisant que les lettres d'icelles se rapportent à celle-cy, pour faire apparaître combien l'affinité est grande des uns et des autres" (Cité par PIVETEAU. Op. cit. 489). NEWTON insiste lui aussi sur l'uniformité d'organisation, ou encore BUFFON qui écrivait que "l'Être suprême n'a voulu employer qu'une idée et la varier en même temps de toutes les manières", ou enfin VICQ d'AZYR qui avait noté que la nature "semble opérer toujours d'après un modèle primitif et général, dont elle ne s'écarte qu'à regret, et dont on rencontre partout les traces". Il ne s'agit-là que de quelques savants, l'idée de l'unicité du plan d'organisation était devenue très répandue. On verra plus loin que ce ne sera qu'avec GEOFFROY SAINT-HILAIRE qu'elle prendra la place de base qui lui revient dans l'élaboration de l'anatomie comparée.

Les deux principes de base de l'anatomie comparée, le principe de corrélation et celui d'unité de plan d'organisation, étaient posés. À partir de ce moment, cette discipline dégagera les principaux plans d'organisation et établira des homologies organiques, explicables par une origine commune et par des connexions identiques avec des organes voisins (TETRY. 1963. 7). L'anatomie comparée se dégage ainsi, à la fin du XVIII$^{e}$ siècle, de l'anatomie descriptive et de la physiologie, elle est prête à s'ériger en science indépendante.

Les concepts essentiels avaient été pressentis, parfois depuis l'Antiquité, souvent depuis la Renaissance. Mais ils n'avaient pas été formulés d'une manière aussi nette que le fera cette époque. Finalement les deux principes de base de l'anatomie comparée se rejoignent en une seule idée : en effet, l'unicité de plan d'organisation joue la même fonction entre les espèces que le principe de corrélation des organes à l'intérieur d'une même espèce. L'un et l'autre structurent des domaines auparavant perçus comme simplement juxtaposés, l'un et l'autre aussi participent d'une conception téléologique de la nature. Dans son développement, celle-ci suivrait un plan dont le savant doit se borner à retrouver et à souligner les manifestations.

Serait-ce aller trop loin que de percevoir une analogie de pensée entre la formulation de ces principes en anatomie comparée et les revendications sociales et politiques qui marquent l'époque... ? Serait-ce avoir l'imagination trop débridée que de percevoir dans le principe d'unicité de plan d'organisation, qui permet de relier entre elles les espèces animales, l'équivalent de ce que fut la déclaration universelle des droits de l'homme dans les relations entre les peuples; ou encore, et corrélativement, de concevoir le principe de corrélation des organes comme homologique de la prise de conscience de l'interdépendance de tous les citoyens au sein de l'État ? Ces parallélismes rendraient compte également du fait que, même si les constatations qui servirent à fonder l'anatomie comparée étaient connues depuis fort longtemps, elles ne furent réellement mises en oeuvre qu'en cette fin de XVIIIe siècle...

## Les fondateurs

DAUDIN (1926.a. 71 sq.), en tout cas, attribue les étonnants progrès des sciences du vivant dans la seconde moitié du XVIIIe siècle et les débuts du XIXe siècle à une nouvelle manière de vivre les relations entre citoyens, fussent-ils hommes de science. Le mérite des découvertes de Georges CUVIER dans le domaine de l'anatomie comparée en reviendrait ainsi pour une bonne part aux institutions nouvelles ou renouvelées par la Révolution – ainsi la Société d'Histoire Naturelle ou le Museum d'Histoire Naturelle – et pour une bonne part également aux savants qui les animaient. Ils s'y associent dans une tâche commune, dans les conditions qu'ils ont eux-mêmes choisies. Sans doute la qualité des personnes joua-t-elle aussi un rôle important, elles manifestent une "sincérité impartiale et généreuse.., un zèle intellectuel tout désintéressé qui prévaut, à ce moment-là, dans les jugements des hommes qui comptent le plus dans la science".

D'où, "des échanges spontanés de faits et d'opinions, une libre et prompte communication des données et des conjectures" (Ibid.). Un exemple illustrera ceci : deux grands noms parmi les anatomistes de l'époque, LAMARCK et CUVIER, reconnaissent l'un et l'autre leur dette respective. Le premier reconnaît bien franchement devoir au second d'établir les classes d'après l'anatomie[1]. De

---

[1] L'empressement avec lequel LAMARCK se ralliera aux vues de CUVIER sur ce point "n'est pas seulement l'effet de sa bonne foi, de sa parfaite probité d'esprit : il provient aussi... de ce que LAMARCK croit trouver dans ce principe <d'établissement des classes d'après l'anatomie> l'instrument dont il a besoin pour construire sur une base solide, à l'abri de toute erreur et de toute déception, la série hiérarchique des groupes ou 'masses' principales des animaux" (DAUDIN. 1926.a. 73).

Il ne faut pas voir dans la qualité des relations entretenues entre les zoologistes en ce début du XIXe siècle, un événement secondaire à caractère anecdotique. L'histoire connaît bien d'autres situations dans lesquelles les circonstances ont soit favorisé, soit au contraire entravé, telle découverte ou telle prise de conscience. Un des récents biographes de GALILEE, GEYMONAT (1983. 33 sq.), insiste sur le caractère déterminant qu'eut pour lui le passage de l'Université de Pise, où il avait débuté, à l'Université de Padoue. GALILEE, en effet, s'y trouva "dans un milieu très vivant et plein d'émulation, propre à communiquer à l'âme un optimisme serein et une confiance enthousiaste dans les aptitudes créatrices de l'esprit humain". Et cet auteur précise qu'il s'agissait d'un "milieu où régnait une cordialité sincère entre collègues et amis, ainsi qu'une exceptionnelle curiosité d'esprit", mais surtout qu'on y bénéficiait "de cette extrême liberté de pensée que la république de Venise garantissait à tous les savants".

Dans cet exemple également, on retrouve à la fois un consensus social indispensable et une liberté de pensée qui n'hésite pas à la remise en cause de savoirs traditionnels.

son côté, CUVIER (dans ses *Leçons d'anatomie comparée*, 1. xx et ailleurs encore) exprime sa dette envers LAMARCK sur divers autres points. Cette estime réciproque entre collègues n'est pas si fréquente qu'elle ne vaille la peine d'être soulignée.

Cela conduit l'ensemble des savants à admettre, vers 1800, qu'il faut classer les animaux en fonction de l'examen anatomique de l'organisation interne des organes et non plus, comme auparavant, d'après leurs caractères extérieurs, encore moins d'après leurs dépouilles. Les hésitations et les contradictions qui achevaient de discréditer l'ancien savoir biologique, à la fin du XVIIIe siècle, font place dorénavant à une collaboration, généralement d'autant plus bienveillante qu'elle repose aussi sur des personnes issues des mêmes mouvances sociales et idéologiques, sur des savants qui ont connu et partagé les mêmes événements historiques.

Dans le domaine de l'anatomie comparée, Georges CUVIER prend la tête du mouvement. Il forme rapidement une pléiade d'élèves qui, avec son aide et sous sa direction, constitueront, dans les premières décennies du XIXe siècle, la nouvelle génération de zoologistes. L'importance de cette science qui se constitue est telle qu'il vaut la peine d'étudier de plus près sa naissance. Trois savants marquent en effet de leur personnalité les premières étapes de cette nouvelle discipline : VICQ d'AZYR, GEOFFROY SAINT-HILAIRE et finalement CUVIER, passons en revue leur apport respectif, dans la mesure où ces distinctions sont possibles.

VICQ d'AZYR distingue vigoureusement "deux espèces d'anatomies, dont l'une est simple, et l'autre comparée. La première s'exerce sur des objets qu'elle considère seuls et sans aucune relation avec ceux dont ils sont environnés; la seconde en démontre les rapports" (Deuxième *Discours sur l'anatomie comparée, Mémoires de l'Académie des Sciences*, 1773-1784, cité par GUSDORF. 1972. 389). Dans la ligne des rapports qui existaient alors entre les biologistes, mais aussi en tant que neveu par alliance, VICQ d'AZYR rend alors hommage à celui qui est, selon lui, le véritable fondateur de cette nouvelle discipline, à savoir DAUBENTON.

---

On pourrait même interpréter l'avènement de disciplines comparatives, telle que l'anatomie comparée, comme étant principalement le reflet d'une prise de conscience de réalités déjà présentes antérieurement, mais que le regard refusait de voir ou, du moins, qu'on ne considérait que selon un certain angle déformant et réducteur. Dans cette optique, les modifications méthodologiques et techniques qu'apportent les progrès scientifiques ne seraient que les conséquences d'un changement de mentalité. C'est en tout cas ce dernier qui nous intéresse ici au premier chef.

a

*TABLE des longueurs du canal intestinal dans les mammifères.*

| NOMS des ANIMAUX. | LONGUEUR EN LIGNE DROITE DEPUIS LE BOUT DU MUSEAU jusqu'à l'anus. | LONGUEUR des INTESTINS GRÊLES. | LONGUEUR du COECUM. | LONGUEUR DU COLON et DU RECTUM | TOTAL DE LA LONGUEUR du CANAL INTESTINAL. | RAPPORT de la longueur du corps A CELLE DU CANAL INTESTINAL. |
|---|---|---|---|---|---|---|
| QUADRUMANES. | | | | | | |
| | | | | | | à peu près. |
| Gibbon. . . . . | 0,351 | 2,273 | 0,031 | 0,513 | 2,817 | : : 1 : 8 |
| Sajou . . . . . | 0,337 | 1,785 | 0,064 | 0,256 | 2,095 | : : 1 : 6 |
| Coaïta. . . . . | 0,445 | 2,354 | 0,108 | 0,337 | 2,799 | : : 1 : 6,3 |
| Patas . . . . . | 0,486 | 2,164 | 0,067 | 0,919 | 3,150 | : : 1 : 6,5 |
| Callitriche . . . | 0,384 | 1,623 | 0,049 | 0,649 | 2,321 | : : 1 : 6 |
| Malbrouck. . . | 0,472 | 2,110 | 0,047 | 0,730 | 2,887 | : : 1 : 6 |
| Macaque. . . . | 0,499 | 2,273 | 0,063 | 1,055 | 3,[illegible]91 | : : 1 : 6,7 |
| Magot. . . . . | 0,649 | 2,597 | 0,054 | 0,811 | 3,462 | : : 1 : 5,4 |
| Mandril . . . . | 0,689 | 4,715 | 0,045 | 0,865 | 5,625 | : : 1 : 8,2 |
| Mococo . . . . | 0,432 | 1,487 | 0,162 | 0,594 | 2,243 | : : 1 : 5 |
| Mongous. . . . | 0,459 | 1,190 | 0,162 | 0,594 | 1,946 | : : 1 : 4,3 |
| Vari. . . . . . | 0,540 | 2,164 | 0,378 | 0,757 | 3,299 | : : 1 : 6 |
| Loris . . . . . | 0,202 | 0,486 | 0,040 | 0,175 | 0,701 | : : 1 : 3 |
| Tarsier. . . . . | 0,105 | 0,418 | 0,031 | 0,047 | 0,496 | : : 1 : 4,7 |

b

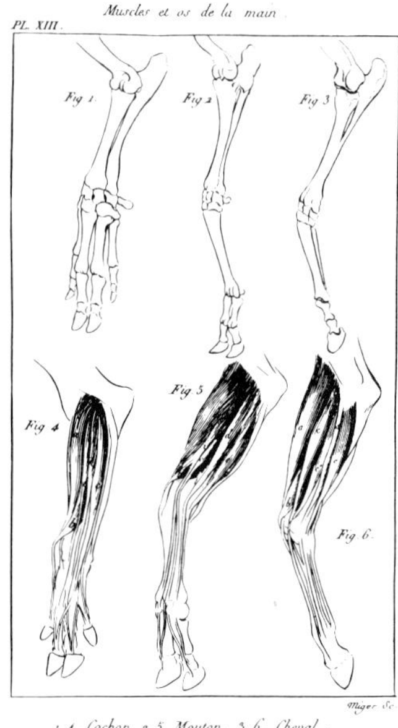


a) Comparaison des longueurs du canal intestinal chez les mammifères (CUVIER. *Leçons d'anatomie comparée*. t.3. Paris. 1805. 448). On trouve chez CUVIER de nombreux tableaux de ce genre qui soulignent l'importance accordée à la mesure de la comparaison. b) "Muscles et os de la main" (IDEM. t.5. Paris. 1805, pl. xiii). Les commentaires à cette planche sont révélateurs de ces nouvelles évidences puisque CUVIER se borne à signaler que "ces figures n'ont pas besoin d'explication" (Ibid. 512) !

Ceci fait, il constate cependant que cette science a encore beaucoup de progrès à accomplir : "l'on n'a pas encore assez décrit les articulations, les ligaments, les muscles, les vaisseaux, les nerfs, les glandes, ni la structure interne des viscères considérés dans les différentes classes d'animaux", et il poursuit : "j'ai commencé depuis plusieurs années ce travail dont les difficultés sont immenses, je continuerai de m'y livrer avec courage" (Ibid.).

De fait, la comparaison des méthodes descriptives de BUFFON ou, quoi qu'en dise son neveu, de DAUBENTON avec celles que pratiquent quelques années plus tard VICQ d'AZYR ou CUVIER, par exemple, montre chez ces derniers une approche basée sur des données chiffrées, résultats de dissections et mensurations fort nombreuses. Cela donne à la nouvelle génération de naturalistes une idée précise, à la fois de l'unité du plan d'organisation et aussi, complémentairement, de la diversité animale[1].

Cette complémentarité résultant de la confrontation des anatomies des diverses espèces entre elles et notamment avec l'homme, VICQ d'AZYR la perçoit nettement puisqu'il définit même ainsi l'anatomie comparée qui serait "cette science qui oppose la structure de l'homme à celle des autres animaux, pour en apercevoir les rapports et les différences" (Apud GUYENOT. 1957. 144).

Mais la comparaison interspécifique attire aussi l'attention de VICQ d'AZYR sur le dynamisme du fonctionnement de l'organisme : "l'anatomie seule n'est, pour ainsi dire, que le squelette de la science; c'est la physiologie qui lui donne du mouvement" et, devançant une dialectique qui sera chère au romantisme, il ajoute : "l'une est l'étude de la vie, l'autre n'est que l'étude de la mort" (Apud GUSDORF. 1972. 390), mettant en place ce qui deviendra, quelques années plus tard, la physiologie expérimentale dont il invente déjà la dénomination.

S'attachant aussi à l'autre principe de l'anatomie comparée, VICQ d'AZYR insiste sur l'unité de plan d'organisation. Comparant les extrémités de l'homme avec celles des Quadrupèdes, il constate qu'il "n'y a qu'un ensemble, qu'une forme essentielle et que l'on reconnaît partout cette fécondité de la nature qui semble avoir imprimé à tous les êtres deux caractères nullement contradictoires, celui de la constance dans le type et de la variété dans les modifications" (Apud GUYENOT. 1957. 144 sq.). La conjonction des deux principes permet ainsi de mieux comprendre à la fois son propre fonctionnement et celui des autres espèces, principe qui, lorsqu'il se généralisera, se révélera le principe fondamental du comparatisme.

La théorie des analogues, élaborée par un autre grand fondateur de l'anatomie comparée, GEOFFROY SAINT-HILAIRE, permet, à la même époque, d'avancer davantage. Selon ce savant, l'intérêt n'avait porté, jusqu'alors, que sur l'étude des différences entre les espèces. Donnant encore davantage de force à l'idée, déjà formulée, d'une unité de plan d'organisation des êtres vivants, il en fait la question fondamentale qu'il expose dans le Discours préliminaire et dans l'Introduction à sa *Philosophie anatomique* dont le sous-titre est lui-même révélateur de ses conceptions : *Des organes respiratoires sous le rapport de la détermination et de l'identité de leurs pièces osseuses*. Cette question est la

---

1 Prenons, à titre d'exemple, sa comparaison du pied de l'homme et de la patte de l'animal : "on ne peut voir le squelette d'un quadrupède, surtout celui d'un solipède ou d'un bisulque, sans être frappé de l'énorme différence de ces extrémités avec celles de l'homme. Les os du bras et de la cuisse sont gros et courts; le col du fémur a peu d'étendue, le péroné n'existe que dans un petit nombre de ces animaux, le talon est couché obliquement de bas en haut; les os qui représentent le métacarpe et le métatarse s'allongent à mesure que ceux de la cuisse et du bras perdent de leur longueur, et l'animal n'est soutenu que sur une partie de l'espace qui correspond à la plante du pied". Dans la station verticale, la comparaison entre l'homme et l'animal conduit à la conclusion que chez ce dernier, "le corps est soutenu sur tout le pied, et l'os du talon fait un angle droit avec la jambe; position dont aucun quadrupède n'offre l'exemple (...) Ainsi, plus on s'éloigne de l'homme, plus on voit le pied se rétrécir et s'allonger; plus la partie qui sert d'appui diminue et plus l'angle que le talon fait avec la jambe devient aigu" (Apud GUSDORF. 1972. 389 sq.).

suivante : "L'organisation des vertébrés peut-elle être ramenée à un type uniforme ?".

GEOFFROY SAINT-HILAIRE poursuit en se demandant sur quels éléments se fonder pour établir ou non des analogies, car on sait, en effet, "que les mêmes organes peuvent remplir des fonctions très différentes, de même que des organes très différents remplissent les mêmes fonctions" (PIVETEAU. 1981. 490). Contrairement au mode comparatif aristotélicien[1], ce ne sera ni la forme, ni la grandeur qui pourront être utilisées, mais bien, seul élément subsistant, la position relative et les interconnexions des organes. Cela constitue, à côté du plan unique d'organisation, un deuxième principe fondamental, appelé principe des connexions[2].

Ce deuxième principe sépare nettement les conceptions de GEOFFROY SAINT-HILAIRE de celle de CUVIER. Dans les écrits de jeunesse du premier, le principe de la subordination des caractères, au sens où CUVIER l'entendra, doit bien être compris au sens physiologique. Dans la suite de sa carrière, cependant, les données morphologiques l'emporteront progressivement, reléguant les fonctions au second plan, motivant "la définition de chaque groupe par le rôle vital de tel appareil physiologique ou, pour mieux dire, par l''influence' plus ou moins étendue, plus ou moins profonde, que la constitution de cet appareil exerce sur le reste de l'organisation" (DAUDIN. 1926.b. 43).

Peut-être faut-il expliquer ces préférences explicatives de GEOFFROY comme étant l'expression du fait qu'il était, à cette époque de sa vie, étranger à la pratique de la dissection et à celle des dessins anatomiques.

Un troisième principe, celui du balancement des organes, n'est qu'un corollaire du deuxième. GEOFFROY suppose, en effet, qu'il y a une sorte de compensation dans le développement entre les organes : si l'un s'atrophie, l'autre, qui lui est associé, se développera au contraire. Il suffit, pense-t-il, à la nature "de changer quelques-unes des proportions des organes pour les rendre propres à de nouvelles fonctions ou pour en étendre ou restreindre les usages" (Cité par ROUVIERE. 1941. 12). Il y a donc des inégalités de développement qui entraînent l'atrophie et des organes rudimentaires, chez d'autres espèces, dans d'autres circonstances, l'inverse.

Finalement, les trois principes de GEOFFROY SAINT-HILAIRE se rejoignent les uns les autres tout en s'hiérarchisant entre eux, puisque la théorie des analogues repose sur le principe de l'unité de composition organique, ou de plan, des espèces animales, sur celui du balancement des organes et enfin sur le

---

1 Cf. ci-dessus n. 1, p. 77.

2 PIVETEAU (1981. 490) reprend à GEOFFROY un exemple très éclairant : "considérons, par exemple, la portion terminale du membre antérieur. Celui-ci comprend trois segments : le bras, l'avant-bras et un dernier tronçon susceptible de prendre des formes très diverses (main, griffe, aile), mais qui, sous ces modifications secondaires, a toujours une essence commune : c'est d'être le troisième tronçon du membre antérieur. C'est là une donnée fixe qui détermine l'organe; l'usage ne le détermine que d'une manière superficielle. Quoi de plus différent pour des yeux non prévenus, qu'une main, une aile, une nageoire ? Pour l'anatomiste, c'est une seule et même chose".

principe de connexion qui a lui-même pour complément le principe d'affinité élective, c'est-à-dire que "les matériaux anatomiques sont répartis selon une nécessité de position commandée par la dépendance dans laquelle ces matériaux se trouvent les uns par rapport aux autres" (ROUVIERE. Loc. cit.).

GEOFFROY SAINT-HILAIRE poussa encore davantage sa conception de l'unité de plan des êtres vivants dont il proposa aussi une interprétation diachronique et évolutionniste. Les conceptions, tant synchronique que diachronique, de l'unité de plan d'organisation des espèces seront vigoureusement combattues par CUVIER en un débat célèbre, qui eut lieu en 1830, entre les deux savants. Ce dernier attaqua d'ailleurs davantage la version synchronique de la théorie que la version diachronique. On y reviendra plus loin.

GEOFFROY, cependant, remarquant un parallélisme entre les classes supérieures et les classes inférieures des Vertébrés, en avait conclu que les dernières étaient, d'une certaine façon, comme le foetus des premières. En généralisant cette observation, on pouvait dire que l'animal parfait contenait l'ensemble des stades auxquels, éventuellement, les autres animaux, moins parfaits, s'étaient arrêtés (PIVETEAU. 1981. 488 sq.). CUVIER ne contestera pas l'observation, mais émettra des réserves sur l'interprétation qui en était donnée.

C'est que GEOFFROY SAINT-HILAIRE affirmera clairement le lien de succession entre les espèces lorsqu'il écrit que "les formes diverses sous lesquelles [la nature] s'est plu à faire exister chaque espèce dérivent toutes les unes des autres" ou encore, d'une manière plus explicite, lorsqu'il formule l'hypothèse "assez heureusement explicative" selon laquelle il faut tenir pour "décidément démontré que les races actuelles sont le produit de la même création continuellement successive et progressive, et qu'elles sont réellement descendues, par une filiation non interrompue, des anciennes races aujourd'hui perdues" (Cité par ROUVIERE. 1941. 12).

Dans ces textes, datant de 1834 et 1835, GEOFFROY se montre clairement évolutionniste. Pourquoi, selon lui, les espèces se sont-elles différenciées ? Ce serait à l'action des milieux qu'on le devrait et particulièrement à celle de l'air atmosphérique. Il s'en explique plus en détails dans sa *Philosophie anatomique* : l'absorption de l'oxygène par les corps organisés et le "changement en parties solides de ce fluide élastique, qui laisserait ainsi les autres composants de l'atmosphère abandonnés à des effets d'augmentation proportionnelle" produiraient, par différenciation, "tous les milieux ambiants qui successivement doivent satisfaction à chaque cycle géologique, et doivent par conséquent soumettre toutes les formes animales à une mutation correspondante, à des effets certains de modifications sous l'action du temps". C'est ainsi que, par la respiration, "les modifications insensibles d'un siècle à un autre finissent par s'ajouter et se réunissent en une somme quelconque...". Les effets nuisibles qui pourraient se produire auront comme conséquence l'élimination de certains animaux qui seront remplacés "par d'autres avec des formes un peu changées, et changées à la convenance des nouvelles circonstances" (Cité par ROUVIERE. 1941. 13).

L'évolutionnisme indéniable de GEOFFROY n'en fait cependant pas un transformiste. En effet, tout d'abord, s'il croit à des transformations lentes et continues, il estime qu'elles ne pourraient expliquer les grands changements d'organisation qu'il constate entre les diverses espèces. D'autre part, il hésite entre deux conceptions de l'unité du plan d'organisation : tantôt il en étend l'application à l'ensemble des espèces animales, ailleurs il en restreint la portée à une classe d'animaux seulement.

Moins en avance sur certains points, plus progressiste sur d'autres, Georges CUVIER est souvent considéré comme le véritable fondateur de l'anatomie comparée. C'est par l'examen de ses conceptions que nous terminerons ce paragraphe.

Peut-être que ce qui caractérise le plus CUVIER par rapport aux autres fondateurs de l'anatomie comparée, ce sont ses positions vigoureusement inductives. On ne peut être plus explicite sur ce point lorsqu'il affirme, dans l'introduction à ses *Leçons d'anatomie comparée*, qu'"il faut que [l'anatomiste] ne se borne point à une seule espèce de corps vivant, mais qu'il les compare toutes (...). Ce n'est qu'à ce prix qu'il peut espérer de soulever ce voile mystérieux qui en couvre l'essence" (CUVIER. 1805. iv). Ce n'est que lorsque la comparaison systématique des organes sera en voie d'achèvement qu'"on approchera de la connaissance complète de l'anatomie des animaux" (Ibid. vi).

Avant tout, CUVIER se veut fonctionnaliste : "toutes les parties d'un corps vivant sont liées; elles ne peuvent agir qu'autant qu'elles agissent toutes ensemble : vouloir en séparer une de la masse, c'est la reporter dans l'ordre des substances mortes, c'est en changer entièrement l'essence". Ultime concession de vocabulaire à ses prédécesseurs, CUVIER, reprenant une dernière fois la terminologie du mécanisme cartésien, poursuit : "les machines qui font l'objet de nos recherches ne peuvent être démontées sans être détruites; nous ne pouvons connaître ce qui résulterait de l'absence d'un ou de plusieurs de leurs rouages, et par conséquent nous ne pouvons savoir quelle est la part que chacun de ces rouages prend à l'effet total" (Ibid. v).

L'idée d'une unité sous-jacente à la diversité des vivants, idée que d'autres avaient formulée dans le principe de l'unité du plan d'organisation, CUVIER la reporte au départ, lors de ses années d'étude à Stuttgart, de manière encore sommaire et informelle (DAUDIN. 1926.a. 58), mais progressivement de façon plus nette et précise dans la conviction qu'il existe un mode commun d'analyse et d'explication. Ce mode qu'il recherche sera mis en évidence par une étude comparative des "forces" ou activités fonctionnelles[1].

Les modalités des fonctions que CUVIER prétend rechercher dépendent, pense-t-il, des dispositions et des agencements propres à chaque espèce. D'où la

---

1 Ce qui semble constituer l'originalité de la pensée de CUVIER aurait été commun, en réalité, à au moins deux de ses amis : KIELMEYER et PARROT (Cf. DAUDIN. 1926.a. 58 n.1).

nécessité fondamentale d'élaborer une anatomie exacte, notamment par la dissection la plus précise, mais aussi la volonté de mesurer et de chiffrer les observations. Dans son désir de chiffrer et de mathématiser, CUVIER est l'héritier heureux de certains aspects du mécanisme cartésien[1]. Il suffit de parcourir les cinq gros volumes qui constituent ses *Leçons d'anatomie comparée* pour constater le petit nombre de planches reprises in fine du cinquième volume – encore que le tracé soit d'une précision remarquable – et qui contraste avec les très nombreux tableaux de données comparatives chiffrées figurant dans le corps des cinq volumes.

La comparaison met également en évidence des variations que peut comporter un même organe à travers l'ensemble des êtres vivants. Ces variations demandent à être interprétées et à s'intégrer dans la théorie. L'étude de l'étendue et de la signification des variations doit permettre, selon CUVIER, de déterminer les parties essentielles et les parties secondaires d'un organe. Le partage entre les unes et les autres se fait selon un critère fonctionnel, l'anatomiste ne devant fixer son attention que sur ce qui apparaît comme fondamental (DAUDIN. 1926.a. 63-64).

L'analyse différentielle fonctionnelle suggère ainsi une méthode de classification. Pour GEOFFROY et d'autres immédiatement avant lui, les caractères distinctifs donnés par la méthode ne doivent servir que d'"indicateurs" pour l'établissement de la systématique et il proposait pour avoir "la connaissance exacte de la valeur respective des caractères" de les ranger "selon le degré d'importance des organes dans lesquels on les prend" (Cité d'après DAUDIN. 1926.b. 22 et n. 2). CUVIER semble ne pas soupçonner l'écart énorme qui peut exister entre l'importance d'un organe dans une espèce et la valeur à tirer de ce caractère du point de vue de la systématique.

Pratiquement, CUVIER se bornera à parcourir les grandes fonctions essentielles à la vie et les organes correspondants. En strict parallélisme, il posera les classes pour descendre ensuite à des divisions plus particulières, telles que les "ordres" des Mammifères, etc. Au fur et à mesure qu'il se rapprochera des espèces, les critères fonctionnels seront de moins en moins importants. La présence constante d'un caractère dans un groupe n'a pour CUVIER qu'un rôle tout à fait accessoire. Si la systématique de CUVIER est relativement cohérente, ce n'est donc pas au choix judicieux de principes de classement qu'on le doit, mais parce que la valeur naturelle de sa distribution réside "dans l'unité de chaque ordre, tel qu'il l'obtient en partant de tels caractères fournis par les organes (par exemple, du mode de division des extrémités)", et cette unité elle-même "provient de ce que d'autres caractères, étroitement concordants chez tous les animaux de l'ordre, se montrent par là solidaires de ceux qui ont servi à le

1 CUVIER (*Rapport sur les progrès des sciences naturelles*. Paris. 1808. 357) est très précis sur ce point : "L'expérience seule, l'expérience précise, faite avec poids, mesure, calcul et comparaison de toutes les substances employées et de toutes les substances obtenues, voilà aujourd'hui la seule voie légitime de raisonnement et de démonstration" (Cité par DAUDIN. 1926.a. 63 n.3).

former" (DAUDIN. 1926.b. 24 sq.). C'est la fonctionnalité du comparatisme de CUVIER qui lui assure aussi, malgré lui pour ainsi dire, une valeur sur le plan d'une systématique envisagée dans le cadre de l'évolutionnisme.

Pour rompre une logique qui l'aurait immanquablement conduit à une théorie évolutionniste, CUVIER se réclame de la proposition linnéenne selon laquelle "ce n'est pas le caractère qui constitue le genre, mais le genre qui constitue le caractère". Plus explicitement encore, dans un texte de 1795 : "il faut donc revenir à l'idée originelle, suivre à la lettre le principe exposé par LINNAEUS, et qu'il a quelquefois oublié dans la pratique, que les genres doivent fournir les caractères, et non les caractères déterminer les genres; généraliser ce principe, l'appliquer aux ordres et aux classes" (Cité par DAUDIN. 1926.b. 47 et n.1).

C'est l'époque où LAMARCK venait de clarifier l'organisation des Invertébrés. CUVIER aurait donc pu s'intéresser à l'ensemble du règne animal, mais, distinguant quatre plans irréductibles les uns aux autres (le plan vertébré, le plan mollusque, le plan articulé et le plan rayonné), il se limite volontairement aux Vertébrés dont il entreprend de décrire les grandes lois d'organisation suivant le principe des corrélations organiques (PIVETEAU. 1981. 486).

Si CUVIER est certainement un savant de premier plan dans la création de l'anatomie comparée, sa pensée est cependant étrangement limitée par certains aspects que nous examinerons en terminant ce paragraphe. On sait combien le célèbre anatomiste français fut un ennemi déclaré des théories évolutionnistes qui s'exprimèrent dès la seconde moitié du XVIII$^{e}$ siècle. On verra plus bas que ses conceptions fixistes peuvent s'expliquer de diverses manières, notamment personnelles. Indépendamment de ses raisons éventuelles, il faut reconnaître que les thèses évolutionnistes étaient souvent défendues, à l'époque, à l'aide d'arguments douteux ou fantaisistes face auxquels un esprit aussi objectif que se voulait CUVIER ne pouvait que prendre le contrepied ou, au moins, marquer ses distances (BARLOY. 1980. 13)[1].

Si CUVIER est aristotélicien dans l'analyse intraspécifique, il cesse de l'être lorsqu'il passe à l'étude extraspécifique. En effet, il reprend l'idée aristotélicienne de l'harmonie des fonctions et de la coordination de toutes les parties de l'organisme en vue des fonctions à accomplir" (PIVETEAU. 1981. 486) et l'applique à l'intérieur de chaque espèce. Par contre, la vieille idée aristotélicienne d'une échelle continue des êtres avec son corollaire, surtout développé au XVIII$^{e}$ siècle (BERNHARDT. 1973. 90), d'une variété indéfinie des formes possibles d'êtres vivants sont battus en brèche.

Et effectivement, si on insiste trop, ainsi que le faisait CUVIER, sur la rigoureuse corrélation des organes destinés à des tâches très précises, la comparaison d'une espèce à l'autre ne peut plus avoir qu'un aspect anecdotique

---

1 Ceci ne vaut pas évidemment pour les thèses que son contemporain LAMARCK venait de formuler ! On sait combien CUVIER poursuivit LAMARCK de son inimitié, voire de sa haine sinon de son mépris, dont l'*Éloge* qu'il se crut pourtant obligé d'en faire constitue un singulier hommage, révélant surtout la petitesse humaine de celui qui le prononça...

ou au mieux didactique, l'individualité fonctionnelle de chaque espèce constituant en soi une barrière infranchissable à la comparaison. L'analyse structurale des similitudes d'organes et de fonctions contraindra pourtant CUVIER à reconnaître quelques plans organisateurs, comme nous le verrons dans le paragraphe suivant.

En corollaire, CUVIER doit admettre la présence simultanée de toutes les espèces à toutes les époques. Comment, dans ce cas, expliquer les variations constatées ? Il recourt dès lors à un catastrophisme qui lui fait distinguer quatre périodes dans le peuplement terrestre. Peut-être faut-il attribuer ses conceptions fixistes, aussi, à sa foi protestante (BARLOY. 1980. 12 sq.) ? Ces positions l'entraînent naturellement à rejeter l'idée d'un enchaînement des êtres, idée chère déjà à ARISTOTE et remise en faveur dès le XVIII^e siècle.

Au lieu de la corrélation interne entre les espèces, que suppose l'unité de plan organisateur, CUVIER insiste au contraire sur des corrélations purement externes, mais qui, selon lui, expliquent néanmoins certaines particularités des espèces. En effet, écrit-il, de la même manière que les "parties de chaque être doivent être, entre elles, dans une certaine harmonie, condition nécessaire de leur existence, il faut encore que les êtres soient entre eux dans une harmonie semblable pour le maintien de l'ordre du monde. Les espèces sont mutuellement nécessaires, les unes comme proie, les autres comme destructeur et modérateur de propagation. On ne peut pas se représenter raisonnablement un état de choses où il y aurait des mouches sans hirondelles, et réciproquement (CUVIER. 1805. 102). Raisonnement à mi-chemin entre des considérations qu'on pourrait qualifier aujourd'hui d'écologiques et d'autres qui réintroduisaient dans le discours scientifique un finalisme dont la science avait eu bien du mal pourtant à se débarrasser... !

Attitude irrationnelle, curieuse chez un savant par ailleurs aussi rigoureux[1], mais qui rejoint d'autres comportements de CUVIER tout aussi étranges. Ainsi, il ne s'intéressa jamais qu'aux animaux observables à l'oeil nu et se méfia toute sa vie des images fournies par le microscope composé, mais à cet égard ne se distingue-t-il pas de la plupart des biologistes de son époque[2]. Dans le même sens, lorsque des tissus lui paraissent homogènes, estime-t-il ne pas devoir pousser la dissection plus loin (DAUDIN. 1926.a. 94). Par contre, et sur ce plan, s'il ne marque pas un progrès décisif par rapport à ses prédécesseurs, du moins persévère-t-il dans une tradition déjà ancienne de donner des dessins – peu élevés en nombre, on l'a noté – exceptionnels par leur très grande précision et par leur qualité technique.

---

1 Dans nos *Notes comparatives* (3 : *Déluge et comparatisme*, JUCQUOIS. 1991), on a proposé un autre exemple d'attitude indécise chez CUVIER lorsqu'il prétend traiter scientifiquement d'un phénomène tel que le Déluge.

2 Cette méfiance envers le microscope composé, instrument datant du XVIII^e siècle et perfectionné à plusieurs reprises depuis, était partiellement justifiée sur le plan technique : en effet, faute de lentilles achromatiques de petite dimension, lentilles qui ne seront fabriquées que dans les dernières années du XVIII^e siècle, les images obtenues ne sont pas absolument fiables (DAUDIN. 1926.a. 93 et n. 3).

Plus grave sans doute, et quoi qu'on puisse penser des critères de classement des espèces adoptés par CUVIER en systématique, DAUDIN (1926.b. 51-53) a pu montrer qu'il ne les respectait pas de manière constante. Alors qu'il s'était justifié, selon le point de vue qui était le sien, de procéder à la comparaison à partir des fonctions de circulation et de respiration, auxquels il attribuait une prédominance, il revient, en divers endroits, sur ces principes pour laisser du jeu, "dans la formation des groupes, à l'appréciation directe et spéciale des 'rapports' plus ou moins étroits, plus ou moins complets sur lesquels repose leur unité collective" (DAUDIN. Loc. cit.). Sans doute est-ce là la position méthodologique de quelqu'un qui innove dans sa discipline et dont l'argumentation et la justification sont parfois encore tâtonnante ou hésitante, voire contradictoire. Lorsque le succès et la reconnaissance scientifique viendront couronner son oeuvre, CUVIER se montrera sur ce point plus rigoureux qu'il ne l'avait été[1].

Une autre explication plausible des contradictions de CUVIER pourrait résider dans sa double démarche d'anatomiste comparatiste et de paléontologue. Le principe de "subordination des caractères" se révèle, dans sa pratique, beaucoup moins primordial qu'il ne le laisse entendre dans ses écrits théoriques. Les "concessions" qu'il s'accorde par rapport à sa propre théorie doivent sans doute trouver leur origine "dans le rapprochement de plus en plus étroit et l'espèce de combinaison qui s'opère, chez lui, entre le sens physiologique de la notion en cause et l'application qu'elle comporte en paléontologie" (DAUDIN. 1926.b. 62).

## Les principes de l'anatomie comparée

Au moment où l'anatomie comparée s'élabore en tant que science autonome quels sont les principes qui la gouvernent ?

L'anatomie comparée s'inscrit bien évidemment dans l'ensemble des courants des sciences biologiques et de leur évolution à ce moment charnière qui s'étend de la fin du XVIIIe siècle au début du XIXe. L'*Encyclopédie* avait défini la vie, d'une manière simpliste et statique, comme étant "l'opposé de la mort". En progrès, par rapport à cette formule facile, BICHAT, en 1800, la définissait comme "l'ensemble des fonctions qui résistent à la mort", c'est-à-dire que, pour lui, la vie était liée au dynamisme vital capable de s'opposer "au permanent pouvoir d'agression et de destruction du monde extérieur" (BERNHARDT. 1973. 88). CUVIER s'exprime d'une manière très voisine puisque, selon lui, la vie se définit comme une "force qui résiste aux lois qui gouvernent les corps bruts".

---

1 Il y a, chez CUVIER, un aspect désagréable : ses écrits ont toujours le ton qui convient à l'auditoire auquel il s'adresse, mais, ce qui ne serait qu'un don d'adaptation à son public, devient chez lui une recherche de l'effet à obtenir (DAUDIN. 1926.b. 62 n.2), un sens de l'opportunisme, voire une volonté d'abaissement de ses pairs (ainsi vis-à-vis de LAMARCK), tous traits qui le rendent moins attachant...

Entre les "corps bruts" et les êtres vivants, LAVOISIER, dès 1793, avait imaginé des éléments comparables. Il avait proposé, en effet, d'une manière très ambitieuse, mais au-dessus des moyens dont on disposait alors, "que l'on comparât systématiquement non seulement les mêmes organes à travers des espèces différentes par le moyen de l'anatomie, mais aussi les analyses chimiques de ces organes et de plus celles des sécrétions" (Ibid. 89). LAVOISIER espérait ainsi découvrir des fonctions très générales et établir l'équilibre des échanges entre "les trois règnes".

Plus modeste sur ce point, CUVIER, systématicien et anatomiste, négligea cet aspect de l'analyse chimique et concentra son attention sur l'unité dynamique du vivant et sur le problème que posait le classement des caractères morphologiques des êtres vivants, conciliant dans son approche la complémentarité fonctionnelle des organes et l'analyse anatomique des caractères.

Deux principes semblent en concurrence dès le départ, deux principes qui toutefois concernent, l'un et l'autre, la fonction classificatoire de l'anatomie comparée. Comparer, c'est d'abord viser à classer légitimement, de même que classer présuppose des critères de classement que la comparaison peut fournir. À ce niveau de généralité, la méthode n'est autre chose que la définition de la déduction et de l'induction... En effet, si on propose de classer d'après les "attributs" des espèces, selon le terme de CUVIER, cela suppose, au préalable, une connaissance approfondie et complète de l'organisation de ces espèces. Si, au contraire, on préfère un classement établi d'avance dans lequel il suffirait de ranger les espèces au fur et à mesure de leur examen, ce classement risque d'être imparfait, voire erroné, et devra donc être sujet à révision. En fait, CUVIER propose d'user de chacun de ces deux moyens et de corriger et vérifier constamment l'un par l'autre.

En fait, ces deux méthodes de classement représentent deux traditions scientifiques distinctes que CUVIER combine, dans ses mémoires de 1795, en une seule qu'il appelle "principe de la subordination des caractères". Il s'agit d'une combinaison de l'idée d'un "calcul" des caractères tel que l'avait imaginé et appliqué de JUSSIEU, et d'autre part de l'idée d'un déterminisme physiologique de l'organisation, invention mise en oeuvre par CUVIER, dès ses premiers travaux (DAUDIN. 1926.b. 20).

Que signifie, pour CUVIER et ses contemporains, le principe de la "subordination des caractères" ? L'idée remonte, bien qu'encore de manière confuse et indécise, aux travaux de jeunesse de GEOFFROY SAINT-HILAIRE. Pour ce dernier, il s'agissait d'une "liaison régulière entre des caractères déterminés d'organes différents" et dont la "régularité s'explique par des raisons fonctionnelles" (DAUDIN. 1926.b. 43).

CUVIER reprend le principe et, posant au départ quelques exigences fonctionnelles élémentaires, constate que les caractères les plus importants fonctionnellement sont aussi ceux qui varient le moins. Ce sont aussi les caractères dominants qui apparaissent comme étant le plus liés entre eux. Ils sont aussi davantage structurés entre eux et appartiennent plutôt aux profondeurs de l'organisme tandis que les caractères secondaires et le plus souvent subordonnés aux premiers se situent à la périphérie (BERNHARDT. 1973. 91). D'où également une autre notion, importante pour le comparatisme et qui trouvera notamment en génétique une application, qu'en allant de la surface à la structure profonde des êtres vivants, on parcourt un chemin qui conduit toujours des différences à une identité universelle, ou encore que de l'extériorité à l'intimité des êtres on passe d'éléments à grande variabilité et flexibilité à des éléments stables et qu'on ne pourrait modifier ou agencer autrement sans causer de graves bouleversements. La comparaison, pour être bien conduite, doit se situer en un juste lieu entre les différences de surface et les invariants de la profondeur.

Mais CUVIER, à l'instar d'ARISTOTE, est non seulement structuraliste, mais aussi fonctionnaliste : il vise à établir une anatomie fonctionnelle ce qu'il exprima à travers son célèbre principe de la "corrélation des formes". Il appliqua ce dernier aussi bien à l'anatomie qu'à la paléontologie domaine dans lequel il prouva de manière irréfutable que des espèces aujourd'hui disparues avaient, jadis, peuplé la terre. Le principe de la corrélation des formes lui permit de reconstituer des squelettes entiers à partir de certains os. Dans le domaine de l'anatomie, il exposa ce principe, dès 1812, dans des exemples célèbres : "si les intestins d'un animal sont organisés à ne digérer que de la chair et de la chair récente, il faut que ses mâchoires soient construites pour dévorer une proie; ses griffes, pour la saisir et la déchirer; ses dents, pour la couper et la diviser; le système entier de ses organes du mouvement pour la poursuivre et pour l'atteindre; ses organes des sens pour l'apercevoir de loin; il faut même que la nature ait placé dans son cerveau l'instinct nécessaire pour savoir se cacher et tendre des pièges à ses victimes" (Cité par PIVETEAU. 1981. 486; ex. repris par THEODORIDES. 1984. 72). C'est ainsi que peuvent se définir les carnivores. Mais il ne suffit pas que tous ces caractères soient présents, encore faut-il qu'ils soient subordonnés et hiérarchisés les uns aux autres. À l'inverse, l'exemple de l'herbivore montre une autre corrélation des organes entre eux : les dents, l'estomac, les intestins, les organes du mouvement, les organes des sens auront d'autres formes, mais ces organes seront également coordonnés entre eux.

Partant de l'unité dynamique du vivant, principe qui découlait immédiatement de la définition qu'il donnait de la vie (cf. supra), CUVIER envisageait l'étude des organes selon leur complémentarité fonctionnelle : il prétendait ainsi mettre en évidence, dans et par l'étude des organes, à travers les principales fonctions physiologiques, non seulement les grandes lignes des "plans d'organisation", mais, jusque dans les détails de l'anatomie, "comment les variations morphologiques sont forcées de respecter de stricts rapports de convenance et de solidarité, de collaboration, pour mieux dire, entre les organes dans la totalité de chaque organisme" (BERNHARDT. 1973. 89).

Ce qui est vrai du principe de la subordination des caractères, l'est, en vertu des mêmes règles de structuration et de fonctionnement, également du principe de corrélation, l'un et l'autre ne formant d'ailleurs qu'une règle unique avec deux formulations : la subordination des caractères rendant compte des liens verticaux ou hiérarchiques entre les caractères, la corrélation des organes exprimant davantage le point de vue physiologique, fonctionnel ou horizontal. Ainsi, comme on l'a déjà exposé ci-dessus à propos du principe de subordination des caractères, le principe de corrélation a une portée d'autant plus grande que les organes concernés sont essentiels, c'est-à-dire profonds. Au fur et à mesure qu'on se rapproche de la surface, au contraire, on constate une variété plus grande des organes dont l'apport est moins essentiel (PIVETEAU. 1981. 487)[1].

C'est le moment de se demander si l'opposition entre GEOFFROY et CUVIER résulte simplement des caractères en présence ou si elle trouve ses fondements, au moins pour une part, sur le plan scientifique. En fait, les deux principes qui dirigent leurs recherches sont complémentaires : le principe des corrélations que prône CUVIER renvoie et étaye le principe des connexions sur lequel s'appuie au contraire GEOFFROY[2]. Le reproche de finalisme que faisait ce dernier à CUVIER pour récuser le principe des corrélations peut évidemment lui être retourné à propos du principe des connexions. Les deux principes peuvent encourir le reproche de finalisme, notre époque mettra cet aspect en lumière, mais ne serait-ce pas un reproche qu'on pourrait facilement adresser, toujours a posteriori, à l'ensemble des disciplines non expérimentales ?

L'opposition entre les deux naturalistes ne vient-elle pas de ce que leurs principes sont en complémentarité ? En effet, "le principe des corrélations permet au paléontologiste, en possession de pièces incomplètes, de reconstituer l'animal dont elles ont fait partie; c'est un principe de synthèse grâce auquel on retrouve l'être total à partir de ses éléments"; tandis qu'"en présence d'un être très différent de ceux qui vivent actuellement, le principe des connexions rendra possible l'identification de ses parties constituantes" (PIVETEAU. 1981. 491). Le premier principe souligne l'unité et l'harmonie de l'animal, espèce par espèce, le second introduit l'harmonie et l'unité dans la série animale.

Le finalisme évident de la pensée biologique de GEOFFROY et de CUVIER s'inscrit bien dans le courant rationaliste. Pour eux, en effet, il ne s'agit pas de décrire le monde du vivant, mais plutôt d'élaborer une théorie rationnelle de la connaissance scientifique. Leur démarche "cherche à définir des rapports

---

1 Il y a lieu de s'interroger sur les fondements de ces fonctions considérées par CUVIER comme essentielles : dans quelle mesure le sont-elles réellement et ne sont-elles pas tout simplement le reflet d'une "unité de plan d'organisation", ce plan unique n'étant à son tour que simple conséquence des conditions dans lesquelles la vie a dû se développer... CUVIER ayant été fixiste, on ne pourrait du moins lui faire le reproche d'avoir imaginé dans la similitude des fonctions essentielles les fondements d'une comparaison à visée évolutionniste. Il n'empêche que centrer la comparaison entre les espèces sur ces fonctions essentielles devait inéluctablement induire l'idée d'une lecture historique ou paléontologique de la subordination et de la hiérarchie des caractères.

2 Au principe des connexions, GEOFFROY rattache un autre principe qu'il appelle le principe du "balancement des organes". D'après celui-ci, il y a compensation entre les organes, si bien que toute augmentation en un point doit être compensé par une diminution en un autre, d'où de fréquentes associations, à première vue étrange, entre des organes atrophiés et d'autres, au contraire, particulièrement développés.

susceptibles d'une démonstration du même ordre que celles caractérisant les mathématiques" (IDEM. 487). Il importe de remonter de proche en proche, de cause en cause jusqu'à ce que TAINE appellera l'"axiome éternel".

L'être vivant, promu depuis peu au rang d'organisme, se doit de manifester son organisation intérieure et celle qui sous-tend ses relations aux autres êtres, de là toute l'importance accordée au plan d'organisation et à l'unité de plan, principes qui redoublent, en d'autres termes, les deux principes des corrélations et des connexions.

Quelle que soit la valeur des présupposés à la base des principes formulés par GEOFFROY et par CUVIER, ce dernier, principalement, parvient à mettre en évidence les grands plans d'organisation des êtres vivants. Cela se révèle fécond tout d'abord par les particularités que CUVIER met ainsi en lumière et ensuite par la qualité des justifications qui interviennent. On aperçoit ainsi comment les variations morphologiques "sont forcées de respecter de stricts rapports de convenance et de solidarité, de collaboration, pour mieux dire, entre les organes dans la totalité de chaque organisme" (BERNHARDT. 1973. 89).

Ce mode explicatif permet, à travers la nécessaire coordination, de concilier la variété et l'unité d'explication. Il souligne aussi, dans la comparaison des espèces, les mêmes rapports. D'où une possibilité, toute nouvelle, de "reconstruire" un fossile dans son entièreté à partir de quelques ossements retrouvés. On sait que la célébrité de CUVIER tint, pour une bonne part, à cette capacité de reconstruction, confirmée peu après par l'exhumation de spécimens plus complets... !

On a vu que CUVIER ne supposait pas d'enchaînements entre les êtres. Cela ne l'empêchait pas de reconnaître quelques exigences fonctionnelles minimales que devaient satisfaire tous les êtres vivants : ces caractères morphologiques les plus importants étaient évidemment – et pour cette raison même qu'ils étaient indispensables – les moins variables et aussi subordonnés les uns aux autres.

À partir d'autres présupposés, GEOFFROY SAINT-HILAIRE propose également un plan d'organisation unique des êtres vivants. Outre l'équilibre qu'il conçoit entre les hypertrophies et les atrophies au sein d'un même organisme (principe du balancement des organes), il imagine un plan d'organisation unique, semblable pour tous les êtres vivants. D'autre part, si CUVIER était farouchement fixiste, GEOFFROY, par contre, croyait à la plasticité des espèces dont les évolutions seraient dues à l'influence directe des milieux (BERNHARDT. 1973. 92).

La controverse, inaugurée au début du XIXe siècle, entre les diverses explications de la diversité et des similitudes des êtres vivants conduisit progressivement aux conceptions contemporaines, à travers divers avatars dont il sera question plus loin. La comparaison tentée entre l'homme et les autres espèces a mis en évidence que celui-ci possède une centaine d'organes vestigiaux dont la trace peut être suivie chez les autres représentants de la classe des Mammifères. On établit ainsi négativement en quelque sorte, par la présence d'organes vestigiaux, et positivement par les similitudes d'organes combien il y a une gradation remarquable, notamment entre les singes et l'homme en passant par les pongidés. La force de cette démonstration est telle que les savants chrétiens, après avoir longtemps été farouchement opposés à ce type de comparaison, finissent par en admettre le bien-fondé et la valeur démonstrative (Ainsi, par ex. NOGAR "déjà" en 1965. 139 sq.).

Au fond, l'unité de plan que proposaient, de manières opposées, notamment CUVIER et GEOFFROY, est passée progressivement, en près de deux siècles, d'une conception "idéaliste" à une conception "réaliste" (DE RICOLES apud NOEL. 1982. 66). On a vu, malgré les divergences et les oppositions, combien les conceptions des débuts du XIX^e siècle étaient encore finalistes. Depuis lors, tout le travail a consisté à transposer les comparaisons d'un type idéal, abstrait, véritable modèle développemental (par ex. le "plan vertébré"), à la démonstration d'une évolution avec le passage de formes primitives à des formes évoluées qui, si elles sont homologiques, le sont du fait d'une parenté historique entre les espèces. En somme, l'histoire de l'anatomie comparée, depuis les débuts du XIX^e siècle, n'est qu'une longue démonstration de la nécessité de combiner, au moins partiellement, les thèses de CUVIER et celles de GEOFFROY.

## Anatomie comparée et paléontologie

Les progrès de l'anatomie comparée posent, au XIX^e siècle, la redoutable question de la position de l'homme dans la nature. Depuis la Renaissance, la vision que l'homme occidental a de lui-même, quoique bien souvent encore fortement ethnocentrique, l'entraîne cependant à élargir progressivement ses horizons. Le choc des différences entre des variétés d'être vivants auxquelles l'Occidental reconnaîtra, souvent malgré lui et avec répugnance, le caractère humain, a comme conséquence une lente accoutumance à la variété physique et à la diversité culturelle. La récente découverte ou redécouverte du sens historique accentue encore cet élargissement des perspectives. Bientôt, les questions déborderont le cadre strictement historique pour s'engager sur la voie d'une nouvelle science, la préhistoire.

Cette dimension préhistorique, certains l'avaient pressenti, ainsi MERCATI dans la seconde moitié du XVI^e siècle, ou BOETIUS de BOOT au XVII^e. Le parallélisme entre les armes de pierre taillée trouvées chez des peuples contemporains dits primitifs et celles provenants de gisements européens suggère une homologie que souligneront, dès les débuts du XVIII^e siècle, JUSSIEU et le Père LAFITAU[1].

L'occasion était trop belle et se développa alors une longue controverse "entre les chercheurs individuels et les porte-parole des académies savantes et des

[1] Sur le comparatisme du Père LAFITAU, cf. MERCIER. R., *La méthode comparative en histoire* : le *P. LAFITAU*, dans : "L'histoire au XVIII^e siècle. Colloque d'Aix-en-Provence, mai 1975", Aix-en-Provence, 1980, pp. 55-78.

organismes officiels, ceux-ci voulant prouver l'antiquité de l'homme antédiluvien, ceux-là s'en tenant au conformisme bien-pensant qui respectait l'autorité des Écritures" (POIRIER. 1968. 24)[1]. La question sera reprise, de manière très polémique, à travers tout le XIXe et même la première moitié du XXe siècle.

Ainsi se mettait progressivement en place une logique de l'évolution dans laquelle le passé répondait du présent et laissait présager de l'avenir. CUVIER déjà, bien que fixiste, avait considéré les fossiles comme des sortes d'"expériences naturelles" en ce sens qu'ils permettaient de vérifier les hypothèses formulées en anatomie comparée. Grâce à l'anatomie comparée, la paléontologie est devenue une science "exacte" avec, selon l'expression imagée de TEILHARD, l'apparition "du fossile au rendez-vous du savant", ce qui rappelle "irrésistiblement le rendez-vous des planètes au point mathématique fixé par l'astronome" (LEROI-GOURHAN. 1983. 12).

Illustrons ceci par deux exemples : lorsqu'en 1856 on découvrit l'homme de Neandertal, on s'attendait depuis de longues années à la découverte de ce "chaînon manquant", chaînon encore isolé et bientôt complété par d'autres découvertes qui nous font actuellement remonter, dans l'ascendance de Homo, jusqu'à 3,5 à 4 millions d'années, chaque découverte venant s'insérer dans les découvertes antérieures.

Le second exemple est cité par PIVETEAU (1964. 722) et concerne un groupe de Vertébrés aux caractères singuliers, les Anoures (Crapauds et Grenouilles). L'analyse comparée de leur structure "suggérait qu'ils devaient se rattacher à un groupe d'Amphibiens de l'ère primaire, les Stégocéphales, et permettait de prévoir approximativement les caractères des formes intermédiaires et d'établir qu'elles avaient dû exister au début de l'ère secondaire". On entreprit donc des recherches dans des terrains de cette période et, effectivement, on mit au jour, à Madagascar, un fossile qui répondait aux prédictions et qui constituait un des "chaînons manquants" entre les Stégocéphales paléozoïques et les Anoures actuels.

En réalité, la paléontologie apporte à l'anatomie comparée une explication et une justification diachroniques, la seconde mettant en évidence certains problèmes que la première permettra, bien souvent, de résoudre. Cela n'a rien d'étonnant quand on songe combien les deux disciplines sont liées historiquement, dans leur création et dans leur développement. Mais aussi, comme on le relevait dans le paragraphe précédent, que, dès les controverses entre CUVIER et GEOFFROY SAINT-HILAIRE, au début du XIXe siècle, l'anatomie comparée, par le principe des connexions, soulignait l'unité et l'harmonie de l'animal, tandis que l'unité et l'harmonie dans la série animale était introduite par GEOFFROY, maladroitement et erronément, dans une vision qui deviendra diachronique sous le nom de paléontologie.

---

1 Au début du XIXe siècle, Georges CUVIER se donnera encore beaucoup de mal à tenter de mettre en accord les données chronologiques concernant le déluge, tenu pour vérité révélée, et les données de la science (Cf. JUCQUOIS. 1991).

Ce lien est, aujourd'hui encore, souligné avec force, comme si l'histoire et la recherche avaient, depuis près de deux siècles, tenté de réconcilier les deux savants antagonistes et comme si elles avaient si bien réussi qu'il serait devenu, de nos jours, presqu'impossible, ou en tout cas appauvrissant, d'abandonner un des deux points de vue. Si l'anatomie comparée et la paléontologie ont beaucoup aidé à l'élaboration de la biologie moderne, cette dernière a, elle aussi, contribué à la solution de problèmes délicats de paléontologie.

Grâce au principe des corrélations et en s'appuyant sur les lois de l'analogie, on peut actuellement reconstruire, "avec la plus haute vraisemblance" (PIVETEAU. 1964. 721), des organes ou des ensembles d'organes disparus par la fossilisation, tels que l'appareil circulatoire, le système nerveux, etc. On pousse même plus loin les investigations puisque l'étude des moulages endocrâniens permet de reconstruire les grandes lignes du phénomène de cérébralisation, créant ainsi une nouvelle discipline, la paléoneurologie.

### Place de l'homme

Les grandes découvertes mettent en contact direct des Occidentaux et des populations exotiques. Celles-ci étaient partiellement connues des époques antérieures, mais elles appartenaient à l'autre monde, le monde diabolique hors de l'univers chrétien, univers peuplé de monstres selon les croyances. La réalité, que les navigateurs rapportaient, d'autres manières d'être homme plaçait l'Europe devant la première expérience de la mort de Dieu, selon l'expression de GUSDORF (Apud DUCHET. 1977. 11). En effet, l'origine des Amérindiens ou la couleur des Nègres fait problème tout comme leurs moeurs si différentes des nôtres.

Le mythe du Bon Sauvage prolonge des connaissances érudites renvoyant à l'âge d'or, mêlant les traditions bucoliques et la rigueur spartiate à la critique et au dégoût des modes de vie européens. RONSARD allie la louange de ces peuples incultes, mais foncièrement bons et heureux, à l'invitation au voyage. Exotisme qui sert de révélateur à l'Occident, comme chez MONTAIGNE pour qui le bon sauvage constitue un appui à ses convictions philosophiques[1]. Au XVII^e^ siècle, l'intérêt pour l'exotisme diminuera chez les lettrés, mais, du moins durant les deux premiers tiers du siècle, les voyages restent nombreux qu'ils soient le fait d'aventuriers ou d'intellectuels. Les récits d'ambassadeurs complètent les lettres édifiantes tandis que les comptoirs et les compagnies marchandes acheminent également vers l'Occident les premiers textes de la pensée orientale que l'on découvre (MATHE. 1972. 63 sq., 77 sq.).

Mais ce sont surtout les Amériques qui constituent, jusqu'au XVIII^e^ siècle, la nouveauté du monde. Les relations de missionnaires affluent, la séduction exercée par ceux qu'on appelle globalement les "bons sauvages" sur ces religieux

---

1 Même s'il se laisse parfois aller à des rêveries poétiques inspirées par une sympathie naturelle pour ces peuplades, du moins telles qu'il les imagine à travers les récits.

est une constante. Sur ceux qui sont restés en Occident, l'exotisme littéraire ou philosophique est davantage prétexte à comparaison et à critique de nos sociétés, critique sous-jacente aussi dans les oeuvres utopiques de l'époque. Au XVIII$^{e}$ siècle, le succès de la culture française et le mépris général du "civilisé" pour le "sauvage"[1] ne favorisent pas le goût d'un véritable exotisme. En effet, l'intérêt manifesté, au cours du siècle, pour l'Asie, surtout la Chine et, dans une moindre mesure, les Indes et le Japon[2], est une curiosité de lettrés occidentaux envers la pensée religieuse, philosophique ou politique d'un continent dont les premiers textes traduits nous parviennent, tandis que l'expansion coloniale qui se poursuit aux Amériques suscite des récits mouvementés qui font les délices de lecteurs Européens qu'un dix-huitième siècle moins guerrier ennuie.

Les grandes expéditions scientifiques qui, après une période d'accalmie, reprennent vers 1750, soulignent combien l'intérêt occidental concerne *tous les aspects* des pays explorés et, souvent, colonisés. L'exotisme a ainsi une fonction moins gratuite qu'il n'y pourrait paraître à première vue puisqu'il s'agissait aussi de rassembler toute la documentation, politique, économique, culturelle, religieuse, etc., sur des peuples envers lesquels l'Europe a des projets de colonisation (DUCHET. 1977. 105 sq.). La place laissée au "bon sauvage" est donc bien circonscrite : pourvu d'un instinct divin, qui facilite son intégration "naturelle" dans des projets missionnaires globaux, il est, simultanément et paradoxalement, garant d'une morale naturelle que prônent les humanistes et les libertins, surtout en cette seconde moitié de XVIII$^{e}$ siècle (DUCHET. 1977. 12-13). Servant constamment d'exemple, au service de Dieu et des missionnaires ou à celui de la Nature et des philosophes, démontrant la supériorité et l'antériorité du premier ou de la seconde, "le bon sauvage" reste un argument, mais n'est jamais pris pour lui-même.

La valorisation de la vie sauvage entraîne, de la Renaissance à l'aube de l'époque contemporaine, un jugement relativiste envers nos propres cultures. L'accord peut se faire entre les humanistes, les libertins et leurs adversaires, pour considérer la civilisation européenne comme une déviation par rapport à l'ordre naturel des choses. Mais la tolérance qui en découle est celle que les uns et les autres revendiquent pour eux dans un monde où, pensent-ils, leurs idées n'ont pas encore ou plus assez de force.

La partialité des comparaisons interculturelles est d'autant plus frappante qu'on manque d'une réflexion anthropologique sur la culture (MOURALIS. 1975. 75 sq.). Les distances favorisent la valorisation du sauvage, la connaissance plus objective et réelle des civilisations exotiques diminuera avec le nombre des voyages et avec la prise de conscience de l'ambiguïté des positions occidentales. Les réticences envers les sauvages croîtront non seulement avec l'augmentation de nos connaissances, mais encore avec la nécessité de ne plus les prendre comme

---

1 Mépris parallèle et qui s'enracine dans les mêmes préjugés que celui des citadins pour les ruraux ou de la noblesse pour la bourgeoisie. Les hiérarchies du vivant que connaîtra le XIX$^{e}$ siècle évolutionniste se mettent progressivement en place.

2 Sans oublier, plus proches de nous, la Perse et la Turquie!

prétexte dans nos conflits de valeurs et avec nos désirs d'exploiter les richesses des contrées explorées et colonisées[1]. Chez les plus tolérants, se fera jour l'idée de comprendre les sociétés indigènes pour elles-mêmes et, le cas échéant, de s'en inspirer pour féconder la réflexion sur nos propres sociétés.

Dans ce cheminement de l'anthropologie occidentale, BUFFON occupe une position intermédiaire à l'instar de la sienne dans le domaine des sciences naturelles où il prépare la transition avec l'évolutionnisme. Il pense, en effet, que l'étude du sauvage permettrait au philosophe de déceler la nature humaine à l'état pur, sans les artifices de la civilisation que ceux-ci se parent de vertus ou, au contraire, se déparent des vices[2]. Les "concessions" que BUFFON fait du côté d'un rapprochement théorique avec les sauvages visent à rendre compte de l'unité de l'homme en tant qu'espèce, fondement indispensable de toute anthropologie scientifique, et, d'un même mouvement, à expliquer l'étonnante diversité humaine[3].

Trois traits essentiels apparaissent à BUFFON dont la combinaison devrait permettre l'explication des variations : la couleur, la forme et la grandeur, le "naturel", c'est-à-dire les moeurs et les coutumes. S'il existe une concordance entre ces trois caractères, on doit conclure à la communauté de race. Mais, comme ce mode de classement se heurte à des difficultés d'autant plus insurmontables que l'écart entre les sociétés est grand, BUFFON introduit la notion de *dégénérescence* qui lui permet de relativiser l'humanité de certains groupes humains, voire d'en souligner le caractère quasi animal (DUCHET. 1977. 202). La supériorité de l'homme sur l'animal ne vient pas du fait que l'un chasse l'autre, ce principe pourrait en effet être retourné. C'est le dressage, le fait pour l'homme de commander à l'animal, qui instaure l'humanité de l'homme. BUFFON illustre sa thèse en citant l'exemple des Tartares qui ont su dresser leurs chevaux[4].

Son anthropologie reste cependant très subjective en se basant sur des caractères subjectifs et ethnocentristes et annonce, sur ce plan également, l'évolutionnisme du dix-neuvième siècle par la hiérarchisation et l'européocentrisme qu'il introduit. Il est persuadé que la perfection de couleur et de beauté augmente au fur et à mesure qu'on s'éloigne des pôles et qu'on se rapproche de... l'Europe ! L'homme le plus beau et le plus blanc sert ainsi de

---

1 Du XVIe au début du XIXe siècle, la colonisation fut appréciée soit en fonction de nos intérêts économiques, politiques ou religieux, soit comme l'expression de la loi du plus fort. Dans ce dernier cas, elle est ressentie comme une violence, par exemple chez MONTAIGNE, ou une dénaturation, ainsi chez DIDEROT (MOURALIS. 1975. 80 sq.). Cette opposition partage les partisans et les adversaires de l'esclavagisme.

2 Ces conceptions inspireront ROUSSEAU (GUSDORF. 1972. 376-377).

3 Ces comparaisons excluent par contre toute idée d'une éventuelle continuité avec le monde animal.

4 BUFFON semble hésiter sur le rôle des causes naturelles comme le climat : tantôt, il affirme que l'influence du climat et du mélange des sangs ne constitue pas un facteur essentiel dans la variabilité humaine, ailleurs il fait du climat une cause fondamentale de celle-ci. Cf. aussi plus loin.

modèle à toutes les autres races et, par delà l'espèce humaine, à la création toute entière (DUCHET. 1977. 204 sq.).

Au cours du temps, s'est élaboré un premier spécimen qui doit servir de modèle à tous les individus d'une espèce. Type idéal dont la pureté peut disparaître s'il vient à subir des altérations, voire des dégénérescences que BUFFON attribue au "climat" au sens large, nous dirions au "milieu", ou, dans le cas de l'homme, à des causes morales. Finalement, à la fin de son exposé, BUFFON retiendra trois grandes causes à la variété humaine : le climat, la nourriture et les moeurs. Par ces dernières, notre auteur rend compte de la vie sociale chez l'homme, ce qui lui permet d'expliquer comment l'homme échappe à l'animalité[1].

Les études consacrées aux sciences du vivant, particulièrement dans la seconde moitié du dix-huitième et la première partie du dix-neuvième siècle, permettront une approche plus positive et objective du Sauvage. Ce n'est qu'au XIXe siècle et surtout à notre époque que la désacralisation de l'homme dégagera progressivement son étude d'*a priori* qui la conditionnaient jusqu'alors. Paradoxalement, l'incapacité antérieure de dissocier des points de vue anthropocentristes d'une étude anatomique ou physiologique aura comme conséquence la création de l'anthropologie culturelle et de l'ethnologie au tournant du XIXe siècle. Dans la seconde moitié du XVIIIe siècle, l'influence des Idéologues, VOLNEY, CABANIS, de GERANDO principalement, et les travaux de la Société des Observateurs de l'Homme eurent un constant souci de lier l'étude de l'homme à celle de son milieu, associant ainsi l'anthropologie physique et l'anthropologie culturelle (POIRIER. 1968. 25-30)[2]. Dorénavant, la paléontologie combinera ces deux composantes en menant de front, principalement dans la recherche sur l'évolution humaine, l'étude du milieu et celle de l'évolution physique.

---

1 Certaines thèses seront reprises ultérieurement et amplifiées dans une perspective raciste et de lutte pour la "pureté du sang", contre la "décadence" et la "dégénérescence" de l'"Homme Blanc".

2 Même si ces efforts ne connurent pas le succès immédiat, ils préparèrent le terrain aux recherches qui furent conduites dans la seconde moitié du XIXe siècle (GUSDORF. 1978. 496 sq.).

# TITRE 5 – LA PALÉONTOLOGIE

## CHAPITRE 12 – SOURCES HISTORIQUES

*Discipline frontière entre la géologie et l'anatomie. La paléontologie humaine. Les précurseurs.*

### Discipline frontière entre la géologie et l'anatomie

On a vu que CUVIER, ne pouvant envisager une explication transformiste, avait dû recourir au catastrophisme pour rendre compte des variations interspécifiques et, plus précisément, pour justifier la disparition de certaines espèces et l'apparition de nouvelles. Cela permettait au grand anatomiste de constater les corrélations entre fossiles et couches géologiques. Se limitant aux Vertébrés quadrupèdes, CUVIER constate l'apparition des ovipares antérieurement à celle des vivipares. En outre, les premiers paraissent avoir été plus forts et variés dans les terrains anciens qu'ils ne le sont de nos jours. Il en conclut à l'apparition successive de quatre populations différentes sur la surface de la terre : la première comprenait les Poissons et des Reptiles monstrueux, la deuxième se caractérisait par l'abondance des Paleotherium et Anoplotherium tandis que les Mammifères commencent à dominer, la troisième fut l'époque des Mastodontes, des Mammouths, des Hippopotames et des Rhinocéros. La quatrième période serait celle où apparaissent l'Homme et les espèces domestiques (PIVETEAU. 1978. 253). À l'époque où CUVIER propose sa division en quatre populations successives, on n'a pas encore découvert de fossiles humains. Il en tire la conclusion que l'être humain n'existait pas encore et qu'il n'apparut qu'à la dernière période. On notera également la persistance du trait anthropocentrique qui lui fait classer les animaux domestiques avec les êtres humains.

En fait, l'idée de mettre en relation les différentes couches géologiques des terrains avec les fossiles découverts dans chacune d'entre elles remonte au début du XVIII^e siècle. C'est à cette époque, en effet, qu'Alexandre BRONGNIART invente ce qui deviendra ultérieurement la paléontologie stratigraphique (ANTHOUARD. 1974. 481 sq.) qui permettra des comparaisons entre sites et, pour chaque site, la confrontation des données géologiques et paléontologiques, les datations proposées pour les premières devant être corroborées par celles découlant des secondes et inversement.

Dans les premières années du XIX^e siècle, William SMITH (1769-1839), contemporain de Georges CUVIER (1769-1832), jette les bases d'une véritable stratigraphie scientifique combinant les chronologies relatives géologique et paléontologique. Dans le même temps, Charles LYELL, combattant la théorie catastrophiste de CUVIER, met en évidence l'action continue des agents destructeurs sur les roches, destruction perpétuelle, mais dont le rythme est si lent qu'elle passe inaperçue pour la durée d'une vie humaine. Ses principaux travaux, publiés entre 1830 et 1833, firent sensation, car il établissait une méthode de datation basée sur l'ancienneté relative des sédiments et sur une étude statistique des espèces fossiles.

L'importance des fossiles pour la datation des couches géologiques croîtra, à travers le dix-neuvième siècle, au point que LYELL, dans son *Manuel de géologie élémentaire* dont la traduction française parut à Paris en 1856, leur donne "la plus haute valeur comme caractère chronologique, en conférant à chacun d'eux cette autorité qui appartient, dans l'histoire, aux médailles contemporaines des événements" (Cité par JACOB. 1970. 176). Actuellement encore la présence de fossiles facilite grandement la datation des couches géologiques. Depuis HUMBOLDT, en effet, on établit une corrélation entre l'écart des fossiles par rapport aux espèces actuelles, leur nombre, et la profondeur à laquelle ils sont enfouis.

Par ce biais, la paléontologie que CUVIER instaure au début du XIXe siècle devient une discipline frontière entre l'anatomie et les sciences historiques (LEHMAN. 1972. 923). La comparaison que ce savant tente entre les animaux fossiles repose sur les mêmes principes que ceux de l'anatomie comparée (cf. son mémoire sur les éléphants fossiles, PIVETEAU. 1978. 253). Le principe des corrélations entre différents organes permet à Georges CUVIER de reconstruire, de manière souvent spectaculaire, tout un animal en se basant initialement uniquement sur quelques organes découverts (PIVETEAU. 1981. 505 sq.). La confirmation ultérieure de l'exactitude des reconstructions renforce l'appréciation positive émise sur la méthode comparative.

Malgré les nombreuses découvertes de fossiles animaux et végétaux, dès les débuts du XIXe siècle, et les progrès rapides de la paléontologie (BARLOY. 1978. 16 sq.), tous les secteurs de cette discipline ne se développent pas au même rythme, d'abord parce que toutes les espèces ne sont pas aussi stimulantes sur le plan méthodologique, ensuite parce que la multiplication des découvertes potentialise la puissance des hypothèses et des observations, enfin parce que les progrès techniques sont encore limités – la loupe binoculaire, par exemple, ne sera inventée qu'à la fin du siècle – et que les progrès de la paléontologie dépendent en partie de ceux qui seront réalisés dans des disciplines voisines telles que l'anatomie (LEHMAN. 1972. 923).

C'est donc tout un ensemble de sciences qui se développe dans le courant du dix-neuvième siècle. L'évolutionnisme naissant fécondera l'anatomie comparée et la préhistoire humaine, tandis que la paléontologie s'éloignera progressivement de la géologie (TATON. 1981. 342). Si, aujourd'hui, la préhistoire n'est plus concevable en termes d'une seule discipline, si elle requiert, au contraire, des équipes regroupant un large éventail de spécialistes (ANTHOUARD. 1974. 483 et BEAUCHENE. 1974. 557), c'est, notamment, grâce aux apports de la paléontologie animale devenue une science auxiliaire de la préhistoire humaine par les indications sur les variations climatiques de cette époque ou sur les habitudes alimentaires de l'homme préhistorique et sur les animaux, sauvages et ensuite domestiques, qui lui étaient proches.

L'avènement de la paléontologie aboutit à un bouleversement de la conception du temps. En fait, à l'époque classique et même au XVIIIe siècle, les êtres vivants sont dépourvus d'histoire (au sens contemporain du terme). Les êtres vivants sont conçus comme une nappe continue dans l'espace et non dans le temps (JACOB. 1970. 147, 157 sq.). La question de la reproduction, de la filiation dans le temps, n'est abordée que dans les frontières de l'espèce. Le monde se déroule selon un plan divin et les générations se succèdent sans qu'aucun changement ne soit concevable entre elles.

En fait, il s'agit d'une conception de l'histoire présentée comme hors du temps et étant le reflet d'un monde achevé. À cette conception succédera, à la charnière des XVIIIe et XIXe siècles, l'idée d'un monde en devenir et en progrès, la conception d'un monde en changement et d'un univers perfectible. À l'époque classique et postclassique, on postule un plan universel auquel toute variance doit être ramenée et réduite. Au XIXe siècle, par contre, la ressemblance est perçue comme le signe d'une histoire commune : la similitude dans l'espace devient le témoin d'une successivité temporelle disparue (JACOB. 1970. 169). Si la variation peut être gratuite, la nouvelle perspective l'interprète néanmoins généralement comme la marque de la contingence et suggère ainsi l'abandon des anciennes conceptions d'une harmonie universelle.

## La paléontologie humaine

Dans l'évolution des sciences préhistoriques et biologiques, la paléontologie humaine occupe une place particulière due – on s'en doute – à son objet spécifique : l'homme. En fait, la science contemporaine n'aboutit pas d'emblée à la conception actuelle d'une filiation directe entre l'homme fossile, ou du moins certains d'entre eux, et l'homme historique. Jusqu'au XVIIIe siècle, le concept même d'homme fossile était inexistant. Ensuite, lorsqu'il fallut bien admettre l'existence d'hominidés fossiles, on les attribua à une période antérieure, antédiluvienne et donc sans rapport avec l'homme contemporain. Enfin, en une dernière phase, on vit dans l'homme fossile l'ancêtre direct de l'homme actuel (FURON. 1981. 556), on le rattacha chronologiquement à l'ère quaternaire en même temps que certains animaux aujourd'hui disparus. On le constate, les mentalités ne passèrent pas en une étape de la conception d'un temps immobile au XVIIe siècle à la perception correcte de la durée historique. Ce n'est que dans la seconde moitié de notre siècle qu'on parvint à proposer une chronologie absolue confirmée d'ailleurs par des techniques telles que la datation par le carbone 14. L'histoire de la paléontologie consiste ainsi, pour une part, à allonger sans cesse l'échelle chronologique des processus d'hominisation.

À la fin du XVIIIe siècle, BUFFON reflète encore l'opinion de ses contemporains lorsqu'il affirme que l'homme est postérieur aux animaux fossiles. L'extrême antiquité de l'homme ne sera établie que plus tardivement (en 1797) par John FRERE qui posera une synchronicité entre l'homme et certains animaux disparus (FURON. 1969. 711).

Quelques décennies plus tard, CUVIER inclut l'homme dans l'unité de la création. Il suppose un fonds commun, une époque primitive, où toutes les espèces auraient coexisté et postule ensuite quatre époques de peuplement, à partir de cette source commune, par migrations successives si bien que la faune actuelle ne serait jamais que ce qui subsiste d'un passé très appauvri (PIVETEAU. 1981. 510).

Presqu'à la même époque, en 1837, son contemporain, Jacques BOUCHER de PERTHES trouve à Abbeville, dans les alluvions de la Somme, les restes d'une industrie lithique préhistorique. La nature des pierres retrouvées, différentes de celles des roches avoisinantes, l'analogie évidente avec des outils contemporains (particulièrement les haches), tout concourt à confirmer la thèse qu'il publie, de 1838 à 1841, dans *De la création : essai sur l'origine et la progression des êtres* (ANTHOUARD. 1974. 481). Désormais, l'étude des vestiges de l'homme s'accomplira conjointement avec celle des traces de son industrie et en association avec celle des restes de la flore et de la faune de chaque époque marquée par des couches de terrains superposées.

Moins de vingt ans après cette publication, la paléontologie humaine acquit un véritable statut scientifique par la découverte en 1857, à Néanderthal en Rhénanie, d'un squelette possédant, selon l'expression du biologiste britannique T.H. HUXLEY, un des premiers spécialistes à examiner ce fossile *in situ*, "le plus bestial de tous les crânes humains connus". Bien que la controverse fut vive immédiatement entre ceux qui voyaient dans l'"homme de Néanderthal" une forme intermédiaire entre le singe et l'homme, évoquant tant LAMARCK que DARWIN, et ceux qui ne voyaient dans ce crâne que les restes d'un "pauvre idiot" (CUNY. 1972. 74 sq.), les premiers l'emportèrent d'autant plus que les découvertes se multipliaient.

Quelques années plus tard, en effet, en 1868, à Cro-Magnon en Dordogne, on mit au jour les restes de cinq squelettes humains disposés autour de foyers renfermant des ossements animaux et des coquillages marins. Tout montrait qu'il s'agissait-là d'une sépulture intentionnelle. L'étude des squelettes, surtout celui d'un vieillard particulièrement bien conservé, prouve qu'ils ne comportent aucune différence notable avec les hommes modernes : le front ne fuit pas comme c'est le cas chez l'Homme de Néanderthal, la capacité crânienne est de 1590 $cm^3$, meilleure moyenne de nos contemporains, etc.

Ces découvertes incitèrent Ernst HAECKEL à rechercher la fameux "chaînon manquant" dont les caractéristiques anatomiques devaient en faire un mélange de singe anthropoïde le rapprochant néanmoins de l'Homme de Néanderthal. HAECKEL pensait, à tort, que le singe le plus proche de l'humain était le gibbon, d'où le conseil qu'il prodigua de fouiller l'habitat actuel des gibbons – l'Insulinde – pour y rechercher les traces d'hominidés archaïques. Un de ses émules, le Hollandais Eugène DUBOIS, s'embarqua pour ces régions, alors colonies hollandaises, fouilla sans succès à Sumatra, changea de champ de fouille et trouva finalement en 1891 à Trinil les restes d'un être qui, selon les prévisions de HAECKEL, associait les caractères simiens aux caractères humains.

Les controverses se multiplièrent, comme dans le cas de l'Homme de Néanderthal, à propos de celui que DUBOIS appela dans le mémoire qu'il publia en 1894 le *Pithecanthropus erectus*, ou, en d'autres mots, "Homme-singe à station verticale". Ensuite les découvertes se succédèrent de 1924 avec l'*Australopithecus africanus* jusqu'à l'*Australopithecus afarensis*, la fameuse Lucy des dernières années qui fait remonter les ancêtres de l'homme à environ 3.500.000 ans.

Ainsi, la paléontologie humaine, à travers sa brève histoire, révèle clairement comment le savant parvint progressivement à étendre dans le temps les points de ses comparaisons de manière à inclure, peu à peu, la véritable dimension historique et la continuité qu'elle suppose. L'intériorisation de cette dimension et la perception de la continuité ne s'opérèrent pas d'emblée. Elles furent, au contraire, niées, refusées, déformées, critiquées avant d'être finalement acceptées, *dans le champ de la paléontologie humaine*, lorsque les résistances à l'extension du champ de comparaison que supposait notamment l'évolutionnisme se furent sinon tues, du moins atténuées.

## Les précurseurs

Afin de mieux comprendre le fonctionnement de ces résistances, on consacrera ce dernier paragraphe à l'étude des premiers travaux de paléontologie humaine, aux erreurs, aux tâtonnements, aux lents progrès des précurseurs de cette discipline.

Les découvertes paléontologiques et géologiques du XIX$^{e}$ siècle représentent en quelque sorte la preuve et la récompense des partisans du transformisme et de l'évolutionnisme. On a vu que l'âge de la pierre s'allonge parallèlement à la multiplication des découvertes de fossiles humains, si bien qu'à la fin de ce siècle la seule théorie subsistante chez les savants est le transformisme. La rapidité du succès de la paléontologie à cette époque ne doit cependant pas nous faire oublier la lenteur des progrès aux époque précédentes.

Avant le XVIII$^{e}$ siècle et les travaux de BUFFON, en effet, rares furent les savants qui s'intéressèrent aux fossiles et plus rares encore ceux qui eurent l'intuition de leur véritable nature. Dans l'Antiquité, PYTHAGORE, XENOPHANE et HERODOTE, notamment, avaient établi un lien entre la présence de fossiles – plus précisément de coquillages – et une occupation ancienne par les mers (OSTOYA. 1951. 27 sq.). Les Latins ne poursuivirent malheureusement pas dans cette voie prometteuse et il fallut attendre le XII$^{e}$ siècle pour qu'Albert le Grand, sans doute en relisant les Anciens, revienne à une explication sensée des fossiles et restitue le processus de fossilisation.

Au siècle suivant, Ristoro d'AREZZO, reprenant l'explication des coquillages déposés par les mers en se retirant, la perfectionne en attribuant ce phénomène au Déluge. Dès lors, les auteurs successifs reprendront cette "explication" commode, tandis que, surtout au XVIe siècle, de VINCI, suivi peu après par FRASCATOR et PALISSY notamment, s'érige en adversaire résolu de la théorie diluvienne. On a longuement insisté (t.1) sur la capacité de la Renaissance à oser franchir, par la comparaison, les domaines des certitudes acquises. Sans doute n'est-ce pas le hasard si, ici encore, les premières oppositions vigoureuses à la théorie diluvienne des fossiles proviennent du XVIe siècle...

Il n'empêche que jusqu'au XIXe siècle l'explication la plus communément acceptée des fossiles reste celle du Déluge dont on s'acharne par ailleurs à fixer la date de la manière la plus précise. Ainsi, l'Anglais WHISTON établit, en 1708, que le déluge aurait eu lieu le 18 novembre 2349 avant Jésus-Christ, tandis que l'année suivante le Suisse SCHEUCHZER rectifie la date au mois de mai de la même année du fait des traces de rameaux dans les charbons ce qui révélerait des pousses jeunes (Cité par OSTOYA. 1951. 29) ! La prédominance de l'explication des fossiles par le Déluge n'exclut cependant pas, aux XVIIe et XVIIIe siècles d'autres explications fantaisistes mais qui n'eurent pourtant guère de succès.

Pourtant, depuis la Renaissance, les collections et les catalogues de fossiles s'accumulent. Au XVIe siècle encore, Georg BAUER, dit AGRICOLA, publie son *De natura fossilium* (en 1530) où le mot "fossile" est employé pour la première fois. Durant cette période de la Renaissance au début du XIXe siècle, les observations judicieuses, les intuitions fécondes se trouvent sous les plumes de HOOKE, de LEIBNIZ. Ainsi, au XVIIIe siècle, l'Abbé GIRAUD, dit SOULAVIE, dont on reparlera plus loin, et William SMITH dateront les terrains d'après les fossiles qu'ils contiennent, fondant ainsi la paléontologie stratigraphique (OSTOYA. 1951. 28 sq., THEODORIDES. 1984. 26, 40). D'un autre côté, toujours au XVIIIe siècle, de MAILLET imagine la transformation des animaux marins en animaux terrestres, mais gâte cette intéressante hypothèse par d'extravagantes et inutiles suppositions (JACOB. 1970. 150 sq.).

En fait, malgré l'accumulation des données, malgré quelques hypothèses et certaines intuitions de génie, il faudra attendre la seconde moitié du XVIIIe siècle et les travaux de BUFFON pour que se dégage lentement, par une progressive augmentation du champ de comparaison du vivant, ce qui deviendra ensuite la paléontologie. Ce qu'on pourrait appeler le lent processus d'historisation du temps débute, dans le courant du XVIIIe siècle, par une meilleure compréhension de l'histoire de la terre et les premiers pas de la géologie. Si, comme nous le pensons, la résistance à l'historisation du temps humain est en fait une résistance à la comparaison et à ses éventuelles implications, il est normal que la levée de ces résistances s'accomplisse lentement et en premier lieu dans des domaines où les implications humaines, personnelles ou collectives, sont moins évidentes. Ceci explique qu'une meilleure compréhension du phénomène géologique ait pu se produire avant que ne soient compris et admis les phénomènes qui fonderont la paléontologie. La prise de conscience se produit que la terre n'est pas figée depuis la création, mais qu'elle a une histoire faite de bouleversements, de cataclysmes et d'évolutions sur de longues périodes.

Ces nouvelles conceptions ne peuvent plus s'accorder avec le récit biblique de la Création : BUFFON porte l'âge de la terre à 75.000 ans et est le premier à oser affirmer cette extrême antiquité en se basant sur l'observation des sédimentations de l'ardoise. Envers les fossiles son attitude est double : d'une part, il prétend qu'on ne peut nier leur complète identité avec des organismes connus aujourd'hui encore, mais, d'autre part, il postule la disparition totale d'autres espèces, ce qui en fait le fondateur de la paléogéographie (FURON. 1969. 707 sq; cf. aussi JACOB. 1970. 148).

Cette double conception lui permet d'éviter la notion cardinale d'*évolution* puisque les espèces fossiles ont ou bien disparu complètement ou se sont conservées telles qu'elles sont encore aujourd'hui. Pourtant BUFFON met déjà en évidence l'insertion des êtres vivants dans leur environnement géologique et climatique et souligne l'influence de celui-ci sur les conditions de vie et les modes d'organisation des êtres vivants. Si le XVIIIe siècle, et principalement BUFFON, met en question l'immobilisme du monde vivant, si une lente transformation s'opère dans les esprits, la notion de *milieu* telle que la concevra le XIXe siècle et le *transformisme* n'apparaîtront que quelques décennies plus tard.

Avant d'aborder l'apport des grands fondateurs de la paléontologie, il importe de souligner au préalable combien l'oeuvre d'un LAMARCK s'inscrit dans le développement des idées à la fin des Lumières et à l'aube de l'époque contemporaine. On l'a rappelé ci-dessus, le XVIIIe siècle perçoit un lien étroit entre l'histoire de la terre, la géologie naissante, et l'histoire de la vie, explication de la présence de nombreuses espèces éteintes dans des couches géologiques anciennes. Deux grandes conceptions s'affrontent alors : l'uniformitarisme et le catastrophisme (neptunisme et vulcanisme). Les Neptunistes postulent le dépôt par l'eau de presque toutes les roches terrestres, tandis que les Vulcanistes font dériver toutes les roches d'irruptions volcaniques. Les premiers, qui attachent une grand importance aux fossiles d'animaux, sont moins éloignés du récit biblique que les seconds. Les convictions scientifiques renforçant, le cas échéant les convictions religieuses ou l'athéisme des uns et des autres (BOUANCHAUD. 1970. 22).

En fait, l'uniformitarisme s'interprète de trois manières différentes selon le rapport envisagé entre l'uniformité biologique et l'uniformité géologique : en une première façon, l'uniformité géologique signifie que la Terre a toujours été identique à ce qu'elle est, tandis que l'échelle des vivants était en expansion en acquérant des formes nouvelles d'une organisation plus complexe; en une deuxième manière, l'uniformité géologique exprime le développement graduel de la Terre et du monde organique en parallèle; enfin, en une troisième manière, l'uniformité géologique renvoie à l'invariabilité de la Terre, le monde vivant restant également sans changements essentiels (HOOYKAAS. 1970. 130 sq.). On voit que l'uniformitarisme du premier type n'est pas strict, et, pour maintenir intact au moins le volet géologique de la théorie sans trop sombrer dans l'inconséquence méthodologique, il importe de distendre le parallélisme entre la géologie et le monde des vivants auquel on appliquera un principe explicatif supplémentaire, ce que fit précisément LAMARCK.

Les difficultés théoriques générales qu'on vient de rappeler expliquent sans doute les extravagances des conceptions géologiques et chimiques de ce savant pour lequel les couches minérales seraient les restes décomposés d'animaux et de plantes. Pour comprendre ces apparentes aberrations, il faut se souvenir de l'opposition de LAMARCK aux théories chimiques modernes tout autant que de son refus du catastrophisme. Il pense que les corps composés tendent à se désintégrer en leurs composants, la vie étant la seule force possible capable de réagir contre cette loi générale. Comme il constate que l'écorce terrestre est principalement constituée de corps composés, il en déduit qu'elle est d'origine organique pour sa partie extérieure du moins, partie qui ne cesse de s'élever ou de s'épaissir avec le temps.

Au milieu du XVIIIe siècle, MAILLET avait estimé que tout être vivant provenait originellement de la mer, thèse qu'il tente de prouver en faisant état, notamment, d'"arguments" qui ressortissent davantage à la fable ou au conte qu'à la science. LAMARCK, quelques dizaines d'années plus tard, reprend cette théorie et prétend créer une chimie, non expérimentale, qu'il oppose sans vergogne à celle de LAVOISIER. Pour LAMARCK, à l'origine tout était un liquide marin dans lequel les animaux, d'abord très simples, ensuite de plus en plus complexes, s'engendrèrent. Les travaux de LAMARCK dans ce domaine eurent une grande importance historique : en effet, il fut le premier contemporain à s'intéresser scientifiquement à la paléontologie des Invertébrés marins fossiles et principalement des Mollusques fossiles, devenant ainsi le fondateur de la malacologie. CUVIER, cependant, fit un sort à la théorie biologique de LAMARCK tout comme à sa théorie chimique, toutes deux fruits d'une imagination que ne tempèrent et ne corrigent ni l'observation, ni l'expérimentation.

LAMARCK compare les formes vivantes et les formes fossiles et, convaincu que l'*espèce* est bien plus difficile à définir qu'on ne le pensait généralement, il tente d'expliquer la variation des formes animales par l'hérédité des caractères acquis et modifiés sous l'influence du milieu, du régime alimentaire et de l'usage des organes (FURON. 1981. 372). En fait, ce n'est pas l'hérédité des caractères acquis qui doit retenir ici notre attention, mais bien l'idée sous-jacente d'un progrès, d'une évolution progressante perpétuelle (HOOYKAAS. 1981. 134 sq.). Son grand adversaire, CUVIER reste convaincu de la réalité géologique de deux grands événements, la Création et le Déluge, entre lesquels d'autres "révolutions du globe" étaient intervenues. Entre ces terminus *a quo* et *ad quem* devaient se situer tous les événements géologiques et biologiques dont le savant devait rendre compte. Ne constatant, selon ses vues, guère l'existence de "formes intermédiaires", CUVIER resta résolument fixiste. Dans le contexte laïciste des débuts du XIXe siècle, son hypothèse catastrophiste rencontra un grand succès, notamment en Grande Bretagne, auprès de ceux qui s'obstinaient – pour la dernière fois – à tenter de concilier les théories géologiques, les découvertes paléontologiques et la lettre des textes sacrés (ainsi dans les *Reliquiae Diluvianae* publiées par W. BUCKLAND à Londres en 1823). La variation des animaux et des végétaux fossiles provenait, pour les disparitions, des catastrophes, tandis que Dieu aurait envoyé, dans les périodes de calme intermédiaires, de nouvelles espèces – améliorées – pour prendre la place des espèces disparues (LEAKEY et LEWIN. 1985. 21).

Paradoxalement, c'est pourtant Georges CUVIER, fixiste convaincu, qui fonda la paléontologie, discipline qui constitue la source la plus importante de preuves en faveur de l'évolutionnisme (sur Georges CUVIER, cf. ROSTAND. 1978. 118 sq., et, d'une manière plus étendue, dans BIOGRAPHIE. 1843. 348 sq., dans le *Grand Larousse Encyclopédique du XIXe siècle* C. 693-694, ou, plus récemment et avec une bibliographie l'article de PIVETEAU dans l'*Encyclopaedia Universalis* 5 [1978]. 252-254). Il prouva notamment, et cela d'une manière irréfutable, que des espèces aujourd'hui disparues avaient jadis réellement vécu sur la terre (ROSTAND. 1978. 117, et THEODORIDES. 1984. 73-74).

C'est effectivement la plus grande des découvertes de CUVIER que d'avoir démontré que la vie ne se réduit pas à ce que nous en voyons aujourd'hui. Les fossiles et les roches sont pour lui les témoins des "révolutions" du globe, conception qui suppose une nécessaire rupture dans le temps et dans la continuité des êtres. Cette rupture est, à son insu, un des ingrédients majeurs de l'évolutionnisme des prochaines décennies. Bien entendu l'extinction des espèces expliquée par la théorie des catastrophes de même que le fixisme dont il prétend ne pas sortir le maintiennent en deçà des grands courants scientifiques qui pointent. À sa décharge, il convient pourtant de rappeler que le fixisme reste l'explication dominante des savants de sa génération : CUVIER n'est donc pas un attardé. D'autre part, l'argumentation qu'il développe en faveur du fixisme ne manque pas de solidité : la variabilité observable au sein d'une espèce ne concerne que des caractères accessoires, jamais les caractères fondamentaux qui eux se maintiennent remarquablement invariables. Le jeu des circonstances semble sans effet, malgré la durée, c'est la leçon que CUVIER tire d'une comparaison d'animaux momifiés provenant de l'ancienne Égypte et d'aujourd'hui.

Pour ces raisons, CUVIER se refusait à s'aventurer dans des jeux d'hypothèses et de suppositions (ROSTAND. 1978. 127). D'ailleurs, son fixisme sait se nuancer à l'occasion. Ainsi, lorsqu'il s'agit d'animaux marins, CUVIER semble accepter une certaine variabilité à l'intérieur du genre (HOOYKAAS. 1970. 133).

À la fin du XVIIIe siècle et à la charnière avec l'époque contemporaine, il faut encore mentionner deux grands savants, véritables précurseurs du transformisme. GIRAUD dit SOULAVIE qu'on a évoqué antérieurement en tant que fondateur de la paléontologie stratigraphique établit, en 1780, la durée géologique de certains phénomènes à plusieurs centaines de millions d'années.

On lui interdit la poursuite de ses travaux géologiques : l'écart entre les Écritures et ses datations paraissant trop important et impossible à combler. Ceci montre que c'est bien d'un problème de seuil de comparabilité dont il s'agit puisqu'une chronologie moins longue aurait pu, éventuellement, emporter l'adhésion. Dans ses travaux, il affirmait également que la multiplication des formes du monde vivant est issue de l'altération de formes primitives sous l'influence du milieu (climat, alimentation, etc.). La censure lui imposa le silence, GIRAUD s'y soumit, sauf durant la brève parenthèse de la Révolution où il prétendit, en 1793, que l'usure d'une seule coulée de lave pouvait durer plus de six millions d'années (FURON. 1969. 709).

Enfin, bien qu'on ne puisse lui attribuer aucune théorie géologique de valeur, ni une pensée cohérente et d'avant-garde dans le domaine de l'évolution, GEOFFROY SAINT-HILAIRE postule, au départ de la découverte de reptiles fossiles, le rapport génétique avec les espèces actuelles, les différences étant, selon lui, du même ordre que celles constatées en tératologie. S'opposant aux conceptions de CUVIER sur ce point, il ne peut voir dans la succession d'espèces fort proches l'oeuvre d'une création successive et en déduit une parenté réelle, et donc une continuité, entre les espèces perdues et les espèces actuelles. Dans un article publié en 1833, GEOFFROY SAINT-HILAIRE émet même l'hypothèse d'une transformation des reptiles en oiseaux (HOOYKAAS. 1970. 144; pour les opinions transformistes de ce savant, cf. aussi PIVETEAU. 1981. 512; on trouvera les principaux éléments biographiques dans ROSTAND. 1978. 110 sq. et dans BIOGRAPHIE. 1847. 204 sq.).

Dans la grande synthèse philosophique qu'il propose au début du XIXe siècle, Auguste COMTE assigne une grande place à la notion de *milieu* qu'il définit explicitement en relation avec le monde du vivant puisque le milieu est tout ce qui peut exercer une action sur le corps vivant, ce dernier réagissant en retour. Ces interactions se produisent en un temps unique, identique pour la Terre et pour les vivants, d'où l'intérêt paléontologique des fossiles en tant que témoins d'interactions antérieures.

Le lent travail de modification des fondements idéologiques de la société occidentale s'étant suffisamment poursuivi, Herbert SPENCER ose lancer le terme d'*évolution* en 1852, soit sept ans avant le grand travail de DARWIN (MERCIER. 1925. 111 sq.). Qu'il s'agisse bien d'une question d'idéologie est démontré par le fait que le principe évolutif est posé comme valable dans tous les ordres de phénomènes, de l'étude des astres à celle des sociétés ou de la psychologie individuelle. L'évolution ne se produit pas au hasard : SPENCER croit au progrès continu de la création et définit fonctionnellement l'évolution comme étant le passage d'un état incohérent à un état cohérent (EUCKEN. 1912. 263).

Charles LYELL, à peine plus âgé que son ami et élève Charles DARWIN, doit être compté parmi les grands fondateurs de la géologie contemporaine. En adversaire résolu du catastrophisme de CUVIER, il va systématiser la théorie uniformitariste selon laquelle les changements anciens et contemporains appartiennent à une série uniforme et continue. Sans l'influence des travaux de

LYELL, le darwinisme aurait eu du mal à se formuler et à trouver l'écho favorable qu'il connut. Les théories géologiques de LYELL vont donc inspirer DARWIN et lui permettre d'élaborer un modèle explicatif à partir de l'édification d'atolls de corail. Selon DARWIN, qui élabora cette théorie sur le *Beagle* avant même d'avoir vu des atolls de corail, ces derniers "s'édifient sur les flancs des îles volcaniques qui s'enfoncent lentement dans la mer" (BOUANCHAUD. 1976. 27 sq.). Pour le véritable fondateur de l'évolutionnisme, cette théorie servit de modèle et il le réutilisa à diverses reprises dans son oeuvre.

Deux événements, deux rencontres, vont frapper l'esprit de DARWIN. Tout d'abord, en 1832, il observe, à proximité de Montévideo, des vestiges de grands Tatous fossiles dont la ressemblance est évidente avec les Tatous de taille plus modeste qui existent de nos jours. En adoptant la théorie géologique de LYELL plutôt que celle de CUVIER, DARWIN est contraint d'en étendre le champ d'application au domaine biologique également et de supposer la filiation transformiste des Tatous de l'époque dont on conserve les fossiles à nos jours. En 1835, dans l'archipel des Galapagos, il constate l'existence actuelle de Tortues dont la dimension varie d'une île à l'autre. Deux explications se présentent alors à lui : ou la création d'une espèce différente pour chaque île (comme le proposait CUVIER notamment), ou supposer une souche commune et des transformations naturelles aboutissant, par évolution, à la diversité constatée (BUICAN. 1987. 27).

On a rappelé précédemment que les découvertes de DARWIN furent faites simultanément par son compatriote WALLACE. L'un et l'autre sont de grands voyageurs doublés de naturalistes, l'esprit habitué à l'observation et à l'expérimentation, n'hésitant pas à tenter des comparaisons et des rapprochements, à nouer des interactions, à rapprocher l'enquête géographique du naturaliste et les archives paléontologiques (JACOB. 1970. 179 sq.). Ils marquent, en un sens, l'aboutissement d'un changement profond dans les mentalités et l'audace d'une rupture éminemment signifiante dans le champ traditionnel des comparaisons et du système justificatif d'une épistémé désormais dépassée. C'est à ce titre que la paléontologie sera la science modèle dans la seconde moitié du XIXe siècle et que les autres sciences de l'homme s'en inspireront pour la compréhension et l'extension du modèle évolutionniste.

# CHAPITRE 13 – SCIENCE MODÈLE AU XIX$^{e}$ S.

*Introduction. L'évolutionnisme social. L'essor du comparatisme.*

## Introduction

Si la paléontologie devient une science modèle dans le courant du XIX$^{e}$ siècle, c'est sans aucun doute grâce à l'apport de DARWIN. Cependant, le succès des travaux de ce savant s'explique également par l'évolution générale des mentalités qui les ont précédés. L'influence de MALTHUS et de SPENCER ne s'exerça pas seulement d'une manière directe sur DARWIN, mais encore sur tous ses contemporains. Le premier, on l'a noté, introduit la notion de lutte pour la vie et la survie des plus combatifs, tandis que le second analyse le processus vital en tant que complexification constante. Les analyses de la vie économique contemporaine semblent renforcer ces conceptions et donneront rapidement naissance au darwinisme social (BANTON. 1971. 47).

Mais la personnalité de DARWIN est pour beaucoup aussi dans le succès de sa théorie. Il suffit, pour s'en convaincre, de comparer le destin de WALLACE à celui de DARWIN; alors que l'apport théorique des deux savants est fondamentalement identique, la postérité, comme leurs contemporains, n'a conservé le souvenir vivace que du second. C'est que DARWIN, au contraire de WALLACE, avait l'art de se constituer un tissu de relations sociales et scientifiques dans l'intelligentsia de son époque (CHRISTEN. 1979. 24).

On a vu auparavant (JUCQUOIS. 1989. 27 sq.) que l'Occident avait vécu largement selon le modèle platonicien introduisant une rupture définitive et radicale entre l'homme et le reste de la nature. Or, DARWIN réintroduit entre l'homme et le reste du monde vivant la continuité dont les expériences récentes sur les grands anthropoïdes et leurs capacités communicationnelles acquises introduisent la continuité entre l'homme et l'animal aussi dans le domaine comportemental (LINDEN. 1979. 242 sq.). À la grande différence de l'univers platonicien, l'univers darwinien, comme progressivement tout l'univers contemporain, remplace l'immuable et le téléologique par le mouvant et l'existentiel. La première nécessité pour l'être vivant est de vivre, mieux de survivre, et de se reproduire, cela ne se peut que dans l'adaptation et le changement.

L'homme contemporain prend lentement conscience de ce que, paradoxalement, l'unique constance est le changement. Cela l'incite à se recentrer sur l'homme (DOBZHANSKY. 1966. 391) et à mieux poser les anciennes interrogations des rapports entre la subjectivité et l'objectivité ou, en d'autres termes, la question du statut des sciences de l'homme. Le paradigme darwinien modifie profondément la question du droit qu'a l'homme à la différence par rapport à l'animal. La différence entre l'humanité et l'animalité tend à s'estomper : jusqu'à DARWIN, l'homme pouvait arguer du fait qu'il était doué de raison ce qui instaurait une différence fondamentale entre lui et les animaux. Mais si la raison est, à son tour, le résultat de la sélection naturelle et si, d'autre part, l'homme fonctionne encore aujourd'hui selon des stratégies adaptatives, cela implique de réexaminer le statut de l'être humain (LINDEN. 1979. 245) et, finalement, de réinterpréter la notion de progrès telle que l'Occident l'avait formulée et exportée. Le comparatisme s'étend alors rapidement à d'autres secteurs du savoir, on postule notamment une relation évolutive entre le monothéisme et l'animisme de même qu'entre le "civilisé" et le "primitif".

Sur le plan social, l'hypothèse d'une évolution des structures sociales constituait un des fondements de la Révolution Française. Elle était donc devenue largement l'idéologie dominante en Occident avant l'essor de l'évolutionnisme en biologie. Le darwinisme lui fournit toutefois la base théorique, la consistance et la méthode dont elle manquait jusqu'alors (CAZENEUVE. 1978. 829). Si la notion d'évolution conquiert de nouveaux domaines, en retour sa signification spécifique en biologie s'affine et se précise. Le terme *évolution*, dont l'idée première s'inspire de COLLERIDGE, passe de la terminologie spencérienne (cf. infra) à la théorie darwinienne en réduisant considérablement son sens à celui de transformation d'une espèce vivante en une autre (HALEVY. 1976. 312 sq.). Finalement c'est la notion d'homme elle-même qui se modifie par l'application progressive du darwinisme aux fonctions mentales, morales et sociales, notamment en posant en d'autres termes qu'on ne l'avait fait jusqu'à cette époque les problèmes d'origine et de genèse. Outre une sociologie, une politologie et une économie évolutionnistes, se créent également une psychologie et une morale transformistes (BREHIER. 1983. 802 sq.).

La notion de progrès elle-même devint l'objet d'investigations. Pour J. HUXLEY, l'évolutionnisme est une philosophie qui doit permettre d'instaurer l'*humanisme scientifique*. La notion d'humanisme, mise en avant par la deuxième grande période comparatiste de l'histoire occidentale, la Renaissance (JUCQUOIS. 1989. 105 sq.), resurgit, après la longue parenthèse des Temps Modernes, avec l'avènement de la troisième période comparatiste, le XIX$^{e}$ siècle et le nôtre (J. HUXLEY, qui fut le premier directeur de l'UNESCO, est né en 1887). Si le progrès que l'évolution engendre est hasardeux et capricieux, pense ce biologiste, l'être humain, par son intelligence, peut l'influencer et l'infléchir dans le sens qui lui convient le mieux. L'homme, qui est à la tête de la nature, n'a pu jusqu'à présent assumer ce rôle et, par crainte, il s'est débarrassé de cette responsabilité en s'inventant des dieux, puis un Dieu unique. Mais de nos jours, le contrôle global de la nature auquel l'homme doit tendre le conduit dès à présent "à un stade où Dieu n'est plus une hypothèse utile" (cité par CARLES. 1970. 85).

Le positivisme comtien connut, en Angleterre, une histoire spécifique, étroitement mêlée à celle de l'évolutionnisme. Pour LEWES, qui introduisit la pensée de COMTE dans son pays dans la seconde moitié du dix-neuvième siècle, un des problèmes philosophiques auxquels il tente d'apporter une solution est celui de la relation entre la conscience et l'organisme. Il voit dans le processus physique et dans le processus mental deux manifestations d'une seule réalité. La même thèse est reprise par son contemporain, Thomas HUXLEY (grand-père de Julian HUXLEY, dont il était question ci-dessus), qui posait comme axiome fondamental que "matérialisme et spiritualisme sont deux pôles opposés de la même absurdité" qui consiste à imaginer qu'on peut connaître quelque chose de la matière ou de l'esprit (cité par BREHIER. 1983. 808). Sous son agnosticisme affiché, Thomas HUXLEY croit néanmoins en l'existence de Dieu en tant qu'un ordre rationnel à l'oeuvre dans la nature. Il en découle cependant qu'il ne peut exister de moralité universelle, sauf à accepter partout la croyance en un ordre naturel qui, s'il vient à être enfreint, entraîne la désorganisation sociale et individuelle, étape préliminaire à la mort. Le corps social qu'engendre l'évolution devient, chez certains savants, la mesure de la moralité. L'individu doit donc s'oublier devant les exigences collectives lorsque celles-ci l'exigent.

Chez d'autres, tel CLIFFORD, l'union du positivisme et de l'évolutionnisme conduit, à la fin du XIXe siècle, à l'hypothèse d'une conscience collective avec laquelle la conscience individuelle ne peut coïncider que partiellement. Inversement, en Allemagne, l'évolutionnisme de HAECKEL (1834-1919) s'étend à l'univers tout entier, y compris la matière inorganique. Ce grand défenseur du darwinisme ne voyait dans le transformisme qu'un cas particulier d'une loi universelle. Matière et vie sont régies, selon lui, par ce mécanisme évolutionniste auquel il donna le nom caractéristique de *monisme*, théorie qui ne survécut guère à son inventeur (CARLES. 1970. 80).

En fait, ce monisme avait été conçu comme une arme que HAECKEL voulait utiliser contre les partisans du dualisme esprit – corps, adversaires résolus du darwinisme. Pour lui, l'homme est un agrégat de matière et d'énergie, conception qui évoluera vers la fin de sa vie en une théorie animiste, proche des premiers philosophes ioniens, selon laquelle tout objet possède la vie à un degré quelconque (BREHIER. 1983. 820).

Ainsi, la notion d'évolution, dans ses diverses applications tant aux sciences du vivant ou aux sciences de la nature qu'aux sciences de l'homme, perd éventuellement le caractère mécanique qu'elle avait chez SPENCER (1820-1903) pour se diversifier selon les auteurs et les champs d'applications.

Ce dernier auteur exerça cependant une énorme influence dans le monde entier en combinant à la fois un dogmatisme tranché quant aux lois fondamentales de son système de pensée et une curiosité critique universelle jointe à un non-conformisme militant lui faisant suspecter d'emblée toute autorité ou toute coutume établie (BREHIER. 1983. 804). SPENCER précise son idée d'évolution au départ de la loi du développement de von BAER. Selon ce savant, tous les animaux sont semblables à l'état d'ovules et ils se différencient au cours de la croissance. Le passage de l'homogénéité à l'hétérogénéité constitue donc, pour SPENCER, la loi fondamentale dont l'application serait universelle

(ACTON. 1974. 275). Elle rendrait compte, en effet, aussi bien de la formation du cosmos que des modes d'organisation sociale et permettrait d'expliquer, par exemple, la complexification croissante du langage humain aussi bien que du travail ou de la vie économique. L'évolution s'oppose à la désintégration et à la dissolution de l'organisme, assurant, par un jeu entre la Force, la Matière et le Mouvement, une cohérence à la vie dont les formes sont en constante complexification.

Une théorie aussi globalisante permet évidemment à SPENCER d'aborder tous les domaines du savoir. Passant de la biologie à la psychologie, à la sociologie, à la morale, à l'économie ou à la politologie, il élabore, dès le milieu du XIXe siècle, ce qu'il appelait une "philosophie synthétique" (CARLES. 1970. 81; ACTON. 1974. 276) apportant, en quelque sorte, une consolation relative (consolation qu'il faut nuancer car SPENCER n'est pas optimiste puisqu'il pense que l'évolution conduit à un état d'équilibre, en lui-même, instable, cf. infra) à ceux qui ne se résignaient pas à perdre, en adhérant au darwinisme et à l'évolutionnisme, ce qu'une foi trop liée à la lettre des Écritures avait pu perdre.

Quoi qu'il en soit, l'évolutionnisme, en débordant largement du domaine des sciences du vivant, devint une théorie composite et donna naissance à quatre conceptions philosophiques de l'évolution qui divergent précisément dans la manière d'intégrer le phénomène évolutif dans une conception globale du monde.

Le positivisme, la plus ancienne de ces conceptions (celle qui prévaut chez HAECKEL et SPENCER notamment), prétend expliquer l'évolutionnisme sans faire appel à l'idée de finalité, laissant à l'évolution le caractère du hasard et de l'imprévisibilité. Le matérialisme dialectique (conception imaginée par ENGELS, reprise ensuite par LENINE, PLEKHANOV, BOUKHARINE, STALINE et d'autres) selon lequel la matière en mouvement est soumise à une évolution ascendante en sorte qu'à des niveaux de complexité nouveaux surviennent des changements qualitatifs brusques, réorganisant l'ensemble.

Le réalisme évolutionniste veut s'en tenir aux seules données observables et maîtrisables, c'est-à-dire à l'étude simultanée du vivant et du milieu : à mi-chemin, si on peut dire, entre le darwinisme et le lamarckisme, l'insistance est mise sur l'action que peut exercer le milieu surtout s'il contraint l'être vivant à renoncer à sa stabilité pour rencontrer et dépasser l'obstacle lequel devient ainsi source de progrès (CARLES. 1970. 98).

Le quatrième courant, enfin, peut être qualifié d'idéalisme évolutionniste. En effet, chez BERGSON, qui en est un des grands représentants, l'évolution s'effectue selon une finalité qui l'explique et la justifie. Elle est l'oeuvre de l'*élan vital* qui opère dans et contre la matière. Pour TEILHARD de CHARDIN, autre grand savant adepte de cette conception, le dynamisme que révèle l'évolution du vivant met en évidence une énergie intérieure, appelée *énergie radiale*, par opposition à l'*énergie tangentielle* qui est celle que la science aborde habituellement et uniquement. Cette première forme d'énergie transforme progressivement, notamment le cerveau humain, en l'accroissant sans cesse, évolution inscrite, selon TEILHARD, dans ce qu'il appelle la grande *loi de complexité-conscience.* Le monde s'organise autour de trois points, le premier étant l'apparition de la vie, le deuxième l'apparition de la pensée, le troisième, vers lequel nous nous dirigeons, le point Oméga.

Ainsi, la paléontologie qui n'était, au départ, qu'une science limitée tentant d'expliquer les relations entre les fossiles et les espèces actuelles devint rapidement une science modèle dont le paradigme évolutionniste s'étendit, depuis la seconde moitié du dix-neuvième siècle et jusqu'au milieu de ce siècle, non seulement à la cosmologie et à la géologie, mais à l'ensemble des sciences de l'homme, constituant, dans toutes ses variantes, la véritable épistémé de l'époque contemporaine.

## L'évolutionnisme social

Avant même que DARWIN ne propose ses théories sur l'évolution du monde vivant, la question de l'évolution des sociétés avait changé d'orientation. La question était de savoir si l'homme était soumis, dans toutes ses composantes, aux lois qui déterminent l'évolution ou si, au contraire, il était le seul être à y échapper. L'enjeu devint de savoir ce qui permit à l'homme de s'affranchir progressivement de l'animalité (CLAVAL. 1980. 131) ou encore si l'homme a une réelle spécificité par rapport à l'animal.

On admet aujourd'hui que l'homme "s'est en partie fait lui-même" par les apports qu'il fit à son avoir traditionnel et hérité, si bien que "sans sa participation active à sa propre évolution, il ne serait pas ce qu'il est" (GRASSE. 1971. 217). En cela l'homme diffère donc radicalement de l'animal puisque la seule évolution biologique n'aurait pu le faire aboutir à ce qu'il est devenu, la différence ne résidant pas tellement dans l'importance de la transmission culturelle des acquis – présente également dans d'autres espèces – que dans le "dialogue" permanent que seul l'homme peut entretenir avec lui-même. La socialisation de l'être humain permit, en effet, de dédoubler le code génétique et d'assurer la transmission et l'enrichissement d'une foule d'autres informations essentielles pour sa survie. L'homme se caractérise donc par le fait que, chez lui et à un degré éminent, l'évolution culturelle renforce, inhibe ou corrige l'évolution biologique, les deux phénomènes faisant partie d'un seul processus naturel (DOBZHANSKY. 1966. 35).

Le domaine de l'évolutionnisme social est d'ailleurs intrinsèquement bien différent de celui de l'évolutionnisme biologique. Le premier, en effet, ne se heurte pas à la fixité apparente des espèces : tout d'abord, la culture, contrairement à l'hérédité, se transmet en intégrant également les caractères acquis (DOBZHANSKY. 1966. 18 sq.); en second lieu, historiquement et anthropologiquement, la multitude des sociétés et la diversité des changements ont conduit les savants de notre époque à renoncer à l'idée d'une évolution unilinéaire (cf. infra).

Pour que l'évolutionnisme social puisse se constituer en tant qu'approche scientifique, il fallait non seulement qu'on compare les sociétés les unes aux autres – sociétés occidentales contemporaines, sociétés traditionnelles, sociétés du passé, etc. –, mais encore que se dégagent des comparats (sur cette notion, cf. JUCQUOIS. 1991. 33-35), c'est-à-dire des ensembles structurés de traits comparables, ce qui supposait de regrouper tous les aspects de la vie sociale en une globalité, et enfin que les changements constatables diachroniquement puissent être vectorisés ou interprétés dans un certain sens.

En d'autres termes, l'évolutionnisme social présuppose la "recherche d'une loi d'évolution dans la série des changements observables ou prévisibles" (CAZENEUVE. 1978. 829), ce qui, d'un point de vue plus général, sous-entend un principe d'organisation de l'être vivant ou de la société, point commun à l'évolutionnisme social et à l'évolutionnisme biologique. Deux traits sont ainsi caractéristiques de l'organisme social comme de l'organisme vivant : ce sont la hiérarchie des parties – le pouvoir des classes dominantes dans la société – et son inverse, la mutuelle dépendance des parties – le pouvoir des classes productives (TORT. 1983. 360-361).

L'analogie entre la société et l'être vivant est présente dès les débuts de l'organicisme spencérien. SPENCER, en effet, veut expliquer les êtres et les sociétés par un même principe d'évolution mécanique : la matière, biologique ou sociale, est soumise, selon lui, à la différenciation et à l'intégration ou vice versa. Malgré son non-conformisme (cf. supra), SPENCER met en place une théorie dans laquelle la société est conçue comme un organisme, dont les institutions seraient les organes liés les uns aux autres, ce qui lui permet de prôner à la fois le conservatisme, pour la bonne préservation de l'organisme, et le radicalisme, pour favoriser et intégrer le changement (ACTON. 1974. 278).

SPENCER est convaincu d'une analogie profonde entre l'organisme vivant et l'organisme social et il en multiplie les signes : croissance, complexification, différenciation, hiérarchie des fonctions, division du travail, durée de vie supérieure pour le tout à celle de chacune des parties isolées, etc. La comparaison repose toutefois fondamentalement sur une conception économique de la division du travail qu'il emprunte à SMITH et elle oscille entre une conception où le corps sert de modèle explicatif à l'économie tandis que celle-ci permet de comprendre le fonctionnement du corps (TORT. 1983. 358 sq.), images qui sont en dialectique depuis l'Antiquité.

Les opinions de SPENCER sur le plan social et politique sont la réplique de ses conceptions scientifiques. Esprit libéral, il s'oppose à l'ingérence de l'État, allant jusqu'à combattre – en cette Angleterre du XIX^e^ siècle ! – les oeuvres de charité publique au nom d'un principe qui préfigure le principe darwinien de la sélection naturelle (ACTON. 1974. 276). SPENCER pense que le point culminant de l'évolution est constitué par une sorte d'équilibre instable qui le tient, en fait, à égale distance de l'optimisme et du pessimisme quelles qu'aient été d'ailleurs les tentatives effectuées par d'autres pour infléchir son organicisme dans l'une ou l'autre de ces directions.

L'analogie organiciste devient éclairante là où elle cesse (TORT. 1983. 363) : l'être vivant individuel sait la conscience localisée, l'être social la voit, au contraire, répartie en chaque individu. Le développement social constitue pour SPENCER une rupture de ce que serait l'organisation et la hiérarchisation que le modèle organiciste supposerait. En effet, on s'attendrait à ce qu'il préconise un pouvoir centralisé et dirigiste, fortement hiérarchisé. Or, il privilégie la coopération volontaire par rapport à la coopération obligatoire, avec la défense de l'individu et du lien consensuel opposés à l'État et à la contrainte.

Pour rendre compte de cette contradiction, SPENCER développe l'idée qu'il n'y aura jamais d'analogie organique parfaite entre les formes de vie individuelle et collective. Pour sauvegarder la cohérence de son système, il introduit donc un principe de dissemblance entre les deux formes de développement, individuelle et collective, l'analogie organiciste ne demeurant finalement que dans un domaine précis : la société évoluant comme le fait la division du travail social, de la même manière que l'organisme individuel évolue selon les modalités de la division du travail physiologique. Cette conception évacue toute rupture, tout changement brusque, toute révolution dans l'évolution (TORT. 1983. 368).

C'est à la même époque, seconde moitié du XIXe et première moitié du XXe siècle, que s'élabora également la *méthode comparative*, nom donné par les évolutionnistes à un mode d'analyse et de confrontation des matériaux ethnologiques et sociologiques. Si on suppose que l'évolution se marque par une complexification constante, propositions généralement admise de nos jours, il faut admettre que, plus on remonte dans le temps, plus on se rapproche d'un stade initial simple. La même méthode permet de confronter des sociétés contemporaines et de leur assigner, sur une échelle évolutive, des degrés d'évolution. Cela aboutit à donner un nom et, ensuite, à faire de l'homme "primitif" notre ancêtre contemporain.

La confrontation s'effectue entre des sociétés de même niveau de développement, par exemple les diverses sociétés occidentales, et leur assigne un état archaïque commun dont elles dériveraient. Déjà, au XIXe siècle, on proclamait, HUMBOLDT notamment, l'unité de l'esprit humain, les recherches paléontologiques mettant en évidence, pensait-on, la proximité, sinon l'identité, de nos ancêtres et des "primitifs" actuels.

En fait, la méthode comparative était, alors, encore insuffisamment élaborée pour permettre une confrontation fructueuse. MORGAN et TYLOR principalement – on y reviendra plus loin – préconisent d'aborder la comparaison en partant de classifications *a priori* fortement hiérarchisées, sans tenir le moindre compte de l'intégration de ces éléments au mode de vie global dont ces éléments faisaient pourtant partie. Par exemple, si on aborde l'étude des armes, il faut commencer par les classer en diverses catégories, telles que les arcs et les flèches, les lances, les massues, etc. De la même manière, les institutions, les mythes, etc. doivent être classés, par exemple en mythes du lever et du coucher du soleil, mythes d'éclipse, mythes de tremblement de terre, etc. (HERKOVITS. 1967. 160 sq.). Toutes les réalités technologiques ou culturelles peuvent être abordées de cette manière, la dissection s'appliquant aussi bien aux formes familiales, qu'au droit, aux mythologies, etc. (DURKHEIM. 1975. 150 sq.).

La façon dont l'unité de l'homme était postulée, jointe à la méthodologie de l'analyse des faits culturels, devait déboucher sur une conception mécaniciste de l'évolution : les sociétés auraient toutes évolué du simple au plus complexe, leur degré de développement se mesurant au degré de complexité atteint par chacune. L'évolution unilinéaire ainsi supposée permet d'hiérarchiser toutes les civilisations et de vectoriser – c'est-à-dire de donner un sens – tout changement. La théorie comparative évolutionniste autorise le classement et l'interprétation de tout fait culturel, elle débouche aisément sur une structuration en stades successifs qui ne sont pas sans rappeler, le cas échéant, la dialectique hégélienne, ainsi l'évolution religieuse aurait connu les trois stades de la magie, de la religion et finalement de l'irréligion (PRZYLUSKI. 1950. 198), ou, selon d'autres conceptions (par ex. chez LUBBOCK), les six stades successifs suivants : athéisme, fétichisme, naturisme, chamanisme, anthropomorphisme et déisme, évolution qui, chez FRAZER par contre, se réduira aux deux stades de la magie suivie de la religion (CAZENEUVE. 1978. 830).

Dès le milieu du XIXe siècle environ, plusieurs auteurs avaient déjà proposé des schémas évolutionnistes unilinéaires dont certains connaîtront un vif succès. Ainsi, les trois phases posées par KLEMM en 1843, sauvagerie, soumission et liberté, schéma que recoupe une typologie binaire des races selon qu'elles sont actives ou passives (cf. MERCIER. 1971. 44 sq. et CAZENEUVE. 1978. 829; sur la valeur des théories de MORGAN, TYLOR, FRAZER, etc., cf. aussi COLLEYN. 1982. 46 sq.), ces dernières devant être soumises pour progresser. Théorisation qui permet d'expliquer les données (pré)historiques et anthropologiques, tout en justifiant les pratiques colonialistes. Ces conceptions seront reprises et développées par MORGAN et TYLOR qui parlera plutôt de sauvagerie, barbarie et civilisation (cf. ci-dessous). Une typologie évolutive ternaire parallèle est développée dans le domaine de la famille par BACHOFEN (Cité par CAZENEUVE. 1978. 829) avec un passage progressif de la promiscuité au matriarcat, puis au patriarcat.

Le même système sera repris par MORGAN qui, se basant sur la contradiction qu'il perçoit entre les rapports de famille réels et le système des appellations (*père*, *mère*, *frère*, etc.), conclut à la survie du terme sur la norme, si bien que le système des appellations serait comme le "fossile" social de rapports parentaux antérieurs, aujourd'hui disparus. MORGAN pose, à partir de l'analyse de phénomènes hawaïens, une situation primitive de promiscuité sexuelle intégrale (CAZENEUVE et VICTOROFF. 1972. 419).

Pour cet auteur, tous les peuples passent, à des rythmes différents, par les trois stades de la sauvagerie, de la barbarie et de la civilisation, chaque stade se subdivisant à son tour en trois sous-périodes en sorte qu'on aboutit à un classement chronologique des sociétés à neuf termes (la classification de BACHOFEN ou celle de Mac LENNAN rejoignent largement celle de MORGAN).

La sauvagerie ancienne est caractérisée par le langage, le stade moyen par le feu, la hache et la lance, le stade récent par l'arc. Le stade barbare se subdiviserait en une sous-période caractérisée par la poterie, un stade moyen avec l'apparition de l'élevage et de l'agriculture, un stade récent avec la métallurgie. Le stade de la civilisation enfin marqué d'abord par l'invention de l'écriture, puis par l'invention de la poudre et de l'imprimerie et enfin par les techniques modernes de la vapeur et de l'électricité.

Si l'évolution se poursuit selon ce schéma, MORGAN estime toutefois que toute société ne franchira pas nécessairement l'ensemble de ces étapes : certaines communautés s'arrêtent à l'un des trois stades ce qui entraîne l'obligation pour les sociétés plus avancées d'aider celles qui le sont moins. Il tente d'établir une classification des systèmes de parenté basée sur les interdits sexuels – classification qui nous semble aujourd'hui dépassée et arbitraire (GODELIER. 1973. 180 sq.) – en fondant sa taxinomie sur l'argument biologique de la sélection naturelle. MORGAN considérait comme une preuve de la validité de son système évolutionniste le fait que toute civilisation pouvait aisément être classée dans l'une des huit catégories proposées (seul le premier stade du développement – la "sauvagerie primitive" – n'était attesté par aucun exemple). Il pensait que toutes les institutions humaines s'étaient développées à partir de "quelques germes primaires de pensée" dont l'évolution était rigoureusement déterminée à l'intérieur de limites étroites de variabilité (cité par HERKOVITS. 1967. 159).

Les travaux de TYLOR se démarquent de ceux de MORGAN : l'exposé de ses thèses évolutionnistes est, en effet, beaucoup plus nuancé et prudent que ne le sont les thèses du second. L'évolution des sociétés n'est plus, chez cet auteur, nécessairement unilinéaire : il faut compter avec des rétroévolutions possibles, le sens et l'appréciation des évolutions perdent leur caractère univoque. TYLOR classe les sociétés humaines entre les deux extremums constitués d'une part par les sociétés européennes occidentales et de l'autre les sociétés sauvages ou "primitives", les autres sociétés humaines se situant entre ces deux pôles (MERCIER. 1971. 37).

Cet auteur et toute l'école européenne accordent, au contraire des évolutionnistes américains, une grande importance aux "survivances" d'anciennes coutumes, aux vestiges d'institutions périmées, témoignages attestant un stade antérieur de la civilisation qu'une étude attentive permettra de reconstruire. Différence d'attitude que l'on retrouve, et pour les mêmes raisons, dans d'autres domaines, ainsi en linguistique comparative où les travaux portent davantage sur la comparaison génétique en Europe et plutôt sur la typologie aux États-Unis. L'explication de ces sensibilités divergentes tient sans doute dans le fait qu'en Europe les récits ethnographiques de civilisations lointaines faisaient écho aux coutumes, aux traits folkloriques, dont l'explication devait être recherchée dans notre propre histoire, tandis qu'aux États-Unis l'"homme primitif" n'était pas une abstraction lointaine puisqu'il est, surtout puisqu'il était à l'époque de MORGAN, un voisin immédiat.

Le comparatisme dans les sciences sociales devait, bien entendu, déborder des cadres stricts de l'ethnologie, de la sociologie, de l'histoire comparative des sociétés, ou d'autres sciences de l'homme pour se teinter, diversement selon les cas, de morale.

L'évolutionnisme met en cause, au moins indirectement, les fondements de la vie sociale en touchant à la question de l'origine du statut social actuel des individus, en soulignant en tout cas le caractère contingent de la condition humaine et en évoquant au moins la possibilité de son changement. La source immédiate de ces questionnements se situe dans le principe de *sélection naturelle* que DARWIN reprend à MALTHUS qui avait appliqué à sa théorie des populations ce qu'il avait cru observer dans la nature. Bien entendu, dans le climat de l'époque, ce principe donne lieu à une controverse sur la morale sociale (ACTON. 1974. 279 sq.).

Une première lecture du principe de sélection naturelle semble renforcer le conservatisme puisque la notion de "survivance du plus apte" (dénomination qui provient de SPENCER et non de DARWIN) paraît "donner raison", biologiquement parlant, au gagnant (DOBZHANSKY. 1966. 23). En fait, la question n'est pas aussi simple : dans le cas de l'homme, la sélection naturelle n'aurait pu fonctionner, estime DARWIN, qu'en additionnant aux facteurs biologiques l'altruisme et l'attention aux plus faibles que certains ont dû accorder à d'autres. SPENCER, par contre, estimait que *trop* d'attention aux plus faibles, que *trop* de sollicitude envers les malheureux étant contraire à la loi naturelle devait aboutir à une régression biologique et sociale.

Il existait donc, dès les premiers travaux, deux lectures opposées de la sélection naturelle, la première privilégiant l'individualisme, la seconde le collectivisme. T.H. HUXLEY, farouche défenseur des thèses darwiniennes, s'opposa (en 1893) à ce qu'il appelait l'"individualisme fanatique" et la "sauvagerie raisonnée" de SPENCER (cité par ACTON. 1974. 281). Ce qui semblait avoir échappé à ce dernier c'était que les hommes, au cours de leur évolution, avaient acquis des qualités morales, bonnes ou mauvaises : l'égoïsme et l'agressivité d'une part, l'amour du prochain de l'autre. En corollaire, il y a lieu de distinguer entre évolution naturelle et qualité morale : la fait que la nature ait évolué dans tel sens est évidemment neutre moralement.

Malgré les réticences, sinon les oppositions de DARWIN et de ses partisans, ce qu'on a appelé le darwinisme social chercha à s'imposer sur le plan social et politique en tentant de faire accepter l'idée d'une unité nécessaire, éventuellement à rétablir, entre la nation et la race. Cette unité s'obtient par la "sélection des meilleurs" qu'il faut donc répercuter dans le système politique (BANTON. 1971. 48). Si tous doivent cependant mourir, sauf le plus apte, que meurent d'abord les moins aptes, puisque la lutte pour la vie présente ce caractère inexorable : on connaît la généalogie des idées qui, à travers une compréhension, d'ailleurs très partiale, de NIETZSCHE (1844-1900), conduit notamment à HITLER, unique Führer d'une race supérieure (DOBZHANSKY.

1966. 159) et on en rappellera d'autres développements contemporains ci-dessous.

Aujourd'hui encore, les biologistes éprouvent une gêne à accepter ce qui leur semble une contradiction, sinon une erreur, que leur imposent les conceptions morales auxquelles ils adhèrent. Ainsi, GRAFFE (1971. 269), après avoir rappelé que la loi biologique reste distincte de la loi morale, ou encore que la loi de l'homme n'est pas celle de la bête, souligne l'importance croissante et les conséquences de cette distinction. En effet, grâce à l'hygiène, à la médecine et à une meilleure alimentation, nos sociétés ne pratiquent plus guère la sélection naturelle, au contraire elles opèrent ce qu'on devrait appeler une "contre-sélection" puisqu'elles intègrent les subaliénés, les tarés, les anormaux, les criminels, etc. Il en résulte nécessairement une chute, qui s'accentuera avec le temps, de la santé intellectuelle, morale et physique de nos contemporains. Actuellement, seules les nations riches connaissent cette dégradation génétique; elle atteindra, de proche en proche, l'ensemble de l'espèce humaine. Cette évolution, si elle est généreuse, rompt cependant l'équilibre de l'espèce avec le milieu et modifie progressivement sa composition génétique. GRAFFE préconise donc une réaction eugénique volontaire (cf. infra).

L'orientation eugénique s'est trouvée renforcée non seulement par l'évolutionnisme social, mais aussi par les recherches en anthropologie physique où la notion de *race* visa à s'exprimer à travers des corrélations de données anthropométriques. Dans cette perspective, des affirmations de supériorité de telle race tendent à se "démontrer", par exemple sur base de comparaisons d'indices céphaliques. On connaît les conséquences nationalistes et racistes de telles théories, malheureusement encore renforcées par l'interprétation donnée à certaines découvertes en génétique, notamment dans la théorie du *plasma germinatif immortel* d'Auguste WEISMANN d'après laquelle les caractères d'une race ou d'une espèce seraient contenus dans ce plasma qui se transmettrait de génération en génération, théorie en parfaite harmonie avec des théories politiques d'hégémonie raciale (BANTON. 1971. 51).

C'est dans ce contexte qu'il faut comprendre les divers courants eugénistes et notamment les travaux de GALTON (1822-1911) qui fut le maître du célèbre anthropologue PEARSON. GALTON, qui était le cousin de DARWIN, fut le premier à prouver, par des analyses statistiques, que certaines dispositions familiales se transmettent héréditairement, d'où l'idée qu'il importe de tenir compte de l'hérédité en politique sociale et, par exemple, d'encourager les éléments les plus sains d'une population à se reproduire. On sait comment, quelques décennies plus tard, les SS mirent ces idées à exécution en favorisant la reproduction de certains éléments supposés être des Germains de pure race, tandis qu'ils stérilisèrent ou supprimèrent carrément d'autres éléments jugés maladifs ou de race inférieure.

Si DARWIN avait détruit le préjugé que les races étaient des entités immuables, le darwinisme ne s'opposait pas, par contre, à une autre opinion raciste, à savoir que les races étant en cours de formation, il importait de les maintenir séparées. Ainsi, au début du XXe siècle, Arthur KEITH enseignait que la nature avait introduit la compétition entre les nations ou les tribus, chacune entrant de ce fait dans des luttes éternelles visant à l'obtention de promotions et d'avantages. Ce que d'aucuns appellent *préjugé de race* ne serait donc qu'un sain esprit de compétition et de rivalité, source d'émulation et de progrès.

Les conceptions eugénistes, de même que le darwinisme social en général, furent à l'origine de positions nationalistes et d'un chauvinisme général qu'il importe de compter parmi les causes certaines des deux grands conflits qui ont assombri la première moitié du XXe siècle. La guerre, elle-même, ou l'impérialisme furent l'objet d'éloges "justifiés" tant par des considérations "morales" que "scientifiques", l'historien CRAMB, par exemple, allant jusqu'à proclamer que les grandes guerres étaient préférables aux petites (BANTON. 1971. 57).

Aujourd'hui l'évolutionnisme soulève toujours deux types de questions; les unes concernent la collectivité, les autres les individus. On sait de plus en plus qu'une bonne partie de nos maladies, mentales et physiques, provient de notre patrimoine génétique. Les mesures envisagées jusqu'à présent, outre les protections possibles sur le plan de l'environnement, consistaient habituellement à préconiser un contrôle de la transmission génétique, notamment par l'abstention, volontaire ou imposée, des handicapés et par la limitation du nombre de naissances en fonction des ressources disponibles (ainsi, GRAFFE. 1971. 270, DOBZHANSKY. 1966. 26). Les progrès très récents de la génétique permettent d'aller plus loin puisqu'on pourra bientôt intervenir avant la naissance de manière à éviter nombre de maladies héréditaires ou congénitales et même à choisir différentes propriétés pour l'être à venir. Cette situation était encore inimaginable il y a vingt ans puisque GRAFFE (1971. 236) estimait alors que si l'eugénisme pouvait éventuellement donner naissance à quelques PLATON, DESCARTES, NEWTON ou EINSTEIN, il serait néanmoins incapable d'aller au-delà...

D'autre part, l'évolutionnisme social laisse toujours sans réponse satisfaisante la question d'une comparaison des sociétés, faute évidemment de pouvoir disposer d'une méthode comparative valable à appliquer dans ce domaine, faute aussi d'être capable d'adopter des échelles de valeurs universelles ou, au moins, comparables. Les évolutionnistes sociaux du XXe siècle, éprouvant la faiblesse des opinions qui prévalaient jusqu'alors et qui faisaient de nos sociétés occidentales le sommet d'une évolution encore inachevée dans les autres sociétés, ont tenté de contourner la difficulté, par exemple chez PARSONS (1973. 142), en appelant plus "avancés" (entre guillemets dans l'original) les systèmes dont la capacité d'adaptation s'avère plus grande, ainsi l'URSS serait plus avancée que les Arunta d'Australie, car sa capacité d'adaptation serait plus développée (l'exemple avait été choisi environ vingt cinq ans avant l'effondrement de ce pays plus "développé" et mieux "adapté" !). La démonstration parle d'elle-même : elle souligne la nécessité de ne reprendre le comparatisme social qu'armé de notions solides et après avoir éliminé, le mieux possible, les traits ethnocentriques qui entravent l'analyse et la comparaison.

## L'essor du comparatisme

Ce sera le propos des volumes suivants de cette série que d'expliciter de manière détaillée l'avènement, dans le cours des XIXe et XXe siècles, de l'ensemble des disciplines comparatives des sciences de l'homme. Cet essor ne peut cependant être séparé ni de l'évolution globale des mentalités, ni des progrès spectaculaires réalisées dans les sciences biologiques. Le but de ce paragraphe n'est autre que d'attirer l'attention du lecteur sur ces interférences et sur ces influences réciproques.

L'évolutionnisme social préluda à l'essor du comparatisme dans les sciences de l'homme. Pourtant, dès la fin du XVIIIe siècle, le comparatisme était à la mode en histoire naturelle et en anthropologie. On peut même affirmer que, sans la capacité de comparer de VICQ d'AZYR, de CAMPER, de BLUMENBACH et de bien d'autres, les sciences du vivant n'auraient pu connaître le prodigieux développement qu'elles connurent à travers le XIXe siècle, thèse que l'on développa à travers plusieurs chapitres du premier tome de cet ouvrage. À suivre GUSDORF (1978. 525 sq.), la comparaison en tant que moyen de connaissance passa, à la charnière du XVIIIe et du XIXe siècle, des sciences de la nature aux sciences de la culture, élargissement que cet auteur explique comme une conséquence de l'abandon de l'idéal traditionnel des belles-lettres, constitué par un dogmatisme esthétique.

Dès lors, les comparaisons, parallélismes, similitudes, oppositions, peuvent se révéler pour ce qu'elles sont et permettre l'élaboration d'une épistémé de la diversité. Les déterminismes vitaux qu'étudie désormais la toute nouvelle biologie servent de modèle explicite à l'interprétation des changements culturels. Les grands écrivains, tels GOETHE ou BALZAC, suivent avec attention les progrès de l'anatomie comparée et des sciences qui en dériveront – notamment l'embryologie comparée et la physiologie comparée – prétendant reconstituer l'unité du monde grâce à l'analogie (PICHOIS et ROUSSEAU. 1967. 14 sq.), comme le recommandaient les adeptes de la société secrète rationaliste des Illuminés, fondée en 1776 à Ingolstadt (Bavière) par le juriste Adam WEISHAUPT, secte qui avait pour but l'éducation et l'entraide.

Les travaux de Claude FAURIEL ou ceux des frères SCHLEGEL, contemporains à quelques mois d'intervalle, insistent, tout au début du XIXe siècle, sur la spécificité des langues et des littératures des peuples différents. Celle-ci s'explique par des recherches qui visent à démontrer des origines communes aux langues et aux anciennes littératures. Une vingtaine d'années plus tard, François RAYNOUARD publie une *Grammaire comparée des langues de l'Europe latine dans leurs rapports avec la langue des troubadours* (1821) qui, malgré les erreurs de méthode et de perspective, suscitera l'admiration de

Friedrich DIEZ, véritable fondateur du comparatisme linguistique roman. Dans le premier tiers du XIXe siècle, outre la linguistique comparative et la littérature comparée, apparaissent également d'autres disciplines comparatives, la mythologie comparée, l'histoire comparée ou la géographie comparée. On reviendra plus longuement dans le t.3 sur l'historique de chacune de ces disciplines.

De toutes ces disciplines, celle qui influencera le plus l'épistémologie des sciences de l'homme est certainement la linguistique comparative. Déjà les frères SCHLEGEL avaient employé dans leurs travaux linguistiques, ce qui pour eux étaient davantage que des métaphores (MOUNIN. 1967. 158), les termes de *germes*, de *racines* qualifiées, selon le cas, de fécondes ou d'infertiles, etc. et surtout la notion d'*organisme* qui marquera cette science au moins jusqu'à SAUSSURE. Pour qu'on ne s'y méprenne, F. SCHLEGEL insiste sur le fait que l'on peut comparer la formation de la langue sanskrite à la conformation d'un *tissu cellulaire*, image qu'il reprend encore lorsqu'il parle d'un "tissu vivant". La notion d'origine hante les esprits et conduira PICTET, en 1859, à la "paléontologie linguistique".

Il est cependant paradoxal que cette constante analogie, exprimée par le même terme d'"organisme", entre l'être vivant et la langue ait été l'élément déclencheur de recherches qui aboutirent à la linguistique contemporaine, alors que c'est cette partie de la théorie linguistique des premiers comparatistes, BOPP, SCHLEGEL, et d'autres, qui est, aujourd'hui, la plus obsolète ! Pourtant, BOPP, notamment, ne considère pas réellement les diverses langues de l'Europe (latin, grec, etc.) comme issues du sanskrit (MOUNIN. 1967. 172), il tente plutôt de retracer les origines et les premiers développements du langage. L'influence de l'évolutionnisme biologique, plus précisément du darwinisme, et de la paléontologie sur les sciences de l'homme sera telle que, dans la seconde moitié du XIXe siècle, MÜLLER utilisera encore la notion de "sélection naturelle" en l'appliquant au langage (MÜLLER. 1868. 17 sq.).

Cette influence ne se limite pas à l'étude du langage comme on le constate par l'étude d'autres disciplines. Nous nous bornerons, en terminant, à souligner le parallélisme avec d'autres sciences. L'historisation du temps, à l'oeuvre depuis le XVIIIe siècle dans les mentalités occidentales, fait de l'histoire, collective et individuelle, le champ de l'expérience humaine et, partant, d'observations comparables et généralisables. La référence à l'anatomie comparée reste cependant constante, ainsi en droit comparé qui s'érige aussi à ce moment (CONSTANTINESCO. 1972. 68 sq.; cf. aussi les développements dans SCHWARZ-LIEBERMANN. 1978. 95, 176 sq.). L'analogie entre la biologie et le droit comparé est encore employée actuellement, par exemple par Charles EISENMANN en 1954, pour faire comprendre la nécessité d'enseigner l'ensemble des systèmes juridiques d'une manière comparative à l'instar d'un enseignement de la biologie ou de la botanique qui ne pourrait se concevoir comme exclusivement centré sur une seule espèce vivante. De la même manière, dans la dernière partie du XIXe et les débuts du XXe siècle, la psychologie, anglaise et américaine particulièrement, résulte d'une approche comparative – la psychologie différentielle – inspirée de l'évolutionnisme darwinien et orientée par l'observation et l'expérimentation (BERNARD. 1973. 25).

Les conditions générales, étudiées dans la première partie, surdéterminent ces nouvelles orientations du XIXe siècle. Si on a souvent souligné les relations entre le romantisme et le comparatisme, c'est que les deux courants supposent la perte d'une référence absolue, et donc unique et intangible, que ce soit une seule langue internationale (le latin, puis le français), une seule référence sociale et politique, une seule religion, etc. L'époque du réveil, plutôt de l'éveil des nationalités est également celle des voyages, celle d'une meilleure prise de conscience de la diversité et de l'originalité culturelle. Le cosmopolitisme d'un VILLEMAIN, d'un AMPERE ou d'un QUINET explique qu'ils soient simultanément perçus comme les premiers comparatistes littéraires, même s'il leur manque encore une méthode adéquate dont les fondements ne seront posés que par H.M. POSNETT dans sa *Comparative Literature* (1886) (GUYARD. 1978. 8).

Les travaux de la fin du XIXe siècle sont cependant l'aboutissement d'une démarche initiée par GOETHE et BALZAC (cf. ci-dessus) et qui, en faisant de toute entreprise historique aussi un travail comparatiste, devait transformer progressivement l'histoire littéraire en une étude de l'évolution de la littérature, semblable à l'histoire naturelle (GUSDORF. 1982. 321). L'ouverture aux dimensions universelles, géographiques et historiques, de la réalité humaine oblige à affronter une foisonnante diversité que le savant ne peut espérer dominer sans y introduire une étude comparative des traits différenciateurs. La nécessité de classer entraîne donc celle de l'observation et de l'expérimentation quand elle s'avère possible. L'ouverture à d'autres réalités rend indispensable la comparaison, la remise en cause d'échelles de valeurs antérieures et la réflexion méthodologique et épistémologique. La dimension humaine, sinon proprement éthique, de cette ouverture universelle apparaît peu à peu comme une obligation de la contemporanéité. Toutes les cultures, toutes les formes de vie méritent qu'on s'y intéresse et, même si les préjugés ethnocentristes ont, pour longtemps encore, contrecarré, entravé ou déformé une entreprise encore en cours, une sympathie envers toutes les manifestations culturelles, passées et présentes, se dégage progressivement. L'isolement, l'uniformité, le repli sur soi sont vécus comme des signes de mort; les liens entre les peuples les unissent à l'instar des mailles d'un grand filet (PICHOIS et ROUSSEAU. 1967. 17).

## Chapitre 14 – Le déclin ultérieur

*Remises en cause. Une théorie hypothétique. Pistes pour l'avenir.*

### Remises en cause

Les conceptions darwiniennes ont heurté de front nombre de croyants. Le temps a partiellement apaisé les esprits, mais on ne s'étonnera guère des jugements négatifs portés, encore de nos jours, par certains savants chrétiens. Ainsi, si CHEVALIER reconnaît l'apport de DARWIN sur le plan de l'observation de faits, passés jusque là inaperçus, il estime cependant qu'il en a exagéré la signification et grossi les conséquences en sorte que le darwinisme serait sous-tendu par une "trame d'erreurs" (1966. 532-533).

Sans être aussi sévère, il est de fait que, selon les théories darwiniennes, la sélection et l'adaptation sont étroitement liées, la seconde n'étant que la réponse de l'organisme à l'harmonisation des rapports de l'être vivant avec son milieu. Comme le souligne GRAFFE (1973. 225), cette conception de la sélection correspond exactement à ce que BERNARDIN de SAINT-PIERRE attribuait, dans son système anthropocentrique, à ce qu'il dénommait tantôt Nature, tantôt Providence. DARWIN, toutefois, était plus nuancé que plusieurs de ses adeptes. Les disciples de MARX ou ceux de FREUD ont montré, comme ceux de DARWIN, qu'il est fréquent, dans l'histoire du savoir, que se produise un durcissement de la théorie initiale en sorte que l'explication devienne progressivement totale. Il en fut de même avec la sélection darwinienne qui devint modèle théorique universel. D'autre part, la théorie de l'évolution occupe une place particulière à cheval entre les théories scientifiques et les récits mythiques puisqu'elle vise également à rendre compte de l'origine du monde vivant et que, comme telle, elle s'inscrit éventuellement dans la catégorie des mythes cosmogoniques (JACOB. 1981. 46 sq.).

Mais, c'est avec la parution, en 1868, de l'*Histoire de la création naturelle* de HAECKEL que le darwinisme se présente sous sa forme la plus globale. HAECKEL, en effet, y adopte comme fil conducteur d'une histoire de la vie la soi-disant loi biogénétique fondamentale d'après laquelle l'ontogenèse répète, en chaque individu, les stades de la phylogenèse. Sous la forme du monisme haeckelien, le darwinisme a pénétré le grand public, inspirant divers systèmes philosophiques, sources de conceptions politiques et sociales. L'évolutionnisme biologique justifie alors une double extrapolation : on prétendit expliquer l'origine de la vie au départ de la matière par le seul jeu de forces naturelles et réduire la pensée et la conscience au travail physico-chimique du cerveau (GUYENOT. 1947. 13).

L'impact de l'évolutionnisme, au tournant des XIX$^{e}$ et XX$^{e}$ siècles, est si important qu'il induit presque nécessairement des interprétations qui confortent ce courant de pensée. À cet égard, il est révélateur de confronter les découvertes de Piltdown et de Glozel. À Piltdown, dans le Sussex, on découvrit, en 1911, deux fragments de pariétal, puis, l'année suivante, la moitié droite d'une mandibule. Le crâne, dont la reconstitution établissait une capacité, selon les estimations, de 1 070 à 1 500 cm$^{3}$, alliait une mâchoire simiesque à une capacité crânienne d'un contemporain. La reconstitution sembla se poursuivre lorsqu'en 1913 TEILHARD de CHARDIN découvrit, dans le même gisement, une canine, également d'allure simiesque, attribuée par le paléontologue français à la même mâchoire. Le public scientifique accueillit cette découverte, qui s'inscrivait admirablement dans le sens de l'évolutionnisme, jusqu'à ce qu'en 1953, soit quarante ans plus tard, on s'aperçut de la supercherie établie notamment par les dosages au fluor qui prouvèrent que la mâchoire inférieure et les dents avaient appartenues à un singe contemporain. Ces restes, préalablement limés et maquillés avaient été introduits volontairement dans le gisement. Il s'agissait donc d'un faux grossier !

Inversement, les vestiges exhumés à Glozel (Allier), de 1924 à 1928, semblant aller dans un sens opposé à l'évolutionnisme, alimentèrent rapidement des controverses qui se poursuivirent, au moins jusqu'en 1932, tandis que nombre de savants rejetèrent d'emblée ces trois mille cinq cents objets en les déclarant faux ou très récents (SERVIER. 1980. 32 sq.). Aujourd'hui, grâce – dans ce cas également – aux méthodes récentes de datation, on a pu établir qu'une très grande majorité de ces pièces étaient antérieures à 250 pCN., tandis que pour 27 objets de céramique les datations s'échelonnent de 700 aCN à 1749 de notre ère. La différence de l'accueil, initial et avant toute vérification sérieuse, réservé à l'Homme de Piltdown et aux trouvailles de Glozel prouve, à elle seule, combien l'évolutionnisme avait pénétré les mentalités des hommes de science et du grand public.

Pour comprendre la bienveillance générale dont l'évolutionnisme était l'objet, cela malgré les objections principalement religieuses, il faut ne pas perdre de vue que ce courant de pensée fondait également en science ce que l'Occident prétendait, surtout dans la seconde moitié du XIX$^{e}$ siècle, fonder en droit, à savoir une justification de la colonisation, alors en sa dernière phase d'expansion, reposant sur une hiérarchie des communautés humaines au-dessus desquelles figuraient les nations occidentales. Au bas de la hiérarchie, se rencontraient des êtres situés aux lisières de l'humanité et de l'animalité (SERVIER. 1980. 49 sq.).

Deux mouvements de pensée se dessinaient donc simultanément qui, tous deux, tendaient à accroître indûment l'écart entre les diverses communautés humaines, voire à interpréter en termes d'écarts hiérarchisés de simples différences, tout en atténuant la distance séparant l'animal de l'homme : d'une part, la distance entre les diverses communautés humaines était évaluée en termes de degrés d'évolution, d'autre part la rupture entre l'animal et l'homme n'était pas marquée. Les paléontologistes, par exemple, ne se préoccupaient guère du fait que la capacité crânienne soit demeurée, depuis la préhistoire jusqu'à l'homme contemporain, très longtemps identique (SERVIER. 1980. 46 sq.). Contrairement à ce que l'on a pensé, les "primitifs" ne sont pas non plus nos ancêtres contemporains, pas plus d'ailleurs qu'ils ne sont, inversement, les contemporains de nos ancêtres.

L'extrapolation de l'analyse anatomique dans le champ ethnologique fut cause de nombreuses méprises. Au début du XIXe siècle, CUVIER avait énoncé la loi de convergence qui lui permettait, au départ de quelques fragments de squelette, de reconstruire l'identité complète d'un animal. Tant que la paléontologie humaine se réduisit, comme au temps de DARWIN, aux données de l'anatomie comparée (PIVETEAU apud NOEL. 1982. 83 sq.), la loi de convergence put rendre service. Mais celle-ci ne pouvait fonctionner à propos de faits culturels matériels, car, comme le précise opportunément SERVIER (1980. 179), "l'outil n'est pas, dans une civilisation, ce que l'os est à un organisme vivant". Quant aux faits culturels immatériels, c'était céder à un anthropomorphisme naïf que de prétendre les aligner dans des séries évolutives marquées des signes d'une croissance continue de la préhistoire à l'Occident contemporain. Dès les premiers stades, l'Homme se caractérisa par ce besoin de transcendant, religieux, moral ou esthétique : les Acheuléens, que l'on situe au paléolithique inférieur, probablement entre *Homo erectus* et *Homo sapiens neandertalensis*, nous laissent déjà, dans la grotte du Lazaret (Alpes-Maritimes), le souvenir d'un loup pris comme animal totem, tandis que l'Homme de Néandertal déposait ses morts sur des lits de fleurs, disposait des cornes de chèvres sauvages sur les tombes et vouait un culte à l'ours pour lequel il préparait des sépultures durables (GRASSE. 1971. 251).

On admet aujourd'hui que quelle que soit l'origine de ce besoin de transcendance – développement du cerveau et latéralisation plus poussés que chez les Primates, complexification progressive de la vie sociale et enrichissement des technologies, élaboration d'un langage et rétroaction sur les autres facteurs évoqués, etc. –, il s'inscrit en parallèle aux nécessités des explications paléontologiques que soulèvent les difficiles et soudaines transitions, il y a environ 1.500.000 ans, d'*Homo habilis* en *Homo erectus*, à supposer bien entendu que le second procède du premier comme le pensent nombre d'auteurs, puis, bien plus tard, il y a environ deux cent mille ans, d'*Homo erectus* à *Homo sapiens*.

Avant d'en arriver à ce relatif consensus contemporain, le transformisme traversa une longue crise qui s'étendit de la fin du XIXe siècle, suite aux théories de WEISMANN, de MENDEL et de DE VRIES (dans les domaines de l'hérédité, "plasma germinatif" et lois de l'hérédité, théorie des mutations), jusqu'à la Seconde Guerre Mondiale. Cette crise fut suscitée de l'extérieur du transformisme par les tenants d'une certaine orthodoxie religieuse, tels CHEVALIER déjà évoqué plus haut, et cela bien après la Seconde Guerre Mondiale, trouvant fort à propos un appui à leur critique du darwinisme dans diverses théories complémentaires à ce dernier. Ainsi, pour CHEVALIER, il y aurait lieu, au moins, de rectifier le darwinisme à la lumière de la toute récente génétique, de tenir compte également de l'apparition discontinue des espèces, explicable par de brusques mutations, issues d'une variation germinale, provenant elle-même d'une *préadaptation* en laquelle réside la véritable sélection naturelle (1966. 356, citant les travaux de CUENOT). En sorte que, pour CHEVALIER, suivant sur ce point les biologistes R.A. FISHER et J. HUXLEY, il serait plus exact de parler d'*épigenèse* pour désigner la théorie darwinienne plutôt que d'*évolution* puisque cette théorie "trouve dans les développements de la théorie mendélienne de l'hérédité sa justification la plus valable" (1966. 354 n.1).

À l'inverse, dès la fin du XIXe siècle, les idées de DARWIN sont poussées à l'extrême dans le courant appelé ultra-darwiniste ou néo-darwiniste, notamment chez August WEISMANN et chez A.R. WALLACE, le savant qui avait découvert, en même temps que DARWIN, les fondements de l'évolutionnisme. Rejetant l'hypothèse lamarckienne de l'hérédité des caractères acquis, qu'ils considèrent comme impossible, ces deux auteurs centrent la théorie sur l'utilité d'un caractère, trait indispensable pour que fonctionne la sélection. L'utilité ne jouerait toutefois que négativement par l'élimination des organes nuisibles, tandis que les organes devenus inutiles subsisteraient (CAULLERY et TETRY. 1981. 548).

Une question restait cependant occultée : les modifications survenues au cours de l'évolution étaient-elles l'oeuvre de forces externes ou de forces internes ? Pouvait-on supposer, à l'instar du botaniste Karl NAEGELI, une sorte de force de progrès à l'oeuvre dans chaque espèce et dans chaque individu ? L'influence du milieu détermina, fin XIXe et début XXe, des variantes théoriques téléologiques telle que l'*orthogenèse* de Th. EIMER pour qui l'évolution s'accomplissait selon l'impact de forces externes (lumière, chaleur et nutrition), tandis que, pour le zoologiste D. ROSA, l'évolution était le résultat du travail de forces internes, conception qu'il exprima dans sa théorie appelée *ologenèse.*

Les courants issus du darwinisme connurent eux-mêmes une postérité. L'orthogenèse d'EIMER, conçue par son inventeur comme une force qui entraîne les êtres vivants, malgré eux, dans un mouvement continu et progressif (OSTOYA. 1951. 209), sera reprise, dépouillée de sa signification causale, pour exprimer le fait, observé dans certaines conditions, que les variations héréditaires s'additionnent dans la succession des générations. De même, les conceptions néo-darwiniennes de WEISMANN sur la non-hérédité de caractères acquis aboutirent, dans le courant de ce siècle, à ce qu'on appelle la "barrière de WEISMANN" qui suggère d'envisager le problème de la transmissibilité des caractères acquis plutôt comme un phénomène de filtrage du brouhaha des expériences ancestrales que comme un mur étanche (KOESTLER. 1972. 183).

Moins de radicalisme nous conduit, aujourd'hui, à ne plus considérer la sélection comme une entité intelligente, mais à y voir, selon l'expression de

GRASSE (1973. 226 sq.), la mort au travail. Comment interpréter autrement, pour nous qui, sur ce point, bénéficions d'une connaissance a posteriori, que la sélection n'a apparemment jamais empêché de nombreuses espèces de s'engager sur des voies conduisant à leur extinction, par exemple par l'hyperspécialisation ou par le développement exagéré de certains de leurs organes ?

Se basant sur l'analyse de l'évolution d'espèces aujourd'hui disparues, telles que les Rudistes, les Dinosauriens ou les Titanothères, GRAFFE (1973. 232 sq.) attire l'attention sur le fait, d'importance capitale, que l'extinction finale d'une espèce ne permet en aucune manière de préjuger de la cohérence et de la constance de son évolution antérieure. Sans doute observe-t-on, dans le cas des Dinosauriens, une hypertélie généralisée (on appelle ainsi un développement "excessif", "exagéré", dépassant son "but", définition appelant, bien entendu, des précisions délicates à apporter) : gigantisme de la taille, énormité et, en conséquence, fragilité des oeufs, petitesse du cerveau, etc., mais cette évolution n'apparaît pas comme aléatoire. S'il est impossible, en l'occurrence, de pouvoir diagnostiquer les causes de la disparition des Dinosauriens, on peut cependant admettre que l'exagération de nombre de leurs traits devait entraîner de graves difficultés d'adaptation. Malgré cela, ces espèces ont poursuivi un développement de plus en plus hypertélique, s'enfonçant toujours davantage dans un état de déséquilibre. Si celui-ci est le résultat de la sélection, alors il faut admettre que celle-ci peut oeuvrer également à l'encontre des intérêts majeurs d'une espèce. Si on sait que l'histoire des Dinosauriens fut longue, il faut se demander pourquoi la sélection darwinienne n'aurait pas fonctionné, question qui remettrait en cause le principe même de la sélection naturelle.

Voici quelques unes des grandes questions que souleva le darwinisme. Il est difficile de trancher dans chacun de ces débats où la composante idéologique semble au moins aussi importante que les aspects paléontologiques. On a vu que les questionnements fondamentaux pour toute société que la Renaissance avait osé formuler avaient, ensuite, été étouffés jusqu'à la fin du XVIII$^{e}$ siècle. On a souligné combien les nouvelles formulations avaient passé par le renouveau, à travers tout le dix-huitième siècle, des sciences du vivant. Il était, dès lors, sans doute inévitable que les sciences du vivant conservent jusqu'à nos jours cette composante idéologique liée aux circonstances qui ont permis l'avènement et le développement de ces sciences. Actuellement, la paléontologie tente de se libérer des traits idéologiques en se construisant essentiellement en dehors des théories darwiniennes (PIVETEAU apud NOEL. 1982. 89).

L'imbrication, particulièrement étroite, des sciences biologiques et des idéologies permet de mieux comprendre le fondement d'oppositions apparemment simplement scientifiques. En fait, la ligne de démarcation qui sépare les adversaires recoupe largement, bien que partiellement, d'autres oppositions : classicisme vs. romantisme et conservatisme vs. progressisme. Dans le domaine de l'histoire du vivant, l'évolutionnisme s'opposera au créationnisme ou au fixisme, chacun des deux courants s'exprimant d'ailleurs sous diverses formes, sans compter que, selon la discipline, telle tendance l'emportera ici, tandis que c'est la tendance opposée qui, à la même époque, l'emportera dans une autre branche. Ce décalage peut s'expliquer de plusieurs manières : tout d'abord, ce ne sont pas les mêmes savants qui pratiquent l'ensemble de ces disciplines; le recrutement, la mentalité, etc. peuvent être différents d'un secteur à un autre. Ensuite, les rapports de chaque discipline à l'idéologie varient également pour des raisons intrinsèques : à notre époque, par exemple, les rapports entre astrophysique et idéologie ne sont sans doute pas de même nature que les rapports entre génétique et idéologie. Quoi qu'il en soit, au début de l'époque contemporaine, l'opposition entre les catastrophistes, pour lesquels n'existaient que des événements singuliers, et les uniformitaristes, qui recherchaient des lois de détermination, s'atténuera au profit de la géologie, volontiers catastrophiste, et de la biologie au déterminisme triomphant (TINTANT. 1986. 186).

La paléontologie du XIXe siècle est à la recherche de lois, recherche commune à LAMARCK et à DARWIN, comme elle l'est dans d'autres secteurs chez SPENCER. Ce qui unit ces chercheurs, c'est la rupture qu'ils entendent marquer avec le créationnisme : DARWIN attachait d'ailleurs plus d'importance à la réfutation de cette théorie qu'à l'affirmation de sa propre théorie et particulièrement de la sélection naturelle (THUILLIER. 1972. 162). Il en allait évidemment de même dans le camp des fixistes ou des créationnistes.

On connaît le débat qui opposa, en 1860, Mgr Samuel WILBERFORCE, évêque d'Oxford, au biologiste Thomas HUXLEY. Après avoir épuisé les arguments scientifiques, Mgr WILBERFORCE se tourna vers son adversaire et lui demanda s'il descendait du singe par son grand-père ou par sa grand-mère. Lorsque ce fut le tour de HUXLEY de prendre la parole, il termina l'exposé de ses arguments scientifiques, puis il ajouta "Un homme n'a pas de raison d'être gêné d'avoir un singe pour grand-père ou grand-mère. Si j'avais à choisir un ancêtre, entre un singe et un universitaire ayant usé de sa logique pour induire en erreur un public mal préparé, pour opposer à des thèses non des arguments, mais la dérision, pour raisonner ainsi sur une grave question philosophique, nul doute que j'opterais d'emblée pour le singe", répartie qui lui valut les applaudissements de l'assemblée (Cité par LEAKEY et LEWIN. 1985. 31-32). Le clergé anglican se fit ainsi remarquer par sa violence antidarwinienne. Mais l'opposition ne vint pas uniquement de certains esprits religieux : la France notamment, indépendamment de questions religieuses, fut particulièrement lente à accepter le darwinisme (ROSTAND. 1978. 151) et on sait qu'aujourd'hui encore, mélangeant les prétextes religieux et idéologiques, certains États des États-Unis interdirent jusqu'en 1968 l'enseignement du transformisme, du darwinisme ou de l'évolutionnisme à l'intérieur de leurs frontières. On se souvient également de la prise de position récente de l'ex-Président REAGAN qui mettait sur le même pied – faute sans doute de pouvoir en interdire une ! – l'une et l'autre doctrine (RUFFIE. 1982. 626-627).

L'enjeu de ces conflits, répétons-le, était bien moins religieux qu'idéologique. Cela nous permet de comprendre pourquoi les adeptes du créationnisme se sont toujours partagés en deux camps, les créationnistes fixistes et les créationnistes évolutionnistes. Ces derniers comptèrent de tout grands noms, tels Saint AUGUSTIN dans l'Antiquité, NEEDHAM au XVIIIe siècle ou TEILHARD de CHARDIN à notre époque (ROGER. 1978. 253). Il y a donc confusion entre religion et science chez ceux qui s'obstinent à lier *formellement* la dernière à la première.

Déjà, dans leur *Apologétique* (1939. 1220 sq.), BRILLANT et NEDONCELLE rappelaient qu'il ne peut y avoir de conflit entre l'évolutionnisme et le créationnisme, car les deux théories se rapportent à des domaines différents et qu'il semble, au surplus, que "le catholique puisse se contenter d'affirmer une intervention spéciale de Dieu à l'origine du corps humain", puisque "l'Église n'impose aucune doctrine précise concernant la nature et la portée de cette intervention divine". Ceci est une position libérale, surtout pour l'époque : inversement, TEILHARD de CHARDIN connut de graves difficultés avec l'institution ecclésiastique bien que ses théories se soient inscrites dans le droit fil de ces conceptions. Quelques années plus tôt, dans un autre ouvrage d'apologétique, de SINETY (1922. 1844, 1846-1847), après avoir exposé le "transformisme anthropologique restreint", reconnaissait que l'autorité catholique suprême n'avait pas écarté, définitivement, ni explicitement, ni même implicitement, cette hypothèse selon laquelle, si l'âme fut créée immédiatement par Dieu, le corps serait le produit d'une "évolution *naturelle* et *spontanée* d'une souche animale sans que l'Auteur de la nature soit intervenu d'une manière spéciale pour le modifier" (1922. 1844). Cet auteur estimait néanmoins que l'attitude de l'Église envers cette théorie montrait combien peu elle était appréciée, et il concluait finalement qu'il fallait, pour "des motifs d'ordre théologique", rejeter toute forme de transformisme.

Le véritable débat porte plutôt, non sur des questions religieuses, mais bien sur l'éventuelle possibilité de fonder les sciences morales, sociales et politiques, sur des bases biologiques. Il s'agit, en fait et d'une manière très générale, non seulement d'apprécier in se les arguments d'ordre scientifique, mais encore d'en mesurer les conséquences, d'en prévoir la portée, tout en prenant conscience des raisons extra-scientifiques qui militent pour ou contre la thèse en discussion, surtout lorsqu'il est débattu d'hypothèses "idéologiquement chaudes", c'est-à-dire de questions à propos desquelles un clivage social se marque. L'entreprise de biologisation de la morale (JACOB. 1981. 47 sq.), quant à elle, s'enracine dans l'idéologie des Lumières, s'épanouit au XIXe siècle et s'exprime encore, de nos jours, notamment en sociobiologie. Le darwinisme, comme d'autres courants évolutionnistes, a souvent servi d'argument à des idéologies fort variées et le succès de l'évolutionnisme en dehors de la biologie souligne bien le poids idéologique de cette théorie (THUILLIER. 1972. 165 sq.).

En fait, c'est progressivement l'ensemble des champs de la connaissance humaine (BOUNOURE. 1957. 49) que l'évolutionnisme a envahi sous une forme ou sous une autre. Un tel succès ne peut s'expliquer uniquement par des raisons d'ordre scientifique : il faut en chercher les causes précisément dans des motifs d'ordre sociologique (VON BERTALANFY apud KOESTLER. 1972. 180). Si, en principe, le concept d'*évolution* reste neutre par rapport à des notions telles que celles de *progrès* ou de *décadence*, l'étude des théories évolutionnistes montre combien est forte la tendance à supposer un progrès continu de l'humanité (THUILLIER. 1972. 150, 158 sq.) et à disposer des événements, même hétéroclites, sur une linéarité et dans une successivité non-aléatoire.

Peut-être faut-il supposer des causes très générales à cette tendance constante ? On évoquerait alors le bénéfice immédiat que l'être humain peut, en première instance, tirer d'une conception déterministe de l'histoire, puisque le déterminisme s'accompagne nécessairement de l'idée d'une diminution corrélative de la responsabilité. D'autre part, il semblerait également qu'on se débarrasserait d'autant plus aisément de cette dernière que le déterminisme évolutif conduise de toute manière l'humanité sur un chemin de progrès incessants...

## Une théorie hypothétique

Que le darwinisme, et l'évolutionnisme en général, soit une théorie hypothétique ne faisait guère de doute, même pour DARWIN qui reconnaissait sincèrement le caractère spéculatif de ses conceptions (DOBZHANSKY. 1966. 9). On vient de souligner combien l'évolutionnisme représentait une théorie idéologiquement chaude et si "personne ne peut séparer de façon nette et certaine ce qui est fait, ce qui est interprétation, ce qui est hypothèse et ce qui est spéculation" (YOUNG cité par THUILLIER. 1972. 164), cette difficulté est particulièrement remarquable dans les théories évolutionnistes.

Aujourd'hui, si la description de l'évolution est, dans ses grands traits, acceptée par tous, son interprétation reste cependant largement sujette à controverses. Il y a vingt-cinq ans environ, la théorie synthétique, représentante contemporaine du darwinisme, semblait avoir atteint la perfection scientifique en combinant harmonieusement la sélection naturelle, le jeu de l'environnement, les variations aléatoires de la structure génétique. Cette théorie fut brutalement remise en cause en 1972 par une autre vision de l'évolution, inspirée tout autant du darwinisme, mais représentant l'évolution comme discontinue et imprévisible, avec de brusques changements entrecoupés de longues phases de stabilité. À la succession de cycles géologiques mue par une logique interne se substituait une histoire linéaire, irréversible, marquée d'événements uniques largement imprévisibles (TINTANT. 1986. 185 sq.).

Le modèle évolutionniste admis auparavant est remis radicalement en cause. On supposait, en effet, que tous les caractères évoluaient à la même vitesse; on croyait, depuis le siècle dernier, que l'ontogenèse reproduisait, au moins partiellement, la phylogenèse, on imaginait que les lignées évoluaient de manière orthogénétique; on pensait que l'évolution se développait, linéairement, en passant du simple au plus complexe. On constate, aujourd'hui, qu'il s'agit-là de simples hypothèses (TINTANT. 1984. 581) et que le passage du simple constat à l'explication scientifique se produit souvent en terrain de plus en plus glissant (LEROI-GOURHAN. 1982. 163). Dans un autre domaine, nous avions déjà attiré l'attention des linguistes, en 1972, sur le fait que la cohérence, la régularité et la simplicité des langues reconstruites n'étaient qu'illusions dues à la nature de la méthode comparative utilisée dans la reconstruction de la protolangue (repris dans JUCQUOIS. 1975. 97 sq.).

Paradoxalement, le déterminisme darwinien suppose une passivité totale des gènes et, selon l'expression de GRASSE, "des Himalayas de hasards", si bien que les darwiniens se révèlent incapables de répondre à l'objection qui leur est faite de la probabilité extrêmement faible de la survenance de plusieurs mutations, non seulement simultanées, mais encore ajustées parfaitement les unes aux autres (1973. 255, 273 sq.). Ce que l'on connaît aujourd'hui encore de la génétique et de la sélection naturelle, bien que les progrès des dernières années aient été impressionnants, ne permet toujours pas de rendre compte de l'évolution telle qu'on l'imagine et l'expression imagée que KOESTLER proposait à ses lecteurs en 1972 reste d'actualité : le rapport entre ce que l'on sait de l'évolution et ce qui reste à expliquer des organismes vivants nous met dans la situation de celui qui prétendrait vouloir bâtir une maison en jetant des briques au hasard (1972. 179).

Les derniers développements de la science mettent en lumière l'existence de modalités statistiquement plus ou moins fréquentes, c'est-à-dire également d'exceptions plus ou moins nombreuses, qui constituent les "lois de la paléontologie". Ce qui apparaît comme le plus certain, la loi dominante, c'est l'imprévisibilité et, en conséquence, la non-répétabilité de l'évolution marquée ainsi du signe de la singularité (TINTANT. 1986. 187). Au lieu de travailler avec un système de preuves analogue à celui des sciences expérimentales, la paléontologie doit fonctionner avec ce qu'on appellera plutôt des "preuves par accumulation" (de RICQLES. 1982. 71). Finalement, l'origine commune de l'Homme et des Primates, bien que de plus en plus vraisemblable, reste une hypothèse, l'explication par des mutations demeurant, selon les termes de SERVIER (1980. 49), aussi invérifiable qu'un mystère religieux.

Le travail du temps a fait que la théorie paléontologique est progressivement devenue moins dogmatique. Certains scandales contribuèrent également à ce que les savants se montrent plus tolérants les uns envers les autres. KOESTLER (1972. 173) a remis dans les mémoires l'Affaire KAMMERER qui avait délivré le darwinisme de stricte observance de toute remise en question sur base de l'hérédité des caractères acquis. Les expériences de KAMMERER, auquel s'opposa violemment BATESON, furent traitées de supercheries ce qui conduisit peu à peu leur auteur au suicide. Il ne s'agissait pourtant pas de réhabiliter LAMARCK, mais simplement de mettre en évidence certains éléments du lamarckisme dont la science contemporaine aurait pu tirer profit. On a évoqué, plus haut, le cas de l'Homme de Piltdown où, à l'inverse, la supercherie ne fut découverte que bien tardivement.

D'autre part, on prend aussi conscience de l'importance du hasard en paléontologie. Si le processus de fossilisation est, en lui-même, relativement peu fréquent, la rareté des découvertes est encore accrue par la destruction, tant par la nature que par l'homme, de nombreux fossiles très anciens (CARLES. 1970. 32 sq.).

Enfin, la réflexion méthodologique met en lumière que la classification des espèces en genres, puis en groupements d'extension plus vaste, obéit à deux types de préoccupations bien différentes : une fonction utilitaire ou opératoire en regard d'une fonction à valeur cognitive qui exprime "la continuité de l'information historique que représente l'évolution des lignées" (TINTANT. 1984. 571). Pour que la seconde fonction puisse être exercée, il est nécessaire que les organismes à classer aient conservé de leur filiation historique suffisamment de traits pour que la phylogenèse puisse être reconstituée avec suffisamment de probabilité. Dans cette hypothèse, la classification reflète cette connaissance qu'elle enrichit encore des connaissances apportées par la classification des autres espèces apparentées. La classification utilitaire ou opératoire débouche sur des *genres morphologiques* qui reposent sur des critères de similitude, tandis que la classification basée sur les informations historiques aboutit à des *genres phylogénétiques* exprimant des relations de parenté génétique.

L'histoire de la paléontologie met en évidence le passage d'une notion de genre de la similitude morphologique à la parenté génétique, évolution qui n'est pas sans rappeler celle de la notion d'espèce au sens de l'espèce typologique, encore en usage à la fin du XVIIIe siècle, à celui d'espèce biologique, dans le courant du XIXe siècle, avec le passage d'une notion close et structurale, strictement typologique et donc non-évolutive, à une notion ouverte, relationnelle, exclusivement génétique (TINTANT. 1984. 581). Les modifications profondes de la théorie de l'évolution du vivant, du XIXe siècle à nos jours, s'expriment aussi à travers le foisonnement de théories différentes, voire opposées, enracinées dans le lamarckisme ou le darwinisme du siècle dernier. La théorie synthétique elle-même n'aura guère survécu davantage puisqu'elle est fondamentalement remise en cause à travers la critique qui atteint les concepts de base de cette théorie (CHALINE. 1987. 158).

### Pistes pour l'avenir

Les critiques envers le darwinisme ont permis de mieux percevoir certains aspects de l'évolution biologique. Un des points qui demeurent les plus controversés est le rôle de ce qu'il faut bien appeler, faute de mieux, le *hasard* dans l'évolution. Au siècle dernier, les néo-lamarckiens français reprochaient déjà à DARWIN que sa théorie ne fût ni causale, ni déterministe, en ce sens que les solutions adoptées par la Nature paraissaient, pour originales qu'elles fussent *a posteriori*, totalement imprévisibles et qu'aucune loi générale ne pouvait être déduite de faits évolutifs semblant, chacun pris isolément, singuliers (TINTANT.

1986. 187). Inutile de préciser que ces critiques furent relayées aussi par les partisans d'une intelligence créatrice, fût-elle sous-jacente à une évolution biologique, qui rappellent que DARWIN lui-même en admettait l'existence (par ex. J. CHEVALIER. 1966. 358 sq.).

Les interrogations portent donc sur les notions de hasard et de finalité dans le contexte des sciences du vivant. À cet égard, on reconnaît aujourd'hui que la notion de *sélection naturelle*, reprise à MALTHUS et chère à DARWIN, ne peut constituer une véritable explication puisque, malgré les recherches, peu de faits viennent la conforter. Dans cette reprise conceptuelle, DARWIN aurait d'ailleurs commis une erreur, car la notion de *sélection naturelle* concerne davantage les faits démographiques, les répartitions, le peuplement, que l'évolution biologique.

D'autre part, toujours dans l'optique du darwinisme, il devenait impossible d'assigner aux êtres vivants une finalité immanente – hypothèse qui aurait pu sortir DARWIN de l'impasse théorique ! – puisque l'individu y est, du point de vue évolutif, passif. Cependant, le finalisme et la transcendance que le darwinisme refusait sont réintroduits, mal à propos, dans le concept de sélection naturelle (GRASSE. 1973. 218 sq., 280 sq., 285 sq.). Reconnaissons néanmoins que DARWIN, s'il a repris à ses prédécesseurs la notion cardinale de sélection naturelle, en a profondément modifié le sens. Jusqu'à lui, en effet, la sélection naturelle agissait en éliminant; il introduit l'idée d'une sélection novatrice, d'une sélection créatrice (BOCQUET. 1978. 343). Ajoutons encore que la sélection ne peut porter que sur ce qui est utile et contingent, mais, bien entendu, pas sur ce qui est nécessaire, ainsi que le remarque GRASSE (1973. 287 sq.).

Si, à l'instar de ce dernier (1973. 278), on tente de définir la vie comme la "finalisation d'un système physico-chimique complexe et architecturé", il y a lieu de reconnaître une *finalité immanente*, propriété intrinsèque des êtres vivants, et qu'il faut soigneusement distinguer d'une éventuelle *finalité transcendante* qui n'est certainement pas du ressort de l'homme de science. C'est à la première qu'il faut rattacher les tendances à la conservation de la vie et à sa propagation, universellement à l'oeuvre dans le monde du vivant (GRASSE. 1973. 279).

L'innovation biologique a, pour point de départ, l'acquisition de nouveaux gènes. Ce processus comprend trois phases : "la formation de la nouvelle séquence significative de codons", puis "la formation de l'enzyme spécifique animatrice du nouveau gène", et enfin "la localisation adéquate de ladite enzyme, conséquence de la différenciation cellulaire" (GRASSE. 1973. 398 sq.). On peut donc affirmer que la mutation mendélienne, allélomorphique, n'intervient pour rien dans l'évolution biologique. Il semble que ce travail génétique ne puisse s'accomplir que lentement, à travers de nombreuses générations. Il importe donc de supposer un mécanisme autre qu'aléatoire et simplement mutatif pour tenter d'expliquer l'évolution. C'est ce que comprennent de nos jours aussi bien les darwiniens réformateurs que les biologistes de tendance lamarckienne, puisque les uns et les autres recourent à des facteurs internes (GRASSE. 1973. 401). L'écologie, enfin, attire l'attention sur l'importance des facteurs externes et complète utilement les données de la biologie en permettant de dégager les stratégies démographiques et cénotiques de populations face à la sélection naturelle (de RICQLES. 1982. 69).

Il y a une vingtaine d'années, au moment où la théorie synthétique était remise en cause, le grand biologiste français GRASSE donnait quelques conseils utiles aux chercheurs qui se vouaient à l'étude de l'évolution biologique. Après avoir constaté l'impossibilité, pour un seul savant, de maîtriser, déjà à l'époque, l'ensemble des compétences nécessaires à la compréhension des phénomènes évolutifs, GRASSE recommandait de dissocier la logique évolutive de celle que nous déployons pour la comprendre. Le document paléontologique étant le seul support scientifique, il importe de prendre en compte ses lacunes et de ne pas présenter des hypothèses comme des certitudes (1973. 10, 17 sq.).

Déjà ARAMBOURG (1943. 7) affirmait qu'"aujourd'hui, le transformisme ne se discut<ait> plus", et il ajoutait que "les controverses ne port<ai>ent plus que sur son mécanisme et sur ses causes". Un accord semble, en effet, se préciser depuis quelques décennies sur le *fait* de l'évolution, le *comment* du phénomène reste encore inexpliqué à beaucoup d'égards. On appréciera la modestie de DARWIN sur ce point quand on saura que le rôle de la sélection naturelle demeure encore obscur, sinon controversé. Le problème est rendu encore plus délicat du fait de l'exportation rapide et pas toujours dûment contrôlée de la théorie évolutionniste dans divers champs de recherche. Cette expansion conceptuelle fausse éventuellement la problématique biologique, et cela d'autant plus que la notion d'évolution est indissolublement liée, dans les mentalités occidentales, à une idéologie du progrès et de la croissance. Dans ce contexte, le recours à la notion de *hasard* comme principe explicatif se présente un peu comme un avatar athée de la Providence, alors que le problème reste évidemment celui de la découverte des lois du vivant.

Le déclin de la paléontologie en tant que science-pilote se marque cependant dans le fait que, dorénavant, cette discipline devient importatrice de données et de concepts, alors qu'elle était, jusqu'il n'y a guère, exportatrice. Le modèle évolutionniste, dans ses versions antérieures, reposait implicitement sur des conceptions du temps issues de la physique classique. Jusqu'à EINSTEIN, en effet, le temps est, en quelque sorte, un éternel présent, simple point sur un vecteur, ce qui lui assure, dans la linéarité, réversibilité et prévisibilité.

La physique contemporaine s'est débarrassée de ce système classique éminemment réductionniste. Cette nouvelle science-pilote a introduit, au contraire, la dimension d'imprévisibilité ouvrant, selon l'expression de PRIGOGINE et STENGERS (cités par TINTANT. 1986. 187), le dialogue entre les chercheurs et une "nature qui ne peut être dominée, mais seulement explorée", dialogue aussi avec "un monde ouvert". On est passé ainsi d'un *temps vide*, dont le déroulement serait prédéterminé et ordonné, à un *temps plein*, fertile en événements. Passage d'un temps immobile à un temps historique, caractéristique qui démarque également – on l'a signalé antérieurement – le temps historien dans son changement de l'Ancien Régime à l'époque contemporaine.

L'histoire, sinon science-pilote contemporaine, du moins science à la mode, introduit dans les sciences, et particulièrement dans les sciences du vivant, l'altérité, la diversité, la différence, la nouveauté et le changement, là où la curiosité de la science classique s'adressait au même, à l'universel, au semblable, au permanent et au stable. Deux méthodologies complémentaires caractérisent donc toujours davantage l'épistémologie générale : l'attention se porte toujours sur le sériel, déterministe et réductionniste, et sur l'événementiel, singulier et partant non-reproductible. Le dosage de chacune de ces méthodologies varie selon le degré d'individualité de l'objet de la science, le rôle du sériel sera sans doute plus important lorsqu'il s'agit de physique nucléaire, inversement le rôle de l'événementiel croîtra avec l'individualité et l'originalité des individus.

Il en découle que le déterminisme devient une simple exigence méthodologique, légitime dans la recherche d'explications causales, mais qui perdra ce caractère lorsqu'on devra prendre en compte principalement le singulier et l'événementiel, diminuant d'autant la prévisibilité d'un phénomène sans qu'il cesse, par là, d'être un fait scientifique (TINTANT. 1986. 189). Cette révolution épistémologique, issue de la physique relativiste, ne place pas la paléontologie dans une position où cette science pourrait, comme au XIXe siècle, fonctionner encore comme science-modèle et ceci explique son déclin depuis quelques décennies. Par contre, parmi les nombreuses prédictions sur le XXIe siècle, celle formulée, il y a près de vingt ans, par GRASSE (1971. 272, 274 sq.), et qui ferait du siècle à venir celui de la biologie, a de fortes chances de se réaliser. Cette science a pu, sans doute mieux qu'aucune autre, réaliser la synthèse entre les deux courants épistémologiques caractéristiques de notre époque, le sériel et l'événementiel. Enfin, il est piquant de constater que si les sciences de la nature s'ouvrent ainsi à l'événementiel, à l'inverse, l'histoire, science événementielle par excellence, s'ouvre elle au sériel.

# TITRE 6 – LE DÉVELOPPEMENT BIOLOGIQUE

# CHAPITRE 15 – L'EMBRYOLOGIE OU LES PROMESSES DE LA VIE

*Fécondation et mentalités. Les premières théories. Le XIX^e siècle. La théorie de la récapitulation et le comparatisme. L'embryologie expérimentale.*

## Fécondation et mentalités

La grande question du changement du vivant que commence à poser le XVIII^e siècle devait aboutir, vers le milieu de ce même siècle, à la création d'une nouvelle science, l'embryologie (le terme apparaît en 1753) dont le propos est l'étude du processus qui va de la cellule initiale, l'oeuf, jusqu'à l'achèvement d'un nouvel organisme.

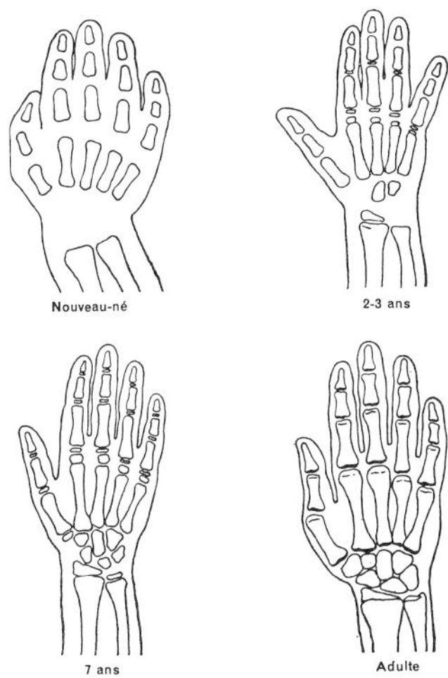


Maturation osseuse de la main humaine avec l'apparition et la mise en place des os du poignet (d'après TOMKIEWICZ. 1974. 177).

La question n'était évidemment pas neuve et, en fait, elle devait se poser sous deux formes : ou bien elle concernait le processus de fécondation et les premiers développements foetaux de l'organisme, ou bien, en un sens plus large, elle s'appliquait aux processus développementaux jusqu'à ce que l'individu atteigne l'âge adulte et soit donc complètement formé. C'est bien entendu sous la première de ces formes que l'interrogation s'est formulée et, à l'époque contemporaine encore, que l'embryologie s'est élaborée. Si on admet que les délimitations qu'une science en voie de constitution se donne dépendent largement des conceptions et des mentalités sous-jacentes, on comprendra pourquoi, baignant dans la mentalité dominante du dix-neuvième siècle où la question des origines interpellait tout chercheur, c'est le stade initial du développement qui a intéressé les embryologistes alors que les stades terminaux ne concernaient plus leur discipline.

Comment la question des processus de fécondation s'est-elle posée à travers l'histoire ? Divers peuples de l'Antiquité nous ont laissé le souvenir de leurs idées dans le domaine de l'origine et de la nature de l'embryon : pour certains, tels les Lydiens, les Germains ou les Arabes, c'était la mère seule qui donnait la vie à l'enfant, pour d'autres, comme sans doute dans la Grèce archaïque et encore chez ESCHYLE et EURIPIDE (DOLLANDER. 1973. 23), c'était le père, pour d'autres encore, ainsi chez les Hébreux, c'étaient les deux parents conjointement.

La science grecque délibère longuement sur la nature du sperme, constitué pour ARISTOTE par du sang très pur, pour d'autres dont l'école d'HIPPOCRATE par un extrait de toutes les parties du corps dont le mélange se coagulerait dans la matrice, d'où des divergences également dans le rôle attribué, par les uns et par les autres, au père et à la mère. Au IVe siècle aCN, HEROPHILE découvre par des dissections les glandes génitales féminines et les trompes utérines. Au IIe siècle de notre ère, GALIEN refaisant ces découvertes précisera la notion de *gonades*, glandes sexuelles mâle et femelle.

Ensuite plus aucun progrès dans notre connaissance embryologique ne surviendra jusqu'au XVIe siècle où, VESALE puis, peu après, FALLOPE remarqueront les vésicules que renferment les gonades féminines dont la signification ne sera toutefois élucidée qu'au XVIIe siècle. D'ailleurs, encore dans la première partie du XVIIIe siècle, sinon plus tard, nombre de savants reculent devant les exigences de la méthode scientifique et préfèrent majoritairement, selon les termes de GUYENOT (1957. 299 sq.), "s'incliner devant l'incompréhensible", voire, comme VALLISNIERI (1661-1730), s'émerveiller devant la création simultanée de générations emboîtées les unes dans les autres jusqu'à la fin des temps et y voir une preuve de "l'incompréhensible sagesse du Très-Haut" (Cité par GUYENOT).

## Les premières théories

Durant le XVIIe siècle et à travers tout le XVIIIe siècle, deux théories s'opposeront (THEODORIDES. 1984. 55) : la théorie de la préformation qui l'emportera longtemps et la théorie de l'épigenèse qui, avec des variantes, s'imposera finalement. Selon la première de ces théories, l'organisme préexiste au complet dans le germe. Ses partisans, s'inspirant notamment des travaux de MALPIGHI (1628-1694), se subdivisent en deux camps selon qu'ils se considèrent comme *ovistes* ou comme *animalculistes* (ou *homonculistes* pour l'homme). Ils admettent respectivement que l'oeuf ou le spermatozoïde contient, à l'état de miniature, un organisme *complètement formé* dont le développement ultérieur ne serait, en quelque sorte, qu'une mise à dimensions standards. Il importe de préciser qu'avant l'époque des observations microscopiques les recherches embryologiques portaient essentiellement sur des embryons avortés, ayant atteint un stade de développement assez avancé pour que l'hypothèse de la préformation s'imposât d'elle-même (ANTHOUARD et SITBON. 1973. 233).

Dès les années 1760 et suivantes, HALLER suivi par Ch. BONNET montrent que tous les phénomènes signalés auparavant par C.F. WOLFF peuvent être interprétés autrement que comme une genèse progressive ou *formatio* de l'organisme. On peut concevoir, proposent ces savants, une *manifestation progressive* (par agrandissement, solidification, opacification, etc.) de réalités qui étaient d'abord inapparentes (CANGUILHEM et al. 1985. 7).

Mais avant d'en arriver à cette conception, les deux théories préformationnistes citées, l'ovisme et l'animalculisme, vont exercer une suprématie scientifique incontestée au moins jusque vers 1750. La théorie oviste remonte à l'ouvrage publié en 1672 par Reinier DE GRAAF (1641-1673) *Nouveau traité des organes génitaux de la femme* dans lequel il est affirmé que tous les animaux, y compris l'homme, "tirent leur origine d'un oeuf... qui existe avant le coït dans les testicules des femelles" (et non d'un oeuf qui se formerait dans la matrice comme le pensait ARISTOTE dans l'Antiquité ou, d'une façon différente, HARVEY en ce même XVII^e^ siècle). Bien que l'analyse qu'il a fait des follicules auxquels on donnera son nom l'ait conduit à les prendre eux-mêmes pour des oeufs qui seraient fécondés par l'*aura seminalis* ou vapeur éthérée du sperme, il faut cependant souligner le génie de cet auteur menant à bien ses recherches sans l'aide du microscope (que son contemporain LEEUWENHOEK allait mettre au point), mettant en évidence des réalités qu'il était possible d'observer depuis l'Antiquité (DARMON. 1981. 52).

Selon la théorie oviste, l'oeuf seul contient le germe et les spermatozoïdes, visibles au microscope dès la fin du XVII^e^ siècle et décrits par LEEUWENHOEK avec beaucoup de précision en 1677, ne peuvent donc être que des parasites du sperme dont le seul rôle serait de réveiller ou de faciliter le réveil du germe contenu dans l'oeuf. D'ailleurs, la découverte que fera Charles BONNET en 1740 de la parthénogenèse des pucerons prouvera, dans cette perspective, que la nature peut même se passer de ce stimulant (DOLLANDER. 1973. 26). Cet auteur estime que les êtres organisés existent sous forme de germes dès avant leur naissance. Le germe serait un être ratatiné sur lui-même et qui, sous l'action des sucs que contiendrait la semence mâle, se déploierait et prendrait son plein développement.

Les objections à la théorie oviste proviennent alors essentiellement de ceux qui refusent d'admettre une conception qui ferait la part trop belle à la femme dans le processus de procréation : on évoqua ainsi de prétendus arguments religieux, ou la dignité de la femme réduite au rang d'une poule comme ironisait VOLTAIRE, ou encore la dignité de l'homme, etc. (DARMON. 1981. 53 sq.). Malgré cela, parut à Genève en 1785 l'édition française de l'ouvrage de SPALLANZANI, pourtant excellent observateur scientifique, *Expériences pour servir à l'histoire de la génération des animaux et des plantes*, une confirmation de la théorie oviste. Selon cet auteur, en effet, l'oeuf de grenouille évolue en têtard parce que ce dernier est déjà présent totalement, comme recroquevillé, dans l'oeuf. Étendant ses remarques, il poursuit en affirmant que les foetus "sont dans les ovaires des femelles au moins une année avant qu'ils servent à la génération" (Cité par GUYENOT. 1957. 259).

Cette dernière remarque de SPALLANZANI constitue une transition permettant d'aborder l'autre théorie préformationniste, l'animalculisme. Comme on l'a noté plus haut, en 1677, le jeune Louis de HAM montre au célèbre LEEUWENHOEK ces *animalcules* auxquels on donne encore d'autres noms avant de les dénommer, plus tard, spermatozoïdes. Ils connaissent aussitôt un grand succès puisque "pétillants de vie, ils détrônent l'oeuf inerte" (DARMON. 1981. 57) et nombreux sont ceux qui y voient l'origine des animaux et évidemment de l'homme, restaurant le prestige du mâle, véritable procréateur.

Sans doute faut-il attribuer à l'émerveillement des premiers regards découvrant, grâce au microscope, les spermatozoïdes animés des mouvements vifs de leur flagelle les fantaisies débridées qui s'emparent alors des plus grands esprits. On imagine alors les spermatozoïdes doués d'une vie que le même LEEUWENHOEK s'évertue d'observer. C'est ainsi qu'il croit distinguer, dans ces animalcules, non seulement deux sexes, mais encore des catégories d'âge : les adultes ont une queue, les jeunes pas encore, une vie amoureuse avec une saison des amours et des accouplements, suivis bien entendu de grossesses et de mises à bas, avec des petits qui s'accrochent par grappes à la queue de leur mère.

L'imagination délirante des savants, principalement dans le dernier quart du XVII^e^ siècle, ne parvient pas à laisser les braves animalcules en paix surtout lorsqu'ils décrivent la rencontre de l'oeuf et des spermatozoïdes. BOERHAAVE (1668-1738) explique que les animalcules, parvenus à l'entrée des trompes de FALLOPE, entrent en guerre les uns contre les autres. DARMON (1981. 63 sq.) nous rapporte cette scène épique : "le plus fort, après avoir jonché de cadavres le champ de bataille, 'tout glorieux de son triomphe et resté seul pour en jouir', emprunte la trompe et va détacher l'oeuf qu'il conduit dans la matrice"; parfois les choses se passent moins simplement, ainsi, lorsque "deux survivants pénètrent en force dans l'oeuf, se fâchent et se livrent un combat singulier. Le vainqueur expulse le cadavre de son malheureux concurrent. Mais lui-même n'est pas sorti indemne de la bataille. C'est ainsi que se forment des foetus 'borgnes, estropiés, mutilés qui, arrivés à terme, donnent des monstres".

Si les savants imaginent ces conflits entre animalcules, c'est sans doute aussi parce qu'ils les conçoivent comme des adultes en miniature, de la même manière d'ailleurs qu'à l'époque l'enfant était, lui aussi, perçu comme un adulte en miniature. Le spermatozoïde renfermerait, en minuscule, un être vivant, complet et formé, en réduction. Ce petit adulte, plein de vie, agressif, représente pour les animalculistes le germe qui, chez les ovipares, pénètre dans l'oeuf à la recherche de la nourriture nécessaire à son développement, tandis que chez les vivipares il se développera, selon les uns, dans la matrice, ou, selon les autres, d'abord dans l'oeuf dont il se nourrira.

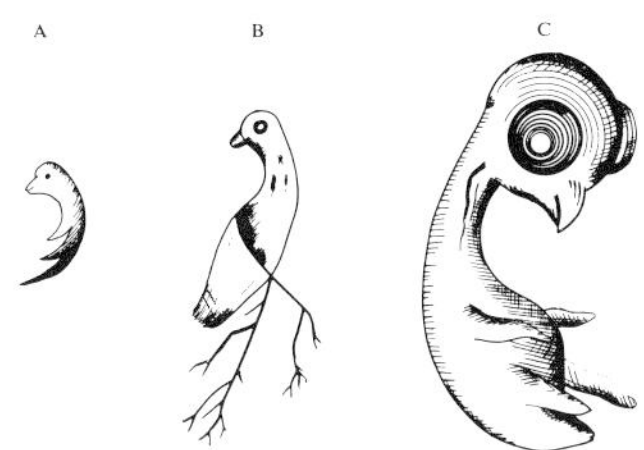


Embryons de Poulet à des très jeunes stades (a et b) tels que pensait les observer Fabricius d'AQUAPENDENTE au XVIIe s. et tel qu'il le vit en réalité à un stade plus avancé (c) (d'après DOLLANDER. 1973. 29).

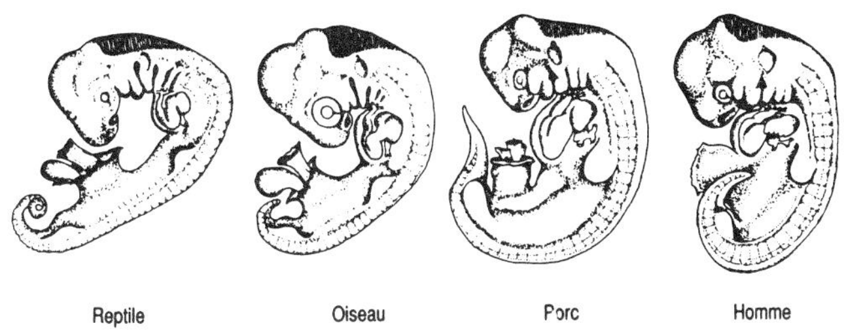


Embryons de vertébrés au même stade de développement (d'après PATTEN. 1922, reproduit dans VERRON. 1989. 103).

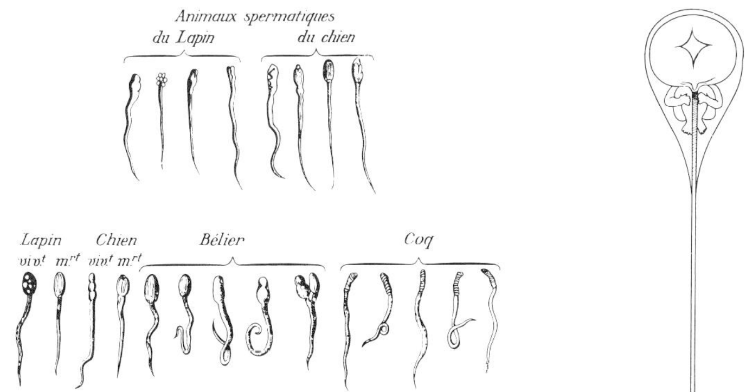


À gauche : dessins de spermatozoïdes par LEEUWENHOEK; à droite : spermatozoïde observé et interprété par HARTSOEKER (XVIIe s.) avec un bébé en miniature à l'intérieur (repris à DOLLANDER. 1973. 25 et 29).

En terminant le premier paragraphe de ce chapitre, on a signalé l'émerveillement de VALLISNIERI devant ces générations emboîtées les unes dans les autres, depuis la création et jusqu'à la fin des temps. Ce savant n'était pas le seul à défendre ces conceptions, d'autres préformistes, en effet, ainsi HALLER et BONNET, au XVIIIe siècle, pensaient que chaque gamète, ovule ou spermatozoïde contiendrait un individu en miniature lequel contiendrait à son tour les gamètes qui renfermeraient de la même manière les gamètes des générations suivantes (CHAUVIN. 1973. 592, et ici infra).

La théorie de l'emboîtement des germes semblait confirmer le récit biblique de la création puisque, d'après celui-ci, Dieu se serait arrêté de créer après six jours. Les générations successives ne pouvaient donc être que de simples reproductions invariables ou le développement et l'agrandissement d'êtres préexistants. Chaque être existe ainsi depuis la création du monde, c'est ce qu'écrit, au XVIIe siècle, l'Abbé SENNEBIER : "il n'y a point d'hommes, point d'animaux, de plantes, d'animalcules d'infusion qui n'aient existé, je dirai presque vécu depuis six mille ans" (cité par DARMON. 1981. 79). Les "infinitovistes", selon l'expression heureuse de Michel Procope COUTEAU, imaginaient une longue suite d'emboîtements depuis la création jusqu'à la fin des temps. Comme le pense SWAMMERDAM (1637-1680), cette suite devait être déterminable puisqu'elle avait un commencement et une fin. On pouvait donc aussi calculer le nombre des hommes à tout moment sur la terre et calculer, sachant la durée moyenne d'une génération d'environ 30 ans, la population sur terre en 1770, soit, selon HALLER, un milliard d'habitants. Le même auteur calcule que deux cents milliards d'êtres humains, emboîtés les uns dans les autres, devaient être lovés dans les ovaires d'ÈVE ! Quant à BONNET (1720-1793), il voit dans sa découverte de la parthénogenèse des pucerons la preuve de la théorie de l'emboîtement.

Il est juste de reconnaître, toutefois, que, vers la fin du XVIIIe siècle, certains savants combattirent cette théorie, ainsi HARTSOEKER ou BUFFON qui, reprenant les armes d'un HALLER, prouvèrent, chiffres à l'appui, l'absurdité de ces conceptions.

Plus proche de nos vues contemporaines est la théorie de l'épigenèse selon laquelle les cellules sexuelles ne contiennent aucun organisme ou même aucun organe préformé. Le germe, dont la structure est relativement simple, s'édifierait de manière progressive, les divers organes apparaissant d'abord sous la forme d'ébauches simples, devenant ensuite plus complexes (ANTHOUARD et SITBON. 1973. 233 sq.). L'idée n'était pas totalement nouvelle puisqu'ARISTOTE déjà soutenait que l'édification de l'organisme se faisait par l'addition de parties successives (DOLLANDER. 1973. 28), conception – mitoyenne en quelque sorte – reprise, à l'époque classique, par le célèbre HARVEY.

En 1758, puis en 1769, un véritable précurseur de l'épigenèse, Caspar Friedrich WOLFF (1733-1794), établit, par des observations microscopiques précises faites chez le Poulet mais également en se basant sur des arguments logiques, que l'oeuf ne contient aucune miniature et que l'embryon ne se forme pas par l'addition de parties juxtaposées, mais qu'il y a apparition des divers organes par complexifications progressives d'organes simples au départ ou même création d'organes (THEODORIDES. 1984. 56 sq.; CANGUILHEM et al. 1985. 6 sq.). Le moment n'était pas encore venu et ces observations ne suscitent aucun écho jusqu'au début du XIXe siècle. Pourtant, WOLFF affirme que l'embryologie doit se rattacher à l'anatomie de la même manière que chronologiquement les formes foetales précèdent les formes adultes définitives, si bien qu'"une anatomie rationnelle devrait se fonder sur une théorie de la génération" (CANGUILHEM et al. 1985. 9).

Le premier, von BAER (1792-1876), découvre l'ovule chez les mammifères, ce qui élargit le champ de la future embryologie, et observe les *feuillets germinatifs* dans l'oeuf. Ces feuillets donneront chacun naissance à un organe, les organes se différenciant histologiquement et morphologiquement à partir de quatre feuillets germinatifs secondaires dérivés de deux feuillets primordiaux, ce qui le conduit aux frontières de la théorie cellulaire (THEODORIDES. 1984. 84; CANGUILHEM et al. 1985. 20 sq.). Paradoxalement, et ceci souligne une nouvelle fois l'importance des mentalités, une telle découverte faite d'abord par PANDER, en 1817, et publiée par von BAER dans son ouvrage *Über die Entwicklungsgeschichte der Thiere* (1828-1837), aurait pu, au XVIIe et même au XVIIIe siècle, être interprétée comme une confirmation de la théorie de la préformation, mais les temps avaient changé et cette observation constitua le fondement de la théorie de l'épigenèse. La découverte fut faite à peu près simultanément et sans doute indépendamment par MECKEL, en 1815, et HAECKEL en fera sa *loi biogénétique fondamentale* sur laquelle nous reviendrons plus loin. Les études de REMAK, en 1845, confirment définitivement les observations antérieures, mais entretemps l'embryologie contemporaine était née.

Un autre savant de cette époque, Étienne SERRES (1787-1868), se rattache encore à la théorie épigénétique quoiqu'il prenne le soin de tenter de mettre en accord l'anatomie comparée, la zoologie, la tératologie et l'embryologie. Il trouve, en effet, dans les déformations monstrueuses que l'on peut observer à la naissance la preuve d'un développement progressif et par stades des organes chez l'embryon : c'est l'époque où les thèses de la récapitulation semblent rencontrer des confirmations par les découvertes paléontologiques (CANGUILHEM et al. 1985. 17 et *infra*).

## Le XIXe siècle

Le XVIIIe siècle s'achève dans une atmosphère largement hostile aux animalcules, et autres homoncules et spermatozoïdes. Leur vivacité jointe à leur nombre, la violence des combats livrés entre eux et retracés par les plus vives imaginations, les conséquences tératologiques qu'on suppose être parfois l'issue malheureuse de leur invalidité, tout cela devait déplaire à une époque qui, par ailleurs, semble redécouvrir la femme et la douceur. Bref, l'animalcule est déclaré intrinsèquement immoral par nombre de savants que relaie la grande *Encyclopédie* s'indignant du triomphe du plus fort et du plus belliqueux. Ce courant opposé aux théories animalculistes encore en vigueur est conforté, au tournant des deux siècles, par le malthusianisme qui préconise un usage plus sage de la Nature. Une morale en découlera qu'on ne saurait isoler des grands courants de pensée de l'époque quoique le décalage soit remarquable entre les fondements de cette morale enracinée dans des conceptions scientifiques désormais périmées et la nouvelle mentalité qui caractérisera le XIXe siècle.

L'influence des courants de pensée dominants se manifeste dans la conscience romantique de la genèse et cela dans des domaines longtemps confondus de l'histoire de la nature et de l'histoire des hommes. Les hommes auraient divergé, à partir d'une certaine époque, du "tronc commun de l'historicité naturelle" (GUSDORF. 1985. 279), bien que subsiste encore une continuité allant de la paléontologie et des débuts de l'hominisation à la préhistoire et ensuite de la préhistoire à l'histoire. Dans tout ce mouvement d'ailleurs, se retrouve un grand souffle vitaliste et un finalisme dont l'évolutionnisme, et souvent le comparatisme, ne se départira pas. Dans ce contexte, le reproche est souvent formulé, notamment par HAECKEL, à l'encontre de l'embryologie expérimentale, et cela à travers tout le XIXe siècle, de s'intéresser essentiellement aux mécanismes de développement de l'organisme plutôt que de s'inspirer de conceptions unicistes du monde, alors que, estime-t-on, l'unité du monde vivant paraît bien être démontrée par la similarité des espèces au niveau embryonnaire, par la transition des formes du vivant et, enfin, par les leçons de la toute jeune et prometteuse anatomie comparée (PROCHIANTZ. 1988. 13 sq.).

Le transformisme naissant s'inspire du romantisme scientifique, les métamorphoses d'insectes évoquent les métamorphoses de l'homme, l'explication pouvant s'étendre, de proche en proche, de l'individu à des sociétés, puis de celles-ci à l'humanité entière (GUSDORF. 1985. 285). L'évolution est synonyme de progrès et de marche ascendante de l'humanité vers une plénitude, selon les opinions, matérielle ou aussi spirituelle.

Les premières décennies du XIXe siècle mettent en lumière une situation épistémologique ambivalente : d'une part, l'Ancien Régime n'est pas totalement dépassé et le Siècle des Lumières, au travers du mécanisme, du matérialisme et du positivisme, influence encore fortement les esprits, tandis que, d'autre part, le romantisme scientifique, les premières ébauches du transformisme et le vitalisme inspirent largement de nouvelles théorisations. Chaque science est aussi le produit d'une époque en ce sens qu'elle correspond mieux à telle mentalité qu'à telle autre. Ainsi, l'embryologie est le domaine par excellence où le vitalisme et le transformisme romantique trouvent un appui idéal : dans le grand fleuve du vivant, la mort d'un être n'est pas une fin, mais une simple étape transitoire dans l'histoire de la Vie (GUSDORF. 1985. 280 sq.).

L'évolution des mentalités et ses conséquences scientifiques sont manifestées par quelques découvertes remarquables. En 1824, PREVOST et DUMAS reprennent les expériences de SPALLANZANI (1729-1799) et réalisent la fécondation de l'oeuf de Grenouille. Le pouvoir fécondant des spermatozoïdes est démontré par le filtrage de la liqueur mâle qui devient inefficace tandis que le résidu conserve ce pouvoir, ce ne sont donc ni des Infusoires ni des parasites comme on le pensait jusqu'alors. Trois ans plus tard, PELTIER et DUJARDIN établissent qu'il s'agit d'un produit organique issu des tubes séminifères des testicules et la même année WAGNER décrit différents spermes de Métazoaires. En 1839, SCHWANN montre que l'ovule est une cellule tandis que, quelques années plus tard, KÖLLIKER (1841), WAGNER et LEUCKART (1849) prouveront l'origine testiculaire du sperme et le rôle des spermatozoïdes qui apparaissent comme le produit de la transformation de cellules issues des testicules, et établissant ainsi les bases de la théorie cellulaire (TETRY. 1981. 529).

L'opinion scientifique hésite cependant encore durant plusieurs années avant d'entériner ces découvertes qui laissent entendre que la fécondation résiderait dans la fusion de l'oeuf et du spermatozoïde. La nouvelle théorie l'emporte définitivement lorsque THURET, en 1854, et, quelques années plus tard, HERTWIG, en 1875, observent la fécondation chez une algue d'abord chez l'Oursin ensuite. Il fallut cependant attendre les découvertes de VAN BENEDEN (1846-1910), en 1875, pour comprendre la véritable nature de la fécondation : les deux noyaux trouvés dans l'oeuf fécondé sont le résultat de la pénétration ou de la fécondation de l'oeuf par le spermatozoïde et le processus s'achève, pour cette première phase, par la fusion de ces deux noyaux (DARMON. 1981. 91). Deux ans après, en 1877, H. FOL observe la fusion du spermatozoïde avec le noyau ovulaire, phénomène appelé *amphimixie*. Les notions de *gamète* et de *zygote* nécessaires à l'élaboration d'une théorie embryologique moderne sont désormais acquises et le mécanisme de la fécondation pourra être étudié chez différentes espèces (DOLLANDER. 1973. 27).

## La théorie de la récapitulation et le comparatisme

Dès le XVIIe siècle, HARVEY, suivi au XVIIIe siècle par HUNTER et BONNET, avait remarqué le parallélisme entre la succession des stades embryonnaires avec la hiérarchie des types qu'établira la systématique et l'anatomie comparée. Dans cette lignée, GEOFFROY SAINT-HILAIRE, au début du XIXe siècle, se reposait sur le développement embryologique pour fonder sa théorie transformiste, l'embryologie rappelant, selon lui, la série ascendante des animaux. Ainsi, la métamorphose du têtard en grenouille serait l'illustration (à cette époque, il s'agit bien d'une *illustration* et non d'une *preuve*) du passage du poisson au reptile. S'inspirant des travaux de son maître GEOFFROY, Antoine SERRES arrive, en 1824, à la conclusion que l'embryon humain passe successivement par les stades du poisson, du reptile pour aboutir à celui d'un vertébré supérieur. Chez ces auteurs, existait déjà la conscience que l'embryologie normale fournissait la clé de l'organisation des êtres vivants, aussi bien à l'échelle anatomique qu'à l'échelle histologique, et permettait même d'en expliquer les bizarreries apparentes, telles le trajet du nerf phrénique, la dualité de la glande surrénale, etc. (DOLLANDER. 1973. 14).

C'était toutefois l'Allemand Karl von BAER (1792-1876) qui devait être le véritable fondateur de l'embryologie contemporaine. Dans les deux volumes, publiés de 1828 à 1837, de son grand ouvrage *Ueber Entwickelungsgeschichte der Thiere. Beobachtung und Reflexion*, il émet les lois auxquelles il donna son nom : "1° Au cours du développement depuis l'oeuf, l'apparition des caractères généraux précède celle des caractères spéciaux; 2° L'ordre d'apparition des caractères va du plus général au moins général, les caractères spéciaux se développant en dernier; 3° Durant le développement, la forme d'un animal donné se différencie de plus en plus de celles des autres animaux; 4° Les jeunes stades du développement d'un animal ressemblent, non pas aux stades adultes des autres animaux moins haut placés dans l'échelle, mais aux jeunes stades de ces animaux" (cité d'après OSTOYA. 1951. 109 sq.). Sans que cela soit explicitement affirmé dans son oeuvre, von BAER suggère néanmoins, une trentaine d'années avant les travaux de DARWIN, que le règne animal ne forme pas une continuité et ne constitue pas une "échelle des êtres" unique comme le supposaient d'autres auteurs de cette époque, mais que la ramification se produisait à tous les niveaux.

Dans le même ordre d'idées, Robert CHAMBERS (1802-871), véritable précurseur de DARWIN dans son ouvrage *Vestiges of Natural Creation* (Londres. 1844), s'appuyait sur ce qu'il appelait les "lois du développement organique". Selon cet auteur, il fallait distinguer deux phases dans le développement embryonnaire : dans la première, l'embryon passe par des stades homologues à ceux que l'on observe dans le développement des animaux inférieurs; dans la seconde, au contraire, il se produit un développement du nouvel être jusqu'à sa maturité qui varie selon le degré de développement atteint par chaque espèce. Dans la seconde édition de son volume, CHAMBERS publie une table comparative du cerveau humain, depuis les premiers stades foetaux, et du cerveau d'animaux adultes, choisis à travers une échelle des êtres, assimilée à la succession paléontologique (HOOYKAAS. 1970. 191).

L'hypothèse d'un parallélisme entre l'évolution des espèces et le développement de l'individu devait trouver sa formulation la plus achevée dans la *loi biogénétique fondamentale* de HAECKEL (1834-1919), fervent disciple de DARWIN, loi formulée en 1866 sur la base des propositions de von BAER et qui est connue sous la forme suivante : pour un animal donné, l'ontogenèse répète ce qui s'est produit dans la très longue durée dans la phylogenèse de la lignée à laquelle appartient cet animal (THEODORIDES. 1984. 84 sq.). Reprenant à son compte une comparaison dont le succès ne se démentira pas, HAECKEL affirme, en 1874, l'évidente ressemblance des "ampoules cérébrales" embryonnaires chez quatre espèces de vertébrés, la Tortue, la Poule, le Chien et l'Homme.

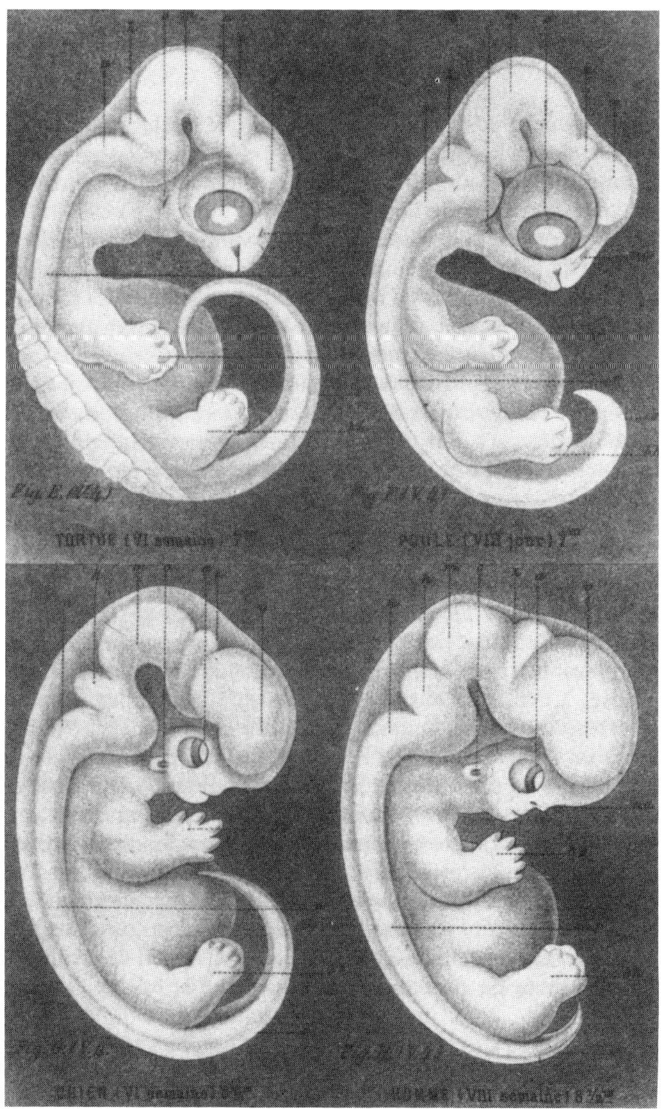

Les "ampoules cérébrales" embryonnaires de quatre espèces de vertébrés [Tortue (6e semaine), Poule (8e jour), Chien (6e semaine), Homme (8e semaine)] d'après HAECKEL (1874) repris par CHANGEUX. 1983. 344).

Progressivement, vers le milieu du XIX$^{e}$ siècle, les rapports entre les disciplines s'inversent : l'embryologie devient autonome et, cessant de s'inspirer de l'anatomie comparée et de la paléontologie, permet de nouvelles recherches en anatomie comparée en renouvelant les données au sujet du grand problème des rapports, des affinités et de la dérivation des formes typiques de l'organisation animale (CANGUILHEM et al. 1985. 20). Pourtant, malgré les apparences, von BAER est loin de partager les conceptions évolutionnistes ou darwiniennes qui s'imposeront dans la seconde moitié du XIX$^{e}$ siècle. Partisan de la génération spontanée, il voit volontiers dans la succession des espèces, non l'effet d'un déterminisme mécanique, mais l'expression d'une force immanente dont la diversification est le reflet de la téléologie du monde vivant. Certes, von BAER n'est plus véritablement créationniste; s'il doit être considéré comme évolutionniste, il appartient encore, du point de vue des mentalités, à la génération précédant les post-darwiniens dont les principaux sont pourtant ses contemporains.

Sur fond d'une mentalité devenue favorable à l'acceptation, du moins théorique, des processus évolutifs, les découvertes embryologiques de la première moitié du dix-neuvième siècle favorisèrent largement le succès des théories évolutionnistes et du darwinisme en particulier. L'opinion publique, tout comme l'opinion savante, était prête à considérer comme acquise la comparaison entre les développements ontogénique et phylogénique. En somme, l'analogie que suggérait une embryologie encore dans l'enfance servit de fondement à la paléontologie et davantage encore à l'évolutionnisme, alors que cette analogie revêtait un "caractère vague et assez superficiel" (HOOYKAAS. 1970. 189). DARWIN, reprenant l'argumentation de von BAER qu'il cite sur ce point, fait observer que "les embryons des espèces les plus distinctes appartenant à une même classe sont généralement très semblables, mais <qu'>en se développant <ils> deviennent fort différents" (1983. 519 sq.).

En effet, DARWIN fait de l'argument embryologique la pierre d'angle de sa théorie. C'était dans le domaine de l'embryologie, était-il convaincu, que l'on rencontre les preuves et les arguments les plus déterminants en faveur de l'évolutionnisme (HOOYKAAS. 1970. 192). Dans *L'origine des espèces*, un peu plus loin que le passage que nous venons de citer, il poursuit en affirmant que, lorsque des groupes d'animaux différents passent par des états embryonnaires semblables, il est certain qu'ils descendent d'une souche commune et qu'ils sont dès lors unis par un lien de parenté génétique même si la dissemblance lors de la suite du développement et au stade adulte est très prononcée (530 sq.).

Synthétisant les conceptions que nous venons de reprendre, DARWIN (1983. 531 sq.) conclut en ces termes : "les principaux faits de l'embryologie, qui *ne le cèdent à aucun en importance*, ... semblent donc s'expliquer d'après le principe que des modifications survenues chez les nombreux descendants d'un ancêtre primitif n'ont pas surgi dès les premières phases de la vie de chacun d'eux, et que ces variations sont transmises par hérédité à un âge correspondant", ce qu'il commente ensuite : "l'embryologie acquiert un grand intérêt, si nous considérons l'embryon comme un portrait plus ou moins effacé de l'ancêtre commun, à l'état de larve ou à l'état adulte, de tous les membres d'une même grande classe".

Le grand disciple de DARWIN, HAECKEL (1834-1919) avait formulé la célèbre *loi de la récapitulation* selon laquelle les différents stades du développement embryonnaire "récapitulent" les périodes successives supposées de l'histoire des espèces, l'embryon humain, par exemple, évoquait d'abord le protozoaire unicellulaire (l'oeuf), puis les poissons, les reptiles, les primates non humains, pour aboutir finalement à l'homme. Cette loi est accompagnée de deux corollaires : la loi de l'addition terminale et la loi de la condensation. Selon la première, tout progrès évolutif serait le résultat d'une sorte d'addition prolongeant le développement embryonnaire d'un degré et permettant, par exemple, le passage du primate à l'homme. La seconde de ces lois permet de passer de l'échelle chronologique de l'évolution des espèces, longue de quelques milliards d'années, à l'échelle chronologique embryologique d'une durée maximale de quelques mois (PROCHIANTZ. 1988. 10).

## L'embryologie expérimentale

L'interférence entre l'embryologie et l'évolutionnisme allait retarder le développement de la première. En effet, depuis les travaux de HAECKEL, on recherche par et dans l'embryologie des arguments pour démontrer la successivité du développement des espèces. Ainsi, en 1880, BALFOUR continue-t-il à expliquer la présence de branchies chez le têtard comme étant une preuve de la vie aquatique des ancêtres de batraciens plutôt que comme une adaptation à la vie aquatique (GOULD apud PROCHIANTZ. 1988. 11). Les théories de HAECKEL eurent, sans conteste, un effet stimulateur sur la recherche portant sur le développement de nombreux animaux. Par contre, ces théories retardèrent l'introduction de la méthode analytique causale en embryologie. Ainsi quand Wilhelm HIS (1831-1904) tenta, en 1874, d'analyser les processus ontogénétiques en composantes plus simples, telles que croissance, extension, adhésion, etc., expliquant qu'à un certain stade du développement on assiste à une évolution autonome des ébauches embryonnaires, HAECKEL ridiculisa ces tentatives et trouva appui auprès des milieux scientifiques de son temps.

L'embryologie causale s'enracine historiquement dans la théorie de l'épigenèse qui, dès le XVIIIe siècle, proposait en opposition aux théories préformationnistes une différenciation cellulaire progressive à l'oeuvre à travers toute l'embryogenèse. Ainsi, s'il est impossible de distinguer dans les premiers stades du développement les futurs organes de l'animal, il faut cependant qu'à un stade très précoce de la segmentation une seule cellule, un *blastomère*, possède la capacité de générer un embryon complet. Il existe donc un *phénomène de régulation* qui porte tant sur le nombre que sur la taille et la spécificité des cellules de l'organisme en développement (CHAUVIN. 1973. 335). De cette manière peut s'élaborer une théorie embryologique causaliste en se libérant des pièges des explications antérieures préformationnistes, de type créationniste ou de type mécaniciste.

L'abbé SPALLANZANI (1729-1799) avait tenté, vers la fin de sa vie, de provoquer le développement d'oeufs vierges de grenouille sous l'action de l'électricité ou de liquides supposés stimulants (vinaigre, venin de salamandre, etc.). Cette parthénogenèse expérimentale, dont l'idée rejoint celle de la fécondation chimique, devait échouer dans les conditions où elle était tentée. L'expérience fut toutefois reprise par Jacques LOEB (1859-1924) qui, parti d'expériences visant à établir que les phénomènes vitaux ne seraient que de simples phénomènes physico-chimiques, réalisa à partir de 1899 les premières fécondations chimiques en plongeant des oeufs vierges d'Oursin dans de l'eau de mer mélangée à certains sels. Ces expériences révolutionnaires détachèrent définitivement les esprits d'explications périmées en attirant l'attention sur l'importance des facteurs physico-chimiques.

L'embryologie causale ne prit son essor proprement dit qu'avec les travaux de Laurent CHABRY (1855-1894) et de Wilhelm ROUX (1850-1924). Le premier de ces savants inaugura les expériences sur les cellules embryonnaires en pratiquant une véritable chirurgie de l'oeuf. Dans un travail de doctorat présenté en 1887 et portant sur les Ascidies, il constate d'abord des parallélismes entre diverses anomalies dont la formation de demi-embryons et des particularités embryonnaires. Il comprend la relation qui existe entre ces demi-embryons et l'absence de développement de l'une des deux premières cellules issues de l'oeuf initial et réussit à reproduire expérimentalement ces anomalies en détruisant des blastomères de l'oeuf et en rendant possible les découvertes ultérieures sur la destinée évolutive des premières cellules embryonnaires (THEODORIDES. 1984. 88).

Son contemporain, Wilhelm ROUX, constitua une véritable école qui se proposa d'établir "comment les potentialités de la cellule originelle se distribuent, lors de la segmentation, entre les différentes cellules embryonnaires, et de nous introduire, par là, dans la subtile organisation du cytoplasme ovulaire" (ROSTAND. 1978. 188). Il renouvela également les expériences effectuées par CHABRY et obtint, par destruction d'un blastomère au stade 2 du développement de l'oeuf de grenouille, des demi-embryons. Il porta également ses expériences sur l'oeuf d'oursin et prouva qu'en séparant, par secouage, des blastomères à divers stades du développement il pouvait, avec chacun, donner une larve complète. Ce phénomène, déjà évoqué ci-dessus et appelé *régulation*, fut confirmé expérimentalement par H. DRIESCH ( 1867-1941) et n'est possible que jusqu'à la 8e ou 16e division.

En marge de ces travaux, il faut signaler la découverte en 1897 par P. MARCHAL du phénomène de *polyembryonie* observé chez un Hyménoptère parasite (*Encyrtus*) avec le développement à partir de chaque oeuf de plusieurs embryons. Créant de même un pont entre l'embryologie et la tératologie, on notera les recherches d'Isidore GEOFFROY SAINT-HILAIRE (1805-1861) – fils d'Étienne GEOFFROY SAINT-HILAIRE – et de C. DARESTE qui se consacrèrent à l'étude des anomalies qui apparaissent au cours du développement embryonnaire et cherchèrent à les reproduire expérimentalement.

Ainsi, si l'embryologie descriptive issue des premières observations remontant au XVII$^{e}$ siècle pouvait poursuivre son élaboration, l'embryologie expérimentale par contre s'attachait particulièrement aux causes du développement : au départ d'une structure aussi simple en apparence que celle de l'oeuf, pouvait s'édifier un organisme dont la structure comme le fonctionnement paraissaient d'une incroyable complexité. C'est aussi dans ce secteur que la problématique du changement et du développement, de l'innovation et du renouvellement, posait les plus redoutables questionnements.

Dans ce contexte, les débuts de la génétique moderne allaient marquer une étape décisive. Dans un domaine qui jusqu'alors restait celui de l'imprécision sinon de la confusion, MENDEL découvre deux lois essentielles : la *loi de la disjonction* des caractères dans les cellules reproductrices de l'hybride et la *loi de l'indépendance* des caractères. Il commence par croiser des Pois de race "grande taille" avec des Pois de race "petite taille" et constate que les hybrides sont tous de grande taille parce que ce caractère "grande taille" domine le caractère "petite taille". À la deuxième génération, si les hybrides se reproduisent entre eux, on obtient des Pois des deux caractères dans la proportion de 3/4 de Pois de "grande taille" et de 1/4 de Pois de "petite taille". Pour que de tels résultats soient possibles, il faut admettre que les caractères des deux races ("grande taille" et "petite taille") se soient disjoints dans les cellules reproductrices des hybrides. On aura donc des ovules des deux sortes et des grains de pollen des deux sortes et, si la fécondation est aléatoire, on obtiendra donc quatre combinaisons de dimensions équivalentes (ovule "grande taille" x pollen "grande taille", ovule "grande taille" x pollen "petite taille", ovule "petite taille" x pollen "grande taille", ovule "petite taille" x pollen "petite taille"), soit, puisque le caractère "grande taille" est dominant, 3/4 de "grande taille" et 1/4 de "petite taille" (ROSTAND. 1978. 196).

Ici cependant se pose une question inverse de celle que nous nous sommes posés, à plusieurs reprises, dans d'autres circonstances : comment rendre compte, autrement qu'en termes d'histoire des mentalités, de la coïncidence d'une même découverte faite simultanément par plusieurs savants et, dans ce cas-ci, comment expliquer qu'une découverte puisse rester ignorée longtemps avant d'être l'objet d'une redécouverte plus tardive ? Les lois de l'hybridation découvertes en 1865 par MENDEL resteront inconnues du public scientifique jusqu'en 1900 où elles seront redécouvertes par de VRIES, CORRENS et TSCHERMAK.

De VRIES entreprend à partir de 1886 une expérience sur une plante provenant d'Amérique, l'Oenothère. Ayant observé des variations de cette plante dans un champ d'Hilversum, il reprend dans son jardin, à l'abri de toute hybridation, neuf jeunes plantes qui donneront d'année en année des descendants parmi lesquels, dès 1889, il remarquera sur quinze milles plantules dix exemplaires présentant des caractères anormaux (forme naine ou forme à larges feuilles). Il observe que ces individus transmettent leurs caractères fidèlement à leur descendance ce qui laisse supposer une variation brusque dans la transmission héréditaire des caractères. De VRIES en tire une nouvelle théorie de l'évolution : les espèces prendraient naissance brusquement dans quelques individus aberrants, dont les nouveaux caractères seraient pleinement acquis d'emblée, sans transiter par des stades intermédiaires, il appelle ces variations brusques des *mutations*. LAMARCK avait, un siècle plus tôt, également envisagé le phénomène des mutations organiques, mais alors que, pour ce dernier, les mutations étaient la conséquence de variations dans le milieu, pour de VRIES, au contraire, ces variations, dont la cause échappait encore, se situent sur le plan germinal.

Quoique de VRIES ait exagéré l'importance des mutations – tous les types aberrants signalés n'étaient pas le résultat de mutations –, on devait cependant retrouver ce phénomène dans un grand nombre d'espèces tout en découvrant qu'à part le phénomène de mutation le patrimoine héréditaire est absolument stable (expériences de JOHANNSEN sur les Haricots en 1903). Pour certains, la génétique, après l'embryologie, mettait en cause les fondements de l'évolutionnisme puisque le seul type de variation que l'on ait pu mettre en évidence était ce type de changement brusque, mais sporadique, appelé *mutation*.

Si Johann MENDEL avait, dès 1865, découvert les lois de l'hérédité et clairement établi la distinction, dans les lois de transmission, entre les caractères dominants et les caractères récessifs, caractères que JOHANNSEN désignera en 1909 du nom de *gènes*, il revient à VAN BENEDEN (en 1883) et à VAN BAMBECKE (en 1885), ignorants tous deux la découverte faite auparavant par MENDEL, de découvrir les chromosomes, véritables supports de l'hérédité. Ces deux auteurs constatent que le nombre des chromosomes se réduit de moitié dans les gamètes au cours de la méiose (THEODORIDES. 1984. 85). Quelques années plus tard, SUTTON, en 1902, rapprochera la dissociation des chromosomes dans la méiose des lois mendéliennes de transmission, synthétisant deux découvertes distinctes, presque simultanées, et illustrant une nouvelle fois le paradoxe de l'évolution des mentalités qui aboutit à ce que la même découverte soit faite par plusieurs savants à la même époque, tandis qu'une partie notable du monde scientifique continue encore à fonctionner selon d'anciens schémas de pensée.

Les lois de MENDEL, toutefois, allaient donner aux sciences du vivant, et particulièrement à la génétique, la possibilité d'étudier mathématiquement l'hybridation et, donc, de prévoir les résultats statistiques d'un croisement de races. Elles devaient, dans une certaine mesure, permettre également à l'homme de créer, selon ses désirs, des combinaisons nouvelles de caractères et déboucher, à notre époque, sur le génie génétique (ROSTAND. 1978. 199). Alors que les lois de HAECKEL avaient, au XIX^e^ siècle, constitué un frein à la recherche en embryologie et en paléontologie, la génétique moléculaire permet de nos jours de poser de façon précise le problème de la connexion entre deux espèces et cela grâce au déchiffrage comparé du mode d'expression des gènes au cours de l'ontogenèse (CHANGEUX. 1983. 342 sq.). Enfin, depuis la première fécondation *in vitro* de l'oeuf humain réalisée en 1948 par MENCKIN et ROCK (DOLLANDER. 1973. 27), les progrès des sciences du vivant contraignent nos contemporains à une réflexion d'un nouveau type sur la maîtrise de l'homme sur ses propres mécanismes.

L'évolution des disciplines biologiques depuis le dix-huitième siècle met ainsi en évidence combien ces sciences ont permis à l'homme contemporain de mieux comprendre, non seulement la vie, mais aussi le changement et sa propre évolution et de lui offrir de ce fait une meilleure emprise sur son devenir, biologique sans doute, mais également social, politique, psychologique, bref humain. Néanmoins l'évolution récente de ces mêmes disciplines risque d'aboutir à l'effet inverse en laissant croire à l'homme qu'il n'est que déterminisme ou en insistant trop unilatéralement sur ce qui, dans son devenir, est de l'ordre du formalisable et du prévisible.

# CHAPITRE 16 – LA TÉRATOLOGIE

*Tératologie et "monstres". Un concept évolutif. Tératologie et embryologie. Les limites de l'humain et les sciences de l'homme.*

## Tératologie et "monstres"

La tératologie comme science n'a pu s'élaborer qu'à l'époque contemporaine. En tant que savoir constitué, elle découle de l'étude des processus constitutifs des anomalies ou monstruosités ou tératogenèse (déjà RABAUD. 1914. 7). C'est dire combien cette discipline est en étroite dépendance avec le développement des autres sciences du vivant et plus particulièrement avec l'embryologie et la génétique.

De notre point de vue, la tératologie présente un grand intérêt puisqu'au départ de notions reçues et héritées d'un lointain passé se sont élaborées des conceptions contemporaines opératoires sur le plan de la recherche et même de la clinique. En premier lieu, relevons l'évidence : le *monstre* se définit, on y reviendra ensuite, par comparaison avec se qui constitue une *norme*. D'où aussi la nécessité de procéder par degrés allant de simples *anomalies*, désignation d'aberrations peu apparentes d'un organe interne ou externe, jusqu'aux *monstruosités*, terme réservé aux cas les plus spectaculaires et les plus aberrants (ROSTAND et TETRY. éd. 1965. 563). Cette échelle de comparaison est doublée par une échelle de viabilité, le terme de *malformation* désignant une anomalie viable, tandis que certaines monstruosités s'avèrent peu ou pas viables.

La notion de monstre de la science contemporaine se trouve au confluent de trois courants de pensée : elle est l'héritière des fluctuations de la notion de normalité et charrie de ce fait des traits sémantiques issus des époques antérieures et, notamment, un sentiment de rupture entre le normal et l'anormal; elle est également l'aboutissement des procédures comparatistes mises en place depuis les débuts du dix-neuvième siècle et visant à établir des continuités vitales et évolutives là où les siècles antérieurs voyaient du discontinu; enfin, elle s'insère dans un courant de pensée, issu des sciences biologiques, qui se refuse à accepter la notion d'un type idéal achevé. C'est qu'en effet la notion de monstre n'est aisément définissable que par contraste avec une norme, mais il s'agit alors d'une notion sociologique, un postulat du sens commun, fruit éventuel d'une approche statistique, car la science contemporaine ne peut isoler cette aberration que serait, sociologiquement, le "citoyen moyen" équivalent du "type idéal achevé" sur le plan biologique, chaque individu devant être considéré comme un simple réservoir de combinaisons génétiques possibles, le monstre n'étant, dès lors, que l'exceptionnel par rapport aux combinaisons plus fréquentes (KAPPLER. 1980. 207).

D'autre part, les monstruosités qu'étudie la science contemporaine ont un point commun puisqu'elles sont congénitales. En effet, on naît monstrueux, mais on ne le devient pas, ni par un quelconque processus postnatal, ni du fait d'un traumatisme ou d'une opération. La tératologie limite donc son objet à l'étude des *erreurs* du développement embryologique et vise à en établir les causes, la nature, les mécanismes, les stades, etc. (ROSTAND et TETRY. éd. 1965. 564).

Les trois courants rappelés plus haut et qui aboutirent aux notions contemporaines de la tératologie furent synthétisés dans les premières décennies du vingtième siècle. RABAUD (1914. 10 sq.) signalait déjà qu'il fallait sans doute chercher le fondement des notions d'*anormalité* et de *monstruosité* dans une généralisation spontanée de la logique populaire qui attribue spontanément une forme identique aux progéniteurs d'une même catégorie, en sorte que toute déviation par rapport à cette forme imaginaire ne peut être interprétée qu'en termes d'anormalité. Notre auteur remarque à ce propos que cette conception est tout à fait arbitraire, ce qui n'est pas exact puisqu'il s'agit non d'arbitrarité mais plutôt de transposition indue d'un concept social (et éventuellement sociologique) dans le domaine de la biologie.

Tentant néanmoins de sauver la notion d'anormalité biologique, RABAUD propose de définir comme un individu anormal un individu chez lequel une des particularités *essentielles* de l'espèce se serait modifiée, conception au confluent des trois courants de pensée dans lesquels s'enracine la tératologie moderne et qui permet de graduer les anomalies selon des échelles spécifiques. La constatation des variations et des fluctuations des anomalies conduit RABAUD à envisager des séries intermédiaires entre un progéniteur et les engendrés, le traitement statistique conduisant, dans chaque cas, à une moyenne spécifique. RABAUD poursuit cependant en rappelant que la notion statistique ne peut, à elle seule, apporter un éclairage suffisant pour une définition opératoire de la monstruosité et de l'anomalie. Il importe, en effet, de comparer non seulement synchroniquement, ce que réalise la statistique, mais aussi diachroniquement et de resituer chaque individu dans sa lignée. Par exemple, il existe des lignées de chiens polydactyles. Si on s'en tient à une définition statistique et synchronique de l'anormalité, un chien polydactyle sera considéré comme monstrueux, alors que dans une perspective diachronique ce seront les individus polydactyles qui seront perçus comme normaux et les autres comme anormaux. La tératologie contemporaine parcourt ainsi le même trajet épistémologique que la sociologie des changements puisque cette dernière intégrera de la même manière la marginalité comme un réservoir où s'anticipent les évolutions qui affecteront telle société.

La notion de monstre se définit donc bien comme étant la perception de différences significatives et marquantes par rapport à la perception du monde habituel. Ce contraste entre deux mondes, le monde créé, réel, d'une part, et de l'autre un univers en opposition, un anti-monde, éventuellement étrangement symétrique par rapport au premier, ce contraste n'est évidemment pas sans rappeler l'usage des monstres dans l'art. Si, de l'Antiquité la plus haute à nos jours, les monstres ont toujours frappé l'imagination humaine et suscité une débauche d'opinions et de jugements, comme le souligne ROSTAND (1962. 174), c'est sans doute que leurs particularités délimitaient mieux les limites de notre propre monde et permettaient, de ce fait, un meilleur processus identitaire en facilitant le sentiment de sécurité.

Inversement, le recours très fréquent au monstrueux artistique a rendu paradoxalement les monstres familiers et les a fait sortir de leur marginalité constitutionnelle ou ontologique. Les monstres ne surprennent plus et n'effraient plus : les monstres du jardin de Versailles ont acquis le "droit de bourgeoisie" (LASCAULT. 1978. 286) parmi les gens "normaux", l'habitude atténuant en quelque sorte l'angoisse et la violence, à l'instar du conte où la Belle s'accoutume à l'horreur de la Bête au point de pouvoir l'aimer...

Le sentiment d'une continuité intra- et extra-spécifique évoqué plus haut s'affiche, comme un programme, dès les débuts du dix-neuvième siècle. PINEL libérant les aliénés de leurs chaînes inaugure cette nouvelle perception contemporaine. Ils perdent, dès lors, leur visage monstrueux, quittent la marginalité radicale où l'époque classique les avait confinés tels des hors-la-loi, réintègrent une place relative dans la société pour devenir nos "semblable(s) en proie au malheur" (GUSDORF. 1972. 522). La folie cesse d'être située dans un *autre* monde, la psychiatrie naît par la reconnaissance théorique et pratique d'une continuité entre l'état d'aliénation et l'état "normal", l'interpellation sur la normalité rejaillit en un nouveau questionnement sur la folie. En un certain sens, le monstre redevient notre prochain puisque le terrain qui conduit jusqu'à lui est continu et que la frontière cesse d'être radicalement entre lui et nous, mais qu'elle passe en chacun de nous.

## Un concept évolutif

Toutefois, avant de réintégrer, dans un champ continu, les variations intra-spécifiques, il fallut que, lentement, progressivement, l'esprit occidental s'accoutume à ces variations et qu'une évolution des mentalités achève un cheminement entrepris depuis plus de deux millénaires. Pour notre propos, cette longue histoire revêt un intérêt tout particulier. Ce sera l'objet de ce paragraphe.

Les conceptions de l'Antiquité grecque en ce qui concerne les monstres restent de l'ordre de la naturalité. Les Anciens dressent une typologie ternaire des monstres : les uns sont monstrueux par excès et présentent des parties surnuméraires; d'autres le sont au contraire par défaut ou par privation de membre(s) ou d'organe(s); enfin, la dernière catégorie reprend les monstres par renversement ou par fausse position des organes. Classement commode puisqu'il n'est pas strictement interprétatif et qui sera d'ailleurs constamment réutilisé jusqu'à BUFFON en plein XVIIIe siècle (DARMON. 1981. 101).

L'implication des sujets "normaux" était cependant encore de règle aussi bien chez ARISTOTE pour qui la monstruosité était seulement une opposition, un contraste, avec ce qui se produit le plus habituellement dans la nature. Le monstre est inclus dans une distribution statistique et ne se situe pas *en dehors* ou *contre* la nature : le monstre va à l'encontre de la généralité des cas, bien qu'il ne soit en aucune manière contraire à la nature (MONESTIER. 1978. 55 ou KAPPLER. 1980. 207). Néanmoins chez HIPPOCRATE déjà perce l'interprétation morale de l'anomalie lorsque cet auteur attribue l'origine des monstruosités à un excès ou à un manque de "semences" mâle ou femelle, trop de semence formant des monstres dont les membres seraient coagulés ou doubles, trop peu de semence formant des nains ou des êtres aux membres atrophiés (DARMON. 1981. 104).

Cependant, Saint AUGUSTIN reste encore en dehors de ces considérations qui deviendront, dès notre Moyen Âge, franchement morales et sociales. Il estime, en effet, qu'il n'y a pas lieu d'attribuer l'existence de monstres à un artisan qui serait moins parfait que Dieu, celui-ci, en permettant une hétérogénéité intraspécifique, ne peut évidemment être blâmé, d'autant qu'il faut lui supposer des raisons qui nous échapperaient (KAPPLER. 1980. 210 sq.). Néanmoins, dès le Moyen Âge, l'opinion commune, populaire ou savante – à de rares exceptions près, tels MONTAIGNE qui affirme que ce que les hommes appellent "monstre" ne l'est pas aux yeux de Dieu –, attribuait la naissance des monstres au Démon, paternité diabolique, lourde de conséquences, qui prévaudra jusqu'à l'époque contemporaine.

Paradoxalement, c'est peut-être aussi là, dans cette insertion diabolique, qu'il faut rechercher la raison de l'attirance générale pour les *hybrides*, au sujet desquels POLIAKOV (1975. 169) nous fait remarquer que *hubris* signifie "démesure" et aussi "viol". Créer un hybride n'est-ce pas également faire oeuvre divine de création ? N'est-ce pas encore transgresser un interdit biblique majeur en violant les règles de l'endogamie ? Dès lors, le monstre repousse certes, mais il attire tout autant par l'insistance, en quelque sorte humiliante, avec laquelle il souligne également nos limites humaines.

C'est sans doute ce dépassement des limites, ce croisement des espèces qu'exprime la Renaissance en reprenant et en transformant pour partie les conceptions antiques et les idées médiévales sur la question. Si les descriptions du monde vivant datant du XVI^e^ siècle sont remplies de monstres, ceux-ci reflètent souvent le monde connu, ajoutant simplement aux trois catégories relevées dès l'Antiquité une catégorie comprenant les monstres constitués des combinaisons de parties d'animaux différents. Les créatures étranges ainsi obtenues, ou plutôt imaginées, se classent aisément dans un tableau où chaque être vivant a sa place, la volonté divine justifiant, depuis Saint AUGUSTIN, la conformation aussi bien que la position de chaque être vivant (JACOB. 1970. 36). MONTAIGNE précise, reprenant les Anciens, que ce que nous appelons "monstres" ne le sont qu'à nos yeux et sont le résultat, biologiquement, d'un excès ou d'une insuffisance de semence et, moralement, d'un dérèglement ou d'une faute.

Moins empressé d'imaginer des causes qui échappent à la perspicacité et aux moyens d'investigation des savants, POMPONACE affirme pourtant, à la même époque, qu'"il n'y a que les sots qui songent à attribuer à Dieu ou à Diable les effets dont ils ne connaissent pas la cause", quant à lui, il préfère sonder la Nature à la recherche d'explications rationnelles (cité par MONESTIER. 1978. 56). Avec une position nuancée, non exempte totalement d'ambiguïté, chez MONTAIGNE (cf. supra), PARACELSE est cependant le seul au XVIe siècle à refuser la genèse démoniaque des monstres et à ne retenir comme principe d'explication que des variations de qualité de la "liqueur vitale" dues à une mauvaise "faculté distributive".

Le courant dominant est cependant celui qui voit dans l'anomalie biologique le reflet d'une faute, l'illustration du péché. Du XVe au XVIIe siècle, une abondante littérature est consacrée aux monstres et aux prodiges, on fouille le passé en remontant jusqu'à l'Antiquité, tel le catalogue de LYCOSTHENES reprenant les faits extraordinaires survenus dans la Rome antique, telle aussi la *Chronique universelle* de Saint ANTONIN de FLORENCE (fin XVe siècle). On n'hésite pas à inclure dans ces récits tout ce qui peut paraître étrange et, dès lors, démoniaque : le premier prodige de l'histoire serait le serpent séduisant Ève, les éclipses seraient des scandales cosmiques, etc. (DELUMEAU. 1983. 153 sq.). La colère de Dieu rejoint, dans ses effets merveilleux et terrifiants, les maléfices de Satan.

Ces récits s'amplifient progressivement les uns les autres, notamment du fait de la soudaine multiplication des textes par l'imprimerie. D'année en année, les histoires prodigieuses se multiplient et les catalogues de faits monstrueux ou stupéfiants s'accroissent : DELUMEAU signale 57 de ces publications de 1529 à 1575, 110 de 1575 à 1600, 323 de 1600 à 1631. Les Luthériens d'abord, d'autres ensuite, vont puiser dans ces catalogues pour rédiger des livres d'horreur destinés à conduire les fidèles à la conversion et à la pénitence. À la fin du XVIe siècle, le prédicant Christophe IRENAUS prétendra même que les monstres sont créés pour châtier les hommes, fondant en quelque sorte une alliance morale entre Dieu et le Diable pour l'édification spirituelle de l'être humain.

Certes, dès le XVIe siècle et parallèlement à l'efflorescence de récits merveilleux dont on vient de faire état, la question des monstruosités fait aussi l'objet d'une réflexion qui, si elle dépend encore largement des présupposés hérités de l'Antiquité, tente de se dégager des préjugés et des superstitions. Ambroise PARE, au XVIe siècle, attribue l'existence des monstres à des erreurs physiques ou morales des hommes ou des animaux sans qu'il faille mettre en cause les principes de la Nature elle-même. Si la réflexion de cet auteur sur les monstres est systématique, elle reste cependant fortement tributaire de l'héritage médiéval, tant par l'origine morale recherchée que par l'explication biologique proposée. Par exemple, l'accouplement d'une femme et d'un chien aurait abouti à un mélange contre nature des semences et aurait engendré un monstre dont la partie supérieure du corps serait celle de la femme, tandis que la partie inférieure serait celle du chien (TINLAND. 1968. 47, KAPPLER. 1980. 213).

La découverte du Nouveau Monde relance la question des monstres en stimulant simultanément l'angoisse et l'intérêt envers des régions inconnues et envers leurs habitants. Néanmoins, la rationalité classique assigne au Moi, au monde et à Dieu des places qui excluent les légendes et les contes qui accréditaient jusqu'alors l'existence des êtres monstrueux (TINLAND. 1968. 18 sq.). Mais cette rationalité n'est opératoire que par une radicalisation de l'exclusion. FOUCAULT a souligné la force de l'exclusion que subit, dès la fin du XVIIe siècle, le malade mental : si la raison classique exclut la folie, de même la beauté classique exclut-elle le monstre. Fruits du péché, le fou et le monstre représentent le chaos s'opposant à l'organisation divine, la contestation du goût et de l'harmonie instaurant l'angoisse que suscite l'irrespect de Dieu et de la Nature (LASCAULT. 1978. 286).

La philosophie classique éliminera, dans la seconde moitié du dix-septième siècle, les représentations obscures et mythiques lorsque MAUPERTUIS (1698-1759) proposera diverses expérimentations qui font basculer l'étude des monstres du domaine de la morale vers celui des futures sciences du vivant. MAUPERTUIS, reprenant l'idée d'hybridation, imagine de créer de véritables ménageries où seraient tentés des croisements entre espèces animales différentes. Le résultat en serait, certes, des monstres, mais également de nouvelles espèces, encore inexistantes, et qui pourraient être d'un grand intérêt. Observant la pratique des éleveurs, il propose de sélectionner les individus chez lesquels se seraient produites des mutations intéressantes afin de développer de nouvelles races, imaginant ainsi une évolution dans la Nature par mutations successives (GUYENOT. 1950. 50). S'aventurant davantage, MAUPERTUIS propose aussi d'accoupler systématiquement les hommes et les femmes les plus beaux et les plus doués afin de créer une race supérieure d'êtres humains. Anticipant sur ce point les programmes que mettront en oeuvre les Nazis et annonçant la dérive contemporaine des sciences du vivant, il suggère la dissection *in vivo* des cerveaux de criminels afin, espère-t-il, de découvrir les liens mystérieux unissant l'âme et le corps. Apparemment, comme le souligne à juste titre Léon POLIAKOV (1975. 172), ces propos ne choquèrent pas outre mesure, ni à l'époque, ni de nos jours les auteurs qui se sont penchés sur l'oeuvre de MAUPERTUIS ! Pour qu'on ne s'y méprenne pas, cet auteur précise d'ailleurs : "qu'on ne se laisse pas émouvoir par l'*air de cruauté* qu'on pourrait croire trouver ici : un homme n'est rien, comparé à l'espèce humaine; un criminel est encore moins qu'un homme" (Cité par POLIAKOV. Loc. cit., les italiques sont de nous G.J.).

On a longuement étudié, à travers ce volume, le changement de mentalité qu'inaugurent progressivement, à partir de la fin du XVIIIe siècle, les nouvelles sciences du vivant en substituant à une épistémé du discontinu une épistémé du continu. Ne pouvant penser la différence en termes de continuité, les auteurs recourent à la notion d'hybrides : un grand savant comme REAUMUR tenta l'expérience de faire féconder une poule par un lapin en se demandant sérieusement si les fruits de cette union seraient des poulets couverts de poils ou des lapins vêtus de plumes. LINNE lui-même s'imagina, dans une correspondance citée par POLIAKOV (1975. 168), que l'expérience avait réussi et s'en inquiéta pour l'interprétation qu'on ne manquerait pas, dès lors, de donner de l'origine des Nègres ou pour les croisements qu'on se proposerait ensuite de réaliser. Diverses "explications", dans la seconde moitié du XVIIIe et la première partie du XIXe siècle, mettent en avant le croisement supposé des Chimpanzés, selon d'autres des Orangs-Outangs, avec des Hommes et aboutissant aux Nègres. De là découle également l'idée que, selon la volonté du Créateur décidé au maintien de certaines barrières, ces croisements seraient condamnés à la stérilité : les mulâtres seraient stériles comme les mulets dont ils tirent leur nom... L'hybridation n'est cependant pas possible, estime-t-on, entre des espèces qui seraient trop éloignées l'une de l'autre.

Le XVIIIe siècle observe déjà certains phénomènes d'hérédité. L'eugénisme de MAUPERTUIS est repris, peu après, par CABANIS (1757-1808) qui, transposant dans ce domaine les idées égalitaristes de la Révolution de 1789, entend procéder, tel les éleveurs, à un élevage des êtres humains dans de véritables haras afin de corriger ce que la Nature pourrait avoir laissé d'incomplet ou de malformé. POLIAKOV formule à cet égard une remarque intéressante en soulignant la note ajoutée lors d'une édition posthume (1824) par l'éditeur qui met en doute la possibilité de cette égalité et surtout son caractère désirable en interrogeant : "n'est-ce point parce qu'il y a diversité et inégalité d'un homme à l'autre qu'il y a société ?". Changement de ton, mais surtout changement de mentalité en face de la diversité, début d'ouverture à la variance qui marque l'esprit nouveau qui apparaît en ce début de l'époque contemporaine.

Pour en revenir aux monstres, la perte progressive des préjugés, la lente disparition des superstitions conduit, dès le XVIIIe siècle, certains esprits à une analyse rationnelle des anomalies. Les premières descriptions scientifiques révèlent alors l'intérêt qu'ils représentent pour l'étude du développement normal (TATON. 1969. 614 sq.). E. GEOFFROY SAINT-HILAIRE dans son traité de l'*Arrêt du développement* rattache l'étude des monstres à l'anatomie comparée en supposant que l'origine des anomalies devait être recherchée dans des variations du plan de composition (RABAUD. 1914. 16, ROSTAND et TETRY. éd. 1965. 563). Auparavant les monstres étaient perçus comme les produits de jeux de la Nature, GEOFFROY rétablit la continuité entre les êtres normaux et les êtres monstrueux. La proximité biologique et humaine entre eux et nous n'est, certes, pas encore ni vécue, ni pensée, mais une partie de la distance qui les séparait des êtres normaux est désormais franchie.

## Tératologie et embryologie

Si les alchimistes ont, depuis tant de siècles, rêvé de transmuter la matière, le Siècle des Lumières verra le remplacement de ce rêve par l'élaboration de la chimie contemporaine. Si le rêve perd son objet, il conserve cependant son pouvoir de séduction : le XVIIIe siècle le remplacera par le rêve d'une transmutation des espèces. Les explications communément reçues à l'époque en matière d'embryologie faciliteront la formulation de deux thèses opposées qui, malgré leur caractère erroné sur le plan scientifique, permettront cependant de dégager la problématique des considérations autres que scientifiques.

On a vu au chapitre précédent les thèses animalculiste et oviste. Comment les partisans de ces théories préformationnistes envisagent-ils la question des monstres ? Pour les premiers, ceux-ci seraient le résultat de deux vers spermatiques qui s'introduisent dans un même oeuf et s'y battent. Le plus fort grandirait et écraserait le plus faible ou l'un entraînerait tout le suc nourricier, tandis que la partie la plus faible dessécherait et mourrait. Les ovistes, quant à eux, prétendaient que les monstres provenaient d'oeufs monstrueux qu'ils attribuaient soit à un accident, soit à une situation antérieure (DARMON. 1981. 104 sq.).

La querelle qui opposa, au tournant des XVII^e^ et XVIII^e^ siècles, deux anatomistes célèbres dura quatorze ans. Il s'agissait de savoir, dans le cadre des théories ovistes, d'où provenait la monstruosité. Selon LEMERY, l'un des deux, les monstres ne pourraient être que le produit d'accidents survenus aux oeufs en cours de gestation, tels que des coups, des efforts indus, la compression trop forte de la matrice, etc. En faveur de sa thèse, cet auteur estime que Dieu ne pourrait créer des germes monstrueux. À l'opposé, WINSLOW, adversaire du premier, affirme qu'il existe des oeufs originairement anormaux, contenant donc des monstres, parfaits dans leur plan, comme le sont les autres êtres dans le leur. Répondant à l'argument métaphysique de LEMERY, WINSLOW affirme que ce serait restreindre la puissance de Dieu que de la cantonner, comme le fait implicitement son adversaire, dans une parfaite uniformité. Si les explications proposées font encore intervenir des considérations extérieures aux sciences du vivant en se proposant d'interpréter dans ce domaine les supposées intentions divines, le progrès est net cependant par rapport aux périodes antérieures puisqu'on commence à faire l'économie d'une interprétation *morale* de l'anomalie et de la monstruosité.

On a fait état plus haut des expériences originales de REAUMUR, confondant les plans anthropologique et biologique dans la question qu'il pose sur l'origine des Nègres – confusion encore constante au XVIII^e^ siècle –, et voulant faire féconder une poule par un lapin dans l'espoir, évidemment vain, d'obtenir d'intéressants hybrides. L'expérience, REAUMUR l'admet à contrecoeur et après des hésitations, se solde par un échec, mais elle contraint ce savant à admettre qu'il faut fonder la notion d'espèce sur le concept de filiation. Cette constatation lui permet d'inaugurer d'autres expériences où il pourra suivre le comportement d'un ou deux caractères par hybridation, base expérimentale sur laquelle, un siècle plus tard, MENDEL pourra fonder une science de l'hérédité (cf. supra) (JACOB. 1970. 81).

L'insémination artificielle que réalisa l'Abbé SPALLANZANI (1729-1799) sur des batraciens se situe à la même époque. Charles BONNET, son contemporain et biologiste célèbre pour sa découverte de la parthénogenèse, le félicita avec enthousiasme en évoquant les projets de croisements extraordinaires (aussi pour l'espèce humaine) que cette réussite suscitait dans son esprit (POLIAKOV. 1975. 170).

Lorsque Étienne GEOFFROY SAINT-HILAIRE (1772-1844) constata qu'une étude approfondie de chaque composante d'un être amenait à comprendre le fonctionnement de ses parties et à reconnaître, au-delà des diversités spécifiques apparentes, des traits communs à tous les êtres vivants, les conditions théoriques préliminaires à une théorie transformiste étaient posées. Simultanément, le même savant prétendit que, si une loi biologique était applicable aux organismes normaux, elle devait être également d'application aux monstres. La véritable fondation de la tératologie scientifique fut l'oeuvre de son fils Isidore GEOFFROY SAINT-HILAIRE (1805-1861) qui classa les anomalies et les monstruosités selon une nomenclature toujours en vigueur aujourd'hui (MONESTIER. 1978. 59). Dans son *Histoire générale et particulière des anomalies...* (1832-1836), il démontre que les formes monstrueuses sont éventuellement d'origine accidentelle et qu'il faut donc éliminer l'hypothèse de germes prédisposés à la monstruosité (TETRY. 1981. 533), conception qui élimine également d'une façon définitive, du moins de la scène scientifique, toute corrélation morale ou religieuse aux anomalies et aux monstruosités. Cet auteur va plus loin encore en estimant que les anomalies individuelles peuvent éventuellement être à l'origine d'une variété ou d'une espèce nouvelle. Concevant la naissance d'espèces par brusques variations fortuites, c'est-à-dire par mutations génétiques, il rejoint de cette manière les découvertes de la génétique moderne. Il observe, en effet, deux constantes dans l'apparition des anomalies : tout d'abord la transmission héréditaire de certaines anomalies, différentes de celles d'origine accidentelle (cf. supra) et d'autre part la similitude de ces caractères transmis avec ceux qui sont typiques d'une autre espèce, il en conclut que ces êtres anormaux sont des *mutants* à l'origine de nouvelles espèces (GUYENOT. 1950. 51).

La tératologie ne devait pas rester isolée parmi les disciplines du vivant. C. DARESTE, en 1891, en tentant de démontrer l'importance de l'influence du milieu sur le développement embryonnaire, intégra l'étude des monstres dans le domaine de la biologie expérimentale. Appliquant les mêmes idées à la formation des races, cet auteur tenta d'expliquer les variations humaines comme étant le résultat fixé des rapports d'échange entre l'organisme et le milieu. Enfin, au XX^e^ siècle, les expériences d'Étienne WOLFF permirent d'élucider partiellement les lois de l'ontogenèse naturelle. Ce savant français, né en 1904, entreprit de produire des monstruosités artificielles en utilisant divers procédés, tels que des lésions sur l'embryon à l'aide d'un fin pinceau, des radiations, ou encore par des procédés chimiques (KHEL. 1964. 636). Les conclusions auxquelles aboutit WOLFF sont que "n'importe quel embryon peut être transformé en monstre de type déterminé à l'avance, si l'intervention est pratiquée au stade et dans les conditions de localisation favorables" (ROSTAND. 1962. 177). De cette manière WOLFF obtint même des monstres encore inconnus dans la nature.

Il faut donc en conclure que les monstruosités accidentelles sont celles qui dérivent d'un oeuf génétiquement normal, mais qui aurait subi, au cours de son développement, des influences perturbatrices. Ces influences tératogènes ne sont pas transmissibles puisqu'elles sont acquises accidentellement. La production artificielle de monstres éclaire bien entendu les facteurs de la tératogenèse naturelle; elle est aussi d'un grand secours pour mieux comprendre les processus de l'embryologie normale. La science serait ainsi parvenue à déterminer des mutations artificielles par la modification des cellules sexuelles des géniteurs. C'était encore les positions que défendait avec éclat ROSTAND il y a une trentaine d'années (1962. 175).

Depuis, on sait que les divers facteurs externes ne peuvent produire toutes les anomalies existantes dans la nature. Des découvertes génétiques récentes montrent que beaucoup de monstruosités se développent à la suite d'une mutation d'un gène chromosomique (TETRY. 1981. 534). D'autre part, la génétique tératologique rejoint directement la génétique médicale puisque certaines maladies ou troubles sont dus à des déficiences transmises héréditairement et que ces anomalies génétiques sont transmissibles d'une génération à l'autre.

Le rôle des mutations monstrueuses permet également de mieux comprendre l'origine des espèces et même des genres différents. Ainsi, de nombreuses caractéristiques de l'ordre des Cétacés sont la réplique exacte de certaines mutations tératologiques et on peut se demander si l'accumulation d'anomalies héréditaires n'a pas, en l'occurrence contribué à l'apparition d'un type nouveau (GUYENOT. 1947. 106 sq.). Enfin, l'observation des états pathologiques qui illustrent des déviations de l'état considéré comme normal permet de mieux comprendre le fonctionnement du normal à l'aide d'expériences sur la déviation du normal (JACOB. 1970. 139).

## Les limites de l'humain et les sciences de l'homme

La monstruosité nous renvoie inéluctablement à notre propre normalité, c'est-à-dire à notre statut identitaire. La tératologie a suivi historiquement la même trajectoire que les autres sciences biologiques : dans un premier temps, en gros de la Renaissance à la fin du dix-neuvième siècle, ces disciplines ont introduit, dans les mentalités scientifiques et de là dans la conscience populaire, l'idée d'une continuité entre les êtres vivants avec son corollaire d'une mobilité potentielle, conception éminemment libératoire en regard des conceptions classiques. Néanmoins, en un second temps, les progrès effectués dans ces mêmes disciplines laissent entrevoir, dans une certaine mesure, de nouvelles formes de déterminisme, celui qui découlerait d'une maîtrise des processus génétiques. C'est donc la question d'un nouveau statut de l'être humain et, par conséquent, des spécificités des sciences de l'homme que directement et indirectement les sciences du vivant, et notamment la tératologie qui se constitue en tant que science autonome, sont conduites à formuler depuis la fin du dix-huitième siècle.

De fait, la thématique comparatiste de ce volume apparaît déjà chez BUFFON puisqu'il affirme que nous ne pouvons juger qu'en comparant et il poursuit son propos en s'interrogeant : "s'il n'existait point d'animaux, la nature de l'homme serait encore plus incompréhensible, <c'est pourquoi> après avoir considéré l'homme en lui-même ne devons-nous pas nous servir de cette voie de la comparaison ?" (cité par TINLAND. 1968. 23). D'une certaine manière, l'enseignement à tirer de comparaisons est d'autant plus grand que la proximité est plus forte. Quelles indications ne pourrait-on retirer de l'observation de créatures mitoyennes que l'on hésiterait tout autant à classer définitivement dans le règne animal que dans le règne humain ?

Par ce biais, les sciences de l'homme, et plus particulièrement la discipline majeure que constitue l'anthropologie, s'érigent simultanément à une interrogation jamais satisfaite sur leurs propres fondements et sur leurs propres justifications et à un questionnement non terminable sur la nature de l'homme. Pourquoi et en quoi sommes-nous des hommes, comment identifier notre espèce, quels rapports l'homme entretient-il avec la nature et avec les autres espèces animales ? Les théories erronées concernant l'origine hybride des Nègres révèlent combien, au dix-huitième et encore au dix-neuvième siècle, les définitions de l'humanité et l'appréciation de comparaisons interethniques et interculturelles reste soumise à des préjugés ethnocentristes.

L'anthropologie, depuis les grands voyages et les explorations de la Renaissance, se fonde en s'interrogeant d'abord sur les limites et les caractéristiques de son objet : l'Homme. Comment interpréter la différence ? Faut-il penser une discontinuité entre le règne animal et le règne humain ? La dialectique du Civilisé et du Sauvage s'instaure dès le XVIe siècle. Les controverses qui illustrent les débuts des rencontres entre ce qu'on appellera l'Ancien et le Nouveau Monde portent précisément sur le statut des indigènes qu'on rencontrera en ces terres lointaines. Si une bulle pontificale tranche en 1537 dans le sens de l'humanité de ceux-ci, on voit bien en quoi le statut de l'Autre intéressait l'Européen. Les incidences économiques, sociales et politiques sont présentes dès les premiers débats : ne jouissant que d'un statut intermédiaire entre l'Homme et l'Animal, l'indigène ne pouvait se prévaloir des droits alors généralement accordés aux premiers.

L'anthropologie physique reste ainsi inséparable de l'anthropologie culturelle de même que l'histoire naturelle de l'espèce humaine ne peut être dissociée de l'histoire culturelle de l'humanité. L'ambiguïté des notions qui caractérisent pourtant l'être humain par rapport à l'animal se manifestent dans le contenu sémantique des trois termes, *culture*, *civilisation* et *progrès*, qu'emploient, dès les débuts de l'époque contemporaine, les savants qui répercutent dans une réflexion sur l'humanité les découvertes opérées dans les sciences de la nature.

# CHAPITRE 17 – LA GÉNÉTIQUE

*La sélection artificielle avant la génétique. Hérédité et génétique. Génie génétique et questionnements éthiques. Théorie de l'évolution et génétique. Les sciences du vivant et la science biologique.*

## La sélection artificielle avant la génétique

On explique la très forte poussée démographique qui caractérise les débuts du néolithique et la véritable expansion de l'Homme sur la terre par la maîtrise que l'être humain aurait acquis sur sa nourriture grâce à l'élevage et à l'agriculture. Or, ces nouvelles pratiques se caractérisent non seulement par la possibilité de stocker à portée de main les denrées alimentaires, mais aussi par la création de chaînes trophiques de rendements nettement supérieurs aux rendements des chaînes naturelles (RUFFIE. 1982. 191). L'existence de ces chaînes artificielles est clairement mise en évidence par l'archéologie si bien qu'on peut affirmer que l'homme néolithique a pratiqué, depuis plus de 10.000 ans, la sélection artificielle en croisant des espèces et en conservant des caractères désirables et bénéfiques ou, au contraire, en en éliminant d'autres jugés nocifs ou simplement inutiles du point de vue de l'homme.

Dès avant les découvertes de la génétique contemporaine, les éleveurs pratiquaient systématiquement la sélection, le croisement ou les deux simultanément. Ainsi, vers le milieu du siècle dernier, des éleveurs de moutons tentèrent, par croisement, d'obtenir des bêtes produisant à la fois de la laine et de la viande. Mais les résultats ayant été globalement ou négatifs ou peu encourageants, les fermiers cherchèrent l'amélioration du cheptel par simple sélection d'individus choisis dans les races locales, c'est-à-dire sans recourir au croisement (DESERT et SPECKLIN. 1976. 421). On manque souvent de données détaillées sur les pratiques sélectives ou sur les croisements effectués dans l'Antiquité et, à plus forte raison, au Néolithique. À l'époque contemporaine, la conservation d'une relative diversité de variétés d'espèces animales et végétales permet, juste avant l'essor de la génétique au début de notre siècle, de voir comment les fermiers amélioraient et conservaient les espèces les plus intéressantes pour eux.

Si le blé apparaît dans le Croissant fertile vers 7.000 ans aCN et en Europe occidentale 2.000 à 2.500 ans plus tard, il se présente sous diverses variétés tendant toutes à cumuler un ensemble de qualités (tige courte et solide, résistance au froid et à la verse, de gros épis riches en grains convenant pour la panification, etc.). Ces qualités idéales ne se présentent malheureusement pas simultanément, chaque variété en offrant seulement certaines... Avant l'apparition des variétés contemporaines contrôlées génétiquement, les variétés locales étaient, dans chaque région, prépondérantes encore au dix-neuvième siècle. On connaît par des témoignages les méthodes de sélection utilisées : "tous les ans on arrachait, avant la moisson, les plus beaux épis pour les conserver à part", puis "sur la table familiale les grains de ces épis étaient à leur tour choisis : tout le monde s'armait de patience et on ne prenait que les plus beaux". En conséquence, "les blés de Steinsoultz [Haut-Rhin] étaient renommés dans toute la contrée, et les paysans venaient, de l'autre bout du département, pour s'en procurer" (DESERT et SPECKLIN. 1976. 426).

## Hérédité et génétique

Le proverbe "tel père, tel fils" fait partie, en quelque sorte, du patrimoine de la sagesse populaire de l'humanité. Il exprime clairement combien est communément enracinée, dans les croyances, l'idée d'une transmission des caractères physiques et moraux. Si certaines unions étaient particulièrement recommandées à côté d'autres, jugées ordinaires ou banales, il en existait également de déconseillées, voire de prohibées, parce que "contre nature". Au moment où l'Occident commence à s'ouvrir au reste du monde, un jugement moral est posé sur les croisements entre Blancs et indigènes. Au XVIIe siècle, de nouvelles notions apparaissent, *hybride* (1596), *mulâtre* (1604) et *métis* (1615), pour désigner des croisements entre variétés, races et, pour le premier, espèces différentes, tandis que ces termes se connotent de la désapprobation qui doit entourer tout ce qui n'est pas pur.

Avant le dix-neuvième siècle et l'invention de la génétique, les théories sur l'hérédité restaient donc largement moralisantes. Le Siècle des Lumières ne pouvait s'en contenter : ainsi s'élaborèrent, depuis MAUPERTUIS et BUFFON, des théories visant à expliquer les caractères héréditaires par la transmission, dans les cellules germinales, de particules microscopiques. Ces théories dont les formes contemporaines s'appellent *microméristes* prétendent que les gènes occupent des places fixes (des *loci*), réparties linéairement le long du chromosome et qu'il y aurait coségrégation de deux ou de plusieurs allèles à travers les générations en raison de la proximité physique du *locus* sur le génome. Ce phénomène, appelé *linkage* ou *liaison génétique*, explique que, malgré les lois de MENDEL, des associations de caractère puissent apparaître plus fréquemment dans une lignée que dans un échantillon témoin, ce qui suggère des *liaisons génétiques* et rejoint, en la développant et en lui conférant un caractère scientifique, l'idée traditionnelle d'une relative transmission de caractères physiques et moraux.

Ces recherches contemporaines, de même d'ailleurs que tout le développement de la génétique, ne furent rendues possibles que grâce aux découvertes, il y a cent cinquante ans environ, de la cellule et, il y a une centaine d'années, des chromosomes. On doit voir également, dans ce genre de recherches, l'aboutissement des travaux de biométrie menés, dans la seconde moitié du dix-neuvième siècle, par A. QUETELET (1796-1874) dont les études portaient sur l'analyse statistique de diverses variables, telles que les variations de la taille, dans des échantillons d'êtres humains. La courbe de répartition de chaque caractère est connue, c'est la distribution gaussienne, typique des phénomènes aléatoires. Ces travaux, dont les premiers remontent à 1871, peuvent mettre en évidence la transmission de caractères héréditaires, alors que le monde scientifique n'aura connaissance des lois de MENDEL que vers 1900.

Entretemps, de 1858 à 1865, MENDEL, travaillant seul dans le jardin du monastère de Brno, avait découvert les lois essentielles de l'hérédité, aidé dans sa recherche à la fois par son esprit mathématique et par le hasard qui lui fit choisir un matériel exceptionnellement favorable pour ses recherches (CAULLERY et LEROY. 1981. 552). Croisant des pois de senteur, lisses et ridés, jaunes et verts, il établit mathématiquement la fréquence selon laquelle chacun des caractères des "parents" se manifesterait à la première et à la deuxième génération. Les caractères héréditaires pouvaient donc être traités comme des probabilités de distribution et l'hérédité être étudiée comme une branche de la statistique (GROS. 1986. 19).

La démonstration qu'apporte MENDEL de l'indépendance des caractères le conduit logiquement à poser l'existence d'unités héréditaires, éléments déterminants à l'intérieur des cellules germinales : ce sont les chromosomes. Ce qui n'était à ce moment qu'une déduction logique sera confirmé, quinze ans plus tard, par la découverte des chromosomes postulés. Ses observations amènent MENDEL à formuler les deux lois fondamentales de l'hérédité : la loi de la ségrégation et la loi de dominance. Selon la première de ces lois, les caractères unis dans un organisme se disjoignent dans les cellules reproductrices, ce qui a comme corollaire que des types purs peuvent toujours réapparaître dans la descendance d'hybrides. Selon la loi de dominance, s'il y a présence de deux caractères différents dans les cellules reproductrices, l'un des deux domine l'autre et se manifeste dans l'hybride (c'est ce qu'on appelle aujourd'hui le *caractère dominant*, le caractère qui "s'efface", s'appelant le *caractère récessif*) (CUNY. 1972. 93). La loi de la ségrégation est importante car elle démontre l'inanité des croyances qui attribuent un caractère immoral au croisement ou qui postulent l'existence de "races pures".

Toutefois, au début du vingtième siècle, on ne soupçonnait pas encore la complexité réelle des transmissions génétiques et on supposait que chaque trait morphologique était contrôlé par un seul gène. Pour le mendélisme, il existe des gènes indépendants qui véhiculent des caractères héréditaires et qui sont à la fois des unités de fonction, de mutation et de recombinaison, la méthode reposant sur le principe du croisement entre le sauvage et le mutant (RUFFIE. 1982. 195 sq.). Malgré la puissance de l'instrument que MENDEL mettait à la disposition de ses contemporains biologistes, ses découvertes restèrent longtemps à peu près inaperçues, car la biologie de l'époque manquait encore du cadre conceptuel propre à accueillir de telles conceptions. C'est ce qui explique que les lois de l'hybridation, déjà pressenties par NAUDIN et clairement formulées par MENDEL tombèrent dans l'oubli et furent redécouvertes 35 années plus tard, en 1900, *simultanément* par trois botanistes de nationalités différentes, le Hollandais DE VRIES, l'Allemand CORRENS et le Danois TSCHERMAK (GUYENOT. 1948. 37, GROS. 1986. 19), tandis que, dès les débuts du siècle, les zoologistes W. BATESON et L. CUENOT les appliquaient aux animaux (TETRY. 1964. 697).

Si l'effort majeur du dix-huitième siècle fut d'inclure dans les modes de pensée la notion de changement et de mobilité du vivant, celui du dix-neuvième consista en une meilleure compréhension des mécanismes de l'évolution. À cet égard, MENDEL apporta au darwinisme le substrat scientifique qui lui faisait encore défaut. En effet, il démontra expérimentalement qu'il existait un support biologique à la transmission de caractères héréditaires – les gènes –, rendant de ce fait les variations et les mutations plus claires et favorisant une compréhension plus intime de l'évolution elle-même (RUFFIE. 1982. 189).

En 1910, T.H. MORGAN entreprend des expériences sur la drosophile. Elles permettront de localiser les gènes sur les chromosomes. Ce sera le début de la génétique expérimentale avec l'établissement de cartes chromosomiques et, plus récemment, d'expériences sur les gènes (TETRY. 1964. 697). Le choix de la drosophile se recommandait, car elle ne possède que quatre paires de chromosomes, ce qui facilitait grandement les expériences et les observations. En fait, les mêmes observations avaient pu être formulées déjà auparavant, mais sur du matériel génétique moins adéquat ce qui avait empêché les chercheurs de pousser leur analyse au même point (L'HERITIER. 1973. 561).

L'apport de MORGAN fut également d'effectuer un rapprochement entre deux ordres de faits : le phénomène de mutation découvert par H. DE VRIES et les facteurs héréditaires dont l'existence était postulée par MENDEL. MORGAN imagina que les mutations affectaient les facteurs mendéliens et que ceux-ci se trouvaient disposés linéairement sur les chromosomes, ce qui devait lui permettre de préciser l'ordre des gènes sur les chromosomes (GROS. 1986. 22). Les expériences de MORGAN sur les drosophiles furent suivies de bien d'autres. Des chercheurs traitèrent notamment les gènes aux rayons X ou au radium, ce qui leur permit de modifier la structure chimique de certains gènes et donc d'influencer les caractères de la descendance des mouches traitées (BAUMHAUER. 1956. 289 sq.). On doit encore à MORGAN la découverte du phénomène appelé *crossing-over* qui consiste, sur des segments chromosomiques portant plusieurs gènes, à un échange, lors de la méiose, d'un bâtonnet chromosomique à un autre. En réalité, cette théorie avait déjà été proposée antérieurement par le cytologiste belge JANSSENS avant d'être reprise et diffusée par MORGAN (TETRY. 1964. 699 sq.).

L'expérimentation génétique intervient donc directement, dès les débuts du vingtième siècle, dans la compréhension des mystères de la nature. Mais bientôt la compréhension ne suffira plus, l'homme commencera à entrevoir la possibilité prochaine d'interventions dans les procédures vitales les plus intimes : à côté d'une génétique qu'on pourrait appeler "contemplative" (GROS. 1986. 12), se développera une génétique d'intervention dont le but sera de modifier volontairement l'ordonnance linéaire des gènes.

## Génie génétique et questionnements éthiques

Les travaux de MORGAN ont fait accéder à une définition opérationnelle du gène qui le débarrassait de tout son contexte métaphysique. La génétique se formalise grâce aux définitions opérationnelles de la mutation et du gène, le second se révélant à travers la première, tandis que la recombinaison des gènes permet de les localiser. Les progrès seront tels que dès les années trente de ce siècle on pourra prévoir, en termes de probabilités, le résultat de n'importe quel croisement, consécration véritable des théories de MENDEL et du chemin parcouru grâce à lui (L'HERITIER. 1973. 561). Dans le même temps, toutefois, cette avancée de nos certitudes quant aux mystères du vivant s'accompagnait d'une progressive prise de conscience de la complexité de ce qui, jusqu'alors, avait pu paraître simple et clair.

La complexité des relations des gènes et du phénotype dans le cadre de la génétique physiologique – c'est-à-dire précisément de cette branche de la génétique qui envisage le changement dans l'exercice de ses fonctions vitales – met en évidence que, bien souvent, le caractère phénotypique résulte de l'interaction de plusieurs gènes, comme le montra, par exemple, CUENOT à propos de la coloration du pelage de la souris. On distingua donc différentes catégories de gènes : gènes principaux, gènes conditionnels, gènes modificateurs, etc. Dans le même sens d'une formalisation de la génétique, DE VRIES, constatant des changements brusques et héréditaires, les appellera *mutations* géniques ou chromosomiques. Il supposera à leur base des *particules représentatives* ou *gènes*, tandis que, dans la suite, CUENOT, anticipant la découverte de l'ADN, y verra des *déterminants chimiques* (GROS. 1986. 20).

Pour la première fois, en 1927, H.J. MULLER réussit, dans de bonnes conditions, à provoquer expérimentalement des mutations (TETRY. 1964. 705). Non seulement l'homme de science avait intégré dans sa mentalité la perspective du changement, mais il se révélait capable de le produire : l'hybridation devenait la clé de voûte de l'analyse du patrimoine héréditaire. Le croisement de deux génotypes voisins, par la rupture qu'il introduit dans la continuité du vivant, permet de mieux comprendre le fonctionnement du patrimoine héréditaire (GALLIEN. 1967. 26 sq.). Simultanément l'applicabilité médicale de la génétique se révèle lorsqu'on apprend que certaines maladies graves, telles que le daltonisme, l'hémophilie, etc., sont liés aux chromosomes sexuels ou encore que certaines anormalités s'expliquent génétiquement, ainsi le mongolisme qui est dû à la présence d'un chromosome surnuméraire (THEODORIDES. 1984. 118).

Il y a moins de trente ans enfin, on parvint à lire le code de l'ADN et à découvrir les codons qui permettent de lire les séquences d'acides aminés (L'HERITIER. 1973. 566). Dans le même temps, on réussit également à provoquer des *mutations dirigées* sur des organismes unicellulaires : des caractères antigéniques d'une race A d'un microbe se modifient et acquièrent les caractères de la race B (TETRY. 1964. 706). Ces progrès de la génétique conduisent, dans les dernières décennies, à un éclatement de cette discipline en trois branches : la génétique *formelle* ou *cytologique* qui se voue à la description des mécanismes cytologiques lors des transmissions héréditaires, la *génétique physiologique* qui analyse les modalités des manifestations géniques et de l'action du milieu, et la *génétique évolutive* enfin qui étudie les mutations et les sélections considérées du point de vue de l'évolution d'une population (TETRY. 1964. 697).

Ainsi, si la génétique ne renie pas ses attaches à l'ensemble des théories évolutionnistes, elle reproduit pourtant en son sein les oppositions entre stabilité et changement en posant le problème de l'identité en regard de celui de l'évolution, questions sur lesquelles nous reviendrons plus loin. L'homme entrevoit le moment où il pourra mieux dominer son propre devenir biologique : les manipulations génétiques permettent ou permettront prochainement de modifier les caractéristiques d'individus, voire d'espèces. Ces modifications auront évidemment un impact sur la société humaine, à laquelle elles seront aussi applicables, et sur nos civilisations.

Le vitalisme n'est pas mort dans nos mentalités : chaque progrès dans le domaine biologique le fait resurgir à l'abri des nouvelles questions qui se posent et cela tant que ces nouveaux problèmes restent rebelles à l'approche expérimentale (GROS. 1986. 23). Inversement, le déterminisme apparaît aussi à chaque progrès : le gène est communément considéré, de nos jours, comme l'élément déterminant de nos actes, et aussi de nos comportements, de tout ce qui nous distingue en tant qu'homme opposé à chaque autre espèce vivante, et encore de tout ce qui nous distingue des autres communautés humaines et enfin de ce qui nous différencie, dans notre communauté, en tant qu'individu.

Au-delà de cette double dérive, vitaliste ou déterministe, qui menace les recherches biologiques, la recherche génétique s'attaque désormais à un matériau plus complexe que la bactérie, les *intégrons* de rang supérieur, dont l'homme. Combinant les recherches embryologiques sur le devenir individuel et les recherches génétiques sur l'évolution de l'espèce, les savants se penchent sur le développement embryonnaire et abordent la délicate question des variations génétiques qui le perturbent (L'HERITIER. 1973. 568).

## Théorie de l'évolution et génétique

Il faut envisager les théories évolutionnistes dans leur ensemble comme une tentative de compréhension du changement qui caractérise le vivant. Elles représentent la deuxième phase de l'intégration, après la constatation et l'acceptation de la mobilité vitale. La première forme d'intelligibilité de ces phénomènes qui s'imposa aux esprits occidentaux du dix-neuvième siècle est celle d'une profusion vitale, aléatoire et irrationnelle sur la courte durée individuelle, mais dont le sens se révèle cependant pour peu qu'on envisage la longue durée historique et surtout la très longue durée du temps géologique. Dans cette perspective, l'intelligence des changements doit se situer dans la durée paléontologique à laquelle renverront, par exemple, les recherches embryologiques du temps court (cf. supra 198 sq.), de la même manière que, sur le plan social et politique, les sacrifices demandés à la classe ouvrière sont censés prendre leur dimension historique dans la longue durée future de bonheurs annoncés.

À cet égard, on peut opposer la mentalité qui émerge de nos jours à celle qui prédominait des débuts du XIXe siècle jusqu'à notre époque. Les progrès des sciences du vivant ont attiré l'attention de nos contemporains sur l'intérêt de nombreuses recherches biologiques évoquées précédemment : l'embryologie ou la génétique ne sont plus ramenées au rôle de sciences annexes de la paléontologie, elles trouvent en elles-mêmes leurs justifications et cela dans l'immédiateté de leurs éventuelles applications, de la même façon que nos contemporains récusent des explications politiques, sociales ou économiques totales dès lors qu'ils constatent qu'elles conduisent, de fait, à une profonde dégradation des conditions de vie actuelles.

Entre ces deux moments de l'évolution des mentalités occidentales, moments qui sont (partiellement du moins) recoupés par l'opposition entre le vitalisme et le déterminisme sous-jacents aux conceptions biologiques contemporaines, se situent logiquement des conceptions probabilistes transitoires entre les conceptions téléologiques de la très longue durée et les conceptions déterministes du temps court.

La génétique des deux premiers tiers du XXe siècle correspond à ces conceptions intermédiaires à travers ses représentations probabilistes. En effet, les généticiens ont longtemps utilisé le célèbre schéma de l'urne (ou du sac de haricots de diverses variétés) pour rendre compte des mécanismes héréditaires au sein d'une population. Dans ce modèle, une population est représentée par une urne renfermant des boules de différentes couleurs qui correspondent aux gènes. La sélection naturelle s'exerçant sur celles-ci, ne persisteraient, après un certain nombre de générations, que les "boules" ayant des couleurs "favorables". On sait aujourd'hui que ce schéma purement aléatoire sur lequel s'est longtemps fondé l'évolutionnisme ne correspond pas à la réalité, car les gènes ne sont pas indépendants les uns des autres, mais s'intègrent au contraire dans des ensembles fonctionnels, ce qui tranche dans le sens d'une conception populationniste de l'évolution, imposant plutôt une représentation par des ensembles d'ensembles.

L'impression d'une finalité évolutive, chère au courant vitaliste, provient sans doute largement du fait que l'évolution est (ou serait) une route à sens unique, selon l'expression imagée de RUFFIE (1982. 189). Sur le plan des espèces, il n'y a pas (ou il n'y aurait pas) de retour en arrière possible et on a (ou on aurait) donc la certitude, par exemple, que les primates ne rétroévolueront jamais au stade de reptiles. En s'interrogeant, dès lors, sur la transmissibilité des caractères d'une génération à l'autre au sein de lignées évolutives, on comprend rétrospectivement combien la science contemporaine devait poser la question du support de cette transmission et découvrir les gènes avant même d'avoir localisé les chromosomes dans les gamètes (BAUMHAUER. 1956. 283).

D'une certaine manière, les lois que HAECKEL avait posées au siècle dernier retrouvaient, sous une autre forme, leur actualité. Les découvertes de la génétique, notamment l'existence des phénotypes et des génotypes, montraient que l'évolution n'était pas due exclusivement à des phénomènes extérieurs, l'influence du milieu, mais aussi à des phénomènes intérieurs, la dynamique génétique ayant ses propres lois. Les gènes permettent une sorte d'archéologie du vivant et la génétique apporte une contribution renouvelée à la paléontologie contemporaine. L'existence de certains motifs chimiques au sein d'une catégorie de gènes donnés ou l'existence de telle séquence non fonctionnelle permettent l'établissement de chronologies absolues dans l'évolution d'une espèce et autorisent également des comparaisons interspécifiques débouchant sur de nouvelles systématiques partielles et sur les chronologies relatives qui en découlent (GROS. 1986. 12).

Comment rendre compte, en termes d'une causalité non immédiate, du "sens" de l'évolution ? Nos prédécesseurs recouraient à des notions vitalistes ou animistes, toutes entachées d'un anthropocentrisme qui prit lui-même la succession d'un théocentrisme. Le savant contemporain préfère généralement appeler *hasard* la cause des modifications du matériel génétique autres que les modifications mutationnelles provoquées par des agents extérieurs (chimiques, physiques, etc.) (MONOD. 1970. 127).

Dans les relations intraspécifiques, la biologie contemporaine constate que le développement des populations naturelles s'effectue selon trois possibilités : si le mutant est inférieur au type normal, il ne cohabitera pas avec ce dernier; s'il lui est égal, par contre, la coexistence semble la règle; enfin, s'il lui est supérieur, il va se substituer à lui. L'étude de la moyenne des courbes de variation d'une population permet de connaître les courbes de variabilité des divers génotypes et donc de prévoir, dans une certaine mesure, les probabilités développementales de cette population (TETRY. 1964. 708). Hypothèses explicatives lourdes de conséquences dans leurs éventuelles extrapolations aux populations humaines ! Elles n'expriment pourtant rien d'autre, sous leur apparente sérénité scientifique, que le triomphe de la loi du plus fort puisque la cohabitation n'est à envisager que dans un strict rapport d'égalité. Prudemment, toutefois, ces hypothèses négligent ce qui constitue l'éventuelle *infériorité* ou *supériorité* d'une population, à moins de déclarer supérieure la population qui a posteriori l'a emporté sur l'autre.

Si la génétique contemporaine permet cette éventuelle dérive, elle donne également les moyens d'aborder des intégrons de niveau plus élevé que des organismes supérieurs, à savoir des populations prises globalement. Le néodarwinisme est en effet l'étude des conséquences des propriétés des gènes, non plus à un niveau individuel, mais bien à celui d'une population entière. Ceci permet de poser en d'autres termes la question de l'évolution en général et a conduit à la découverte que le polymorphisme est très répandu dans l'espèce humaine (comme dans les autres espèces) (L'HERITIER. 1973. 568). Des individus apparemment identiques extérieurement peuvent se révéler très différents génétiquement et inversement, découverte qui enlève radicalement jusqu'à l'apparence de fondement que revendiquent les racismes dits "scientifiques".

Ce n'est donc plus le fait évolutif en lui-même qui serait mis en cause de nos jours, il est devenu une évidence seule capable de rendre compte du monde organique, mais bien la manière dont l'évolution se serait accomplie. D'ailleurs, les progrès les plus récents des sciences du vivant, notamment la biochimie et la paléontologie, apportent régulièrement de nouveaux arguments en faveur des théories évolutionnistes. La détection de substances radioactives isotopiques présentes chez les êtres vivants uniquement permet ainsi d'établir ou de vérifier des chronologies absolues. Ou encore, l'évaluation des distances génétiques par analyse comparative de l'ADN mitochondrial dont les caractéristiques font un matériel de premier plan pour l'étude comparative de l'évolution moléculaire et qui évolue indépendamment de l'ADN nucléaire, permet de retracer avec beaucoup de certitude les filiations sur la courte durée. Par contre, lorsqu'il s'agit de la longue et surtout de la très longue durée, l'analyse comparative doit se baser sur l'ADN nucléaire qui permet, par exemple, de constater une plus grande proximité de l'homme et du chimpanzé, le gorille, puis l'orang-outan et enfin le gibbon, s'écartant progressivement dans l'échelle évolutive (KAPLAN et DELPECH. 1992. 412 sq.).

## Les sciences du vivant et la science biologique

La conception du gène a beaucoup varié depuis le XIXe siècle. En fait, il ne s'agit pas à proprement parler d'un concept au contenu bien défini, mais plutôt d'une "idée régulatrice", élément dynamisant pour la recherche, conduisant les savants à avancer et à proposer toujours de nouveaux modèles explicatifs (GROS. 1986. 11). La notion de gène est en elle-même éminemment comparative, dans sa définition toute provisoire et dans son fonctionnement dynamique. Il n'est donc guère étonnant qu'elle se situe au croisement des diverses disciplines du vivant.

Quelques exemples illustreront la fécondité heuristique d'un concept pourtant mal définissable. L'analyse de la réalisation du phénotype a établi que des processus physiologiques ou chimiques, des substances hormonales conditionnent l'apparition de tel caractère. Ces recherches auront évidemment des applications en pharmacologie et en médecine. La découverte de maladies chromosomiques ou celle de l'importance du milieu placentaire sur le développement embryologique révèlent des liens nombreux entre la génétique et l'embryologie. On pourrait aisément multiplier ce qui ne sont que des exemples du caractère apparemment nécessairement interdisciplinaire de la génétique contemporaine.

Or, si la génétique a contribué de manière souvent spectaculaire aux progrès des diverses sciences biologiques, il y a lieu de s'interroger sur le statut actuel de cette discipline. L'HERITIER (1973. 568) se demandait, il y a une vingtaine d'années déjà, si la génétique n'était pas devenue une méthodologie en cessant d'être une science, du fait du caractère de plus en plus indécis de ses frontières avec les autres sciences biologiques. Outre la fonction que la génétique a joué, parmi les sciences du vivant, dans l'évolution des mentalités à l'époque contemporaine, rôle que retraçait ce volume, il faut se demander également si la génétique ne remplit pas, pour les mêmes raisons et dans des conditions analogues, un rôle identique à celui du comparatisme dans les sciences de l'homme. L'un et l'autre sont des méthodologies naturellement interdisciplinaires, incitant à la multiplication des topiques et à l'abandon de positions trop centrées.

S'il fallait suivre cet étrange parallélisme, on devrait sans doute s'inspirer des succès méthodologiques de la génétique pour tenter d'élaborer un comparatisme applicable à l'ensemble des sciences de l'homme. Il y aurait lieu, dans ce cas, de tenir compte des grandes leçons que les sciences du vivant donnent à ceux qui s'interrogent sur l'histoire contemporaine des sciences biologiques. Sur le plan de l'analyse tout d'abord : bien que certains processus chimiques aient été clairement décrits dès la fin du XVIII$^{e}$ siècle, par exemple les notions de respiration, d'oxydation, etc., analysées par LAPLACE et LAVOISIER, il fallut cependant attendre les découvertes contemporaines de la biochimie pour en tirer tout le parti voulu. Cependant, si l'interdisciplinarité manifeste ici aussi toute sa fécondité, le risque est devenu grand d'inféoder une discipline à une autre en fonction de l'applicabilité immédiate des résultats. C'est le cas, par exemple, de la biochimie par rapport à la médecine, tant est grande la tentation, légitime par ailleurs, de mettre au service de la guérison ou du prolongement et de l'amélioration de la vie toutes les acquisitions de la première de ces sciences (BROUN. 1980. 333) et, progressivement, de négliger, au profit de la seconde, les recherches fondamentales qui restent indispensables.

La génétique est parvenue à concilier la simplicité de l'analyse chimique de tous les êtres vivants, constitués sans exception à partir des mêmes éléments simples, et la prodigieuse et complexe diversité de ces êtres. Les recherches des dernières décennies ont établi que l'invariant biologique fondamental était l'ADN dont les séquences de nucléotides reproduisent, à la manière d'un alphabet ou d'un code, des messages différents. La biochimie permit, en effet, de démontrer que tous les êtres vivants étaient constitués de deux classes principales de macromolécules (protéines et acides nucléiques) et que les mêmes séquences de réactions sont utilisées dans tous les organismes pour les réactions chimiques (MONOD. 1970. 118 sq.). La biochimie s'est développée, à notre époque, au confluent de la physique, de la chimie et de la biologie, grâce à l'invention de méthodes d'analyse plus précises, plus spécifiques et sensibles et par la création d'instruments d'observation adéquats (BROUN. 1980. 335, THEODORIDES. 1984. 123). Les progrès du comparatisme dans les sciences de l'homme exigent sans doute, de la même manière, une conceptualisation plus riche et plus rigoureuse, une analyse plus précise et spécifique, une meilleure prise de conscience de la spécificité éventuelle de chaque discipline comparative et, corrélativement, une mise en évidence de ce qui apparaîtrait comme commun à toutes. C'est à ce travail interdisciplinaire que seront consacrés les deux volumes suivants qui requerront, de par l'ampleur des problématiques et l'abondance des matériaux, une approche collective.

**BIBLIOGRAPHIE**


ACTON. H.B. 1974 : Empirisme et évolutionnisme, dans : BELAVAL. éd. t.3. 257-282

AKOKA. Gilbert. éd. 1981 : La grande encyclopédie de la sexualité. t.7. S.l.

AKOUM. André. éd. 1974 : L'anthropologie. Verviers.

ALES. A. d'-. éd. 1922 : Dictionnaire apologétique de la foi catholique, contenant les preuves... t.4. Paris.

ALLARD. Guy-H. et al. 1975 : Aspects de la marginalité au Moyen Âge. Montréal.

ANTHOUARD. Fr. et SITBON. G. 1973 : L'embryologie. Le vivant s'organise, dans : CHAUVIN. éd. 233-301.

ANTHOUARD. Michel. 1974 : Les origines de l'homme : Historique des découvertes, dans : AKOUM. éd. 480-509.

ARAMBOURG. C. 1943 : La genèse de l'humanité. Paris.

ARON. Jean-Paul. 1968 : Présentation, dans : LAMARCK. 5-35.

ASHLEY. Maurice. 1973 : Le Grand Siècle : L'Europe de 1598 à 1715. Paris.

BANTON. Michael. 1971 : Sociologie des relations raciales. Paris.

BARLOY. Jean-Jacques. 1978 : Les animaux de la préhistoire. Paris.

BARLOY. Jean-Jacques. 1980 : Lamarck contre Darwin. Paris-Montréal.

BARRIERE. Pierre. 1974 : La vie intellectuelle en France, du XVIe siècle à l'époque contemporaine. Paris.

BAUMHAUER. Hermann et al. 1956 : Sciences et techniques. t.2. Zürich.

BEAUCHENE. Guy de -. 1974 : La préhistoire : L'homme avant l'écriture, dans : AKOUM. éd. 549-580.

BELAVAL. Yvon. éd. 1973 : Histoire de la philosophie. t.2 : De la Renaissance à la Révolution Kantienne. Paris.

BELAVAL. Yvon. éd. 1974 : Histoire de la philosophie. t.3 : Du XIXe siècle à nos jours. Paris.

BERNARD. Jean. 1976 : L'homme changé par l'homme. Paris.

BERNARD. M. 1973 : La psychologie, dans : CHATELET. éd. b. t.7. 17-108

BERNHARDT. Jean. 1973 : Chimie et biologie au XIXe siècle, dans : CHATELET. éd. a. t. 6. 66-122.

BERTIER DE SAUVIGNY. G. de -. 1966 : La Restauration (1800-1848), dans : ROGIER. et al. éd. t.4. 265-492.

BIEZUNSKI. Michel. éd. 1983 : La recherche en histoire des sciences. Paris.

BOCQUET. C. 1978 : Darwin (Charles Robert), dans : Encyclopaedia Universalis, t.5. 342-344.

BOUANCHAUD. D.-H. 1976 : Charles Darwin et le transformisme. Paris.

BOULOISEAU. Marc. 1972 : Nouvelle histoire de la France contemporaine. t.2 : La République jacobine (10 août 1792 - 9 thermidor an II). Paris.

BOUNOURE. Louis. 1957 : Déterminisme et finalité : double loi de la vie. Paris.

BRABANT. H. 1966 : Médecins, malades et maladies de la Renaissance. Bruxelles.

BRACE. C. L. 1988 : Punctuationism, Cladistics and the Legacy of Medieval Neoplatonism, dans : Human Evolution, t.3.3. 121-138.

BRAUDEL. Fernand. 1979 : Civilisation matérielle, économie et capitalisme (XVe-XVIIIe siècle). t.3 : Le temps du monde. Paris.

BREHIER. Émile. 1983 : Histoire de la philosophie. t.3 : XIXe-XXe siècles. Paris.

BRILLANT. et NEDONCELLE. éd. 1939 : Apologétique : nos raisons de croire, réponses aux objections. S.l.

BRION. Marcel. éd. 1974 : L'Europe des humanistes. Genève.

BRION. Marcel. éd. 1975 : Encyclopédie de la civilisation. Révolution et progrès. Genève.

BROUN. Georges. 1980 : Biochimie, dans : GRACIANSKY et PEQUIGNOT. éd. 331-446.

BRUNOT. Ferdinand. 1966 : Histoire de la langue française des origines à nos jours. t.6.1.2 : Le XVIIIe siècle. Paris.

BUCHET. Edmond. 1977 : L'homme créateur. t.2 : Renaissances et révolutions. Paris.

BUICAN. Denis. 1987 : Darwin et le darwinisme. Paris.

BUICAN. Denis. 1989 : La révolution de l'évolution. L'évolution de l'évolutionnisme. Paris.

CABANNE. Pierre. 1975 : Dictionnaire international des arts. Paris.

CAIN. A. J. 1958 : Logic and memory in Linnaeus's system of taxinomy, dans : Proc.Linnean Soc.of London. t.169. 1-2. 144-163.

CANGUILHEM. Georges et al. 1985 : Du développement à l'évolution au XIX$^{e}$ siècle. Paris.

CARLES. Jules. 1969 : Les origines de la vie. Paris.

CARLES. Jules. 1970 : Le transformisme. Paris.

CASSIRER. Ernst. 1966 : La philosophie des Lumières. Paris.

CAULLERY. M. et LEROY. J.F. 1981 : Les origines de la génétique, dans : TATON. éd. 550-555.

CAULLERY. M. et TETRY. A. 1981 : Les théories explicatives de l'évolution, dans : TATON. éd. t.3.1. 542-549.

CAZENEUVE. Jean. 1976 : Dix grandes notions de sociologie. Paris.

CAZENEUVE. Jean. 1978 : Évolutionnisme culturel et social, dans : Encyclopaedia Universalis. t.6. 829-831.

CAZENEUVE. J. et VICTOROFF. éd. 1972 : La sociologie, t.2 : De Guiart à Psychologie sociale. Paris.

CHALINE. Jean. 1987 : Paléontologie des vertébrés. Paris.

CHANGEUX. Jean-Pierre. 1983 : L'homme neuronal. Paris.

CHATELET. François. éd. 1972 : Histoire de la philosophie. t.4 : Les Lumières (Le XVIII$^{e}$ siècle). Paris.

CHATELET. François. éd. 1973.a : Histoire de la philosophie. t.6 : La philosophie du monde scientifique et industriel (1860-1940). Paris.

CHATELET. François. éd. 1973.b : Histoire de la philosophie. t.7 : La philosophie des sciences sociales (de 1860 à nos jours). Paris.

CHATELET. F. et MAIRET. G. éd. 1978 : Histoire des idéologies. t.3 : Savoir et pouvoir du XVIII$^{e}$ au XX$^{e}$ siècle. Paris.

CHAUVIN. Rémy. éd. 1973 : La biologie : les structures. Verviers.

CHEVALIER. Jacques. 1966 : Histoire de la pensée. t.4 : La pensée moderne de Hegel à Bergson. Paris.

CHRISTEN. Yves. 1979 : L'heure de la sociobiologie. Paris.

CLAVAL. Paul. 1980 : Les mythes fondateurs des sciences sociales. Paris.

COLLEYN. Jean-Paul. 1982 : Éléments d'anthropologie sociale et culturelle. Bruxelles.

CONSTANTINESCO. L-J. 1972 : Traité de droit comparé. t.1 : Introduction au droit comparé. Paris.

COQUERY. Catherine. 1965 : La découverte de l'Afrique : L'Afrique noire atlantique des origines au XVIIIe siècle. Paris.

CROUZET. Maurice. éd. 1967 : Histoire générale des civilisations. t.4 : Les XVIe et XVIIe siècles : La grande mutation intellectuelle... Paris.

CUENOT. Lucien. et TETRY. A. 1952 : La phylogenèse du règne animal, dans : PIVETEAU. 74-86.

CUNY. Hilaire. 1972 : L'espèce humaine. Paris.

CUVIER. Georges. 1805 : Leçons d'anatomie comparée. t.1 : Les organes du mouvement. Paris.

DARMON. Pierre. 1981 : Le mythe de la procréation à l'âge baroque. Paris.

DARMON. Pierre. 1983 : Mythologie de la femme dans l'ancienne France (XVIe-XIX[e] siècles). Paris.

DARWIN. Charles. 1859 : L'origine des espèces au moyen de la sélection naturelle ou la lutte pour l'existence dans la nature. t.2. Paris [1983].

DAUDIN. Henri. 1926.a : Cuvier et Lamarck. Les classes zoologiques et l'idée de série animale. t.1 : 1790-1830. Paris.

DAUDIN. Henri. 1926.b : Cuvier et Lamarck. Les classes zoologiques et l'idée de série animale. t.2 : 1790-1830. Paris.

DAUDIN. Henri. 1926.c : De Linné à Lamarck. Méthodes de la classification et idée de série en botanique et en zoologie (1740-1790). Paris.

DAVY de VIRVILLE. et LEROY. 1969 : Botanique, dans : TATON. éd. t.2. 177-187, 406-420, 679-697.

DE KEYSER. Eugénie. 1965 : L'Occident romantique (1789-1850). Genève.

DELAUNAY. et THEODORIDES. 1969 : Zoologie, dans : TATON. éd. t.2. 168-176.

DELUMEAU. Jean. 1983 : Le péché et la peur : la culpabilisation en Occident (XIIIe-XVIIIe siècles). Paris.

DESCHAMPS. Hubert. 1969 : Histoire des explorations. Paris.

DESCHAMPS. Hubert. 1972 : Les Européens hors d'Europe de 1434 à 1815. Paris.

DESERT. G. et SPECKLIN. R. 1976 : Les réactions face à la crise, dans : DUBY et WALLON. éd. 409-450.

DESNE. Roland. 1972 : La philosophie française au XVIIIe siècle, dans : CHATELET. éd. t.4. 79-118.

DEVEZE. Michel. 1970 : L'Europe et le monde à la fin du XVIIIe siècle. Paris.

DEYON. P. et JACQUART. J. 1978 : L'Europe : gagnants et perdants, dans : LEON. éd. 497-519.

DIDIER. Béatrice. 1975 : Littérature française. t.11 : Le XVIIIe siècle (3: 1778-1820). Paris.

DOBZHANSKY. Theodosius. 1966 : L'homme en évolution. Paris.

DOLLANDER. Alexis. 1973 : Éléments d'embryologie. t.1 : Embryologie générale. Paris.

DROIXHE. et GOSSIAUX. éd. 1985 : L'homme des Lumières et la découverte de l'Autre. Bruxelles.

DUBY. G. et WALLON. A. éd. 1975 : Histoire de la France rurale. t.2 : L'âge classique (1340-1789). Paris.

DUBY. G. et WALLON. A. éd. 1976 : Histoire de la France rurale. t.3 : Apogée et crise de la civilisation paysanne (1789-1914). Paris.

DUCHET. Michèle. 1977 : Anthropologie et histoire au siècle des Lumières : Buffon, Voltaire, Rousseau, Helvétius, Diderot. Paris.

DUCHE. Jean. 1963 : Histoire du monde. t.3 : L'âge de raison. Paris.

DULIEU. L. 1969 : Médecine, dans : TATON. éd. t.2. 648-669.

DUPEUX. Georges. 1972 : La société française (1789-1970). Paris.

DURAND. Yves. 1980 : L'Europe de 1661 à 1789, dans : LIVET et MOUSNIER éd. t.2. 403-578.

DURANT. Will et Ariel. 1966 : Histoire de la civilisation. t.28 : L'époque de Voltaire. Paris.

DUVIC. Patrice. 1973 : Monstres et monstruosités. Paris.

ELBREDGE. Niles. 1989 : La macroévolution, dans : JANVIER et TASSY. éd. 19-45.

ELLUL. Jacques. 1969 : Histoire des institutions. t.4 : XVIe-XVIII[e] siècle. Paris.

EUCKEN. Rudolf. 1912 : Les grands courants de la pensée contemporaine. Paris.

FAURE. Élie. 1976 : Histoire de l'art. L'art moderne. t.1. Paris.

FAYE. Jean-Pierre. éd. 1975 : Change de forme : biologies et prosodies. Paris.

FOUCAULT. Michel. 1966 : Les mots et les choses. Paris.

FURON. R. 1969 : Science de la terre, dans : TATON. éd. t.2. 698-714.

FURON. R. 1981.a : La géologie, dans : TATON. éd. t.3.1. 371-394.

FURON. R. 1981.b : La préhistoire, dans : TATON. éd. t.3.1. 556-566.

GALLIEN. Louis. 1967 : La sélection animale. Paris.

GASCAR. Pierre. 1983 : Buffon. Paris.

GEYMONAT. Ludovico. 1983 : Galilée. S.l. [Bruxelles]

GODECHOT. Jacques. 1963 : Les révolutions (1770-1799). Paris.

GODECHOT. Jacques. 1982 : Le siècle des Lumières, dans : GROUSSET et LEONARD. éd. t.3. 225-341.

GODELIER. Maurice. 1973 : Horizon, trajets marxistes en anthropologie. Paris.

GOSSIAUX. P-P. 1985 : Anthropologie des Lumières (culture "naturelle" et racisme rituel), dans : DROIXHE et GOSSIAUX. éd. 49-69.

GOULD. G.M. et PYLE. W.L. 1984 : Les curiosités médicales. Monaco [1896].

GOULD. Stephen Jay. 1979 : Darwin et les grandes énigmes de la vie. Paris.

GOULD. Stephen Jay. 1982 : Le pouce du panda : les grandes énigmes de l'évolution. Paris.

GRACIANSKY. P. de - et PEQUIGNOT. H. éd. 1980 : Médecine. t.1 : Présentation des sciences de base. Pathologie générale. Paris.

GRASSE. Pierre-Paul. 1971 : Toi, ce petit dieu ! Essai sur l'histoire naturelle de l'Homme. Paris.

GRASSE. Pierre-Paul. 1973 : L'évolution du vivant. Paris.

GRASSE. P-P. et TETRY. A. éd. 1963 : Zoologie. t.1 : Généralités, protozoaires, métazoaires. Paris.

GRASSE. P-P. et TETRY. A. éd. 1972 : Zoologie. t.3 : Métazoaires. Paris.

GRASSE. P-P. et TETRY. A. éd. 1974 : Zoologie. t.4 : Tétrapodes, domaine faunistique, zoogéographie. Paris.

GRIMBERG. C. et SVANSTROM. R. 1974 : Histoire universelle. t.8 : L'hégémonie anglaise et la fin de l'Ancien Régime. Verviers.

GROS. François. 1986 : Les secrets du gène. Paris.

GROUCHY. Jean de -. 1978 : De la naissance des espèces aux aberrations de la vie. Paris.

GROUSSET. R. et LEONARD. éd. 1982 : Histoire universelle. t.3 : De la Réforme à nos jours. Paris.

GUSDORF. Georges. 1971 : Les sciences humaines et la pensée occidentale. t.4 : Le principe de la pensée au Siècle des Lumières. Paris.

GUSDORF. Georges. 1972 : Les sciences humaines et la pensée occidentale. t.5 : Dieu, la nature, l'homme au Siècle des Lumières. Paris.

GUSDORF. Georges. 1973 : Les sciences humaines et la pensée occidentale. t.6 : L'avènement des sciences humaines au Siècle des Lumières. Paris.

GUSDORF. Georges. 1977 : Les sciences humaines et la pensée occidentale. t.1 : De l'histoire des sciences à l'histoire de la pensée. Paris.

GUSDORF. Georges. 1978 : Les sciences humaines et la pensée occidentale. t.8 : La conscience révolutionnaire, les idéologues. Paris.

GUSDORF. Georges. 1982 : Les sciences humaines et la pensée occidentale. t.9 : Fondements du savoir romantique. Paris.

GUSDORF. Georges. 1985 : Les sciences humaines et la pensée occidentale. t.12 : Le savoir romantique de la nature. Paris

GUYARD. Marius-François. 1978 : La littérature comparée. Paris.

GUYENOT. Émile. 1947 : L'origine des espèces. Paris.

GUYENOT. Émile. 1948 : L'hérédité. Paris.

GUYENOT. Émile. 1950 : La variation. Paris.

GUYENOT. Émile. 1957 : Les sciences de la vie aux XVIIe et XVIIIe siècles : l'idée de l'évolution. Paris.

GUYENOT. E. et THEODORIDES. J. 1969 : Zoologie, dans : TATON. éd. t.2. 369-380.

HAVELY. E. 1976 : Évolution, dans : LALANDE. éd. 312-313

HAMPSON. Norman. 1972 : Le siècle des Lumières. Paris.

HERITIER. Jean. 1991 : Le martyre des affreux. La dictature de la beauté. Paris.

HOOYKAAS. R. 1970 : Continuité et discontinuité en géologie et biologie. Paris.

JACOB. François. 1970 : La logique du vivant : une histoire de l'hérédité. Paris.

JACOB. François. 1981 : Le jeu des possibles : essai sur la diversité des vivants. Paris.

JANSEN. Jean. 1902 : L'Allemagne et la Réforme. t.6. Paris.

JANSON. H.W. 1978 : Histoire de l'art. Panorama des arts plastiques des origines à nos jours. Paris.

JANVIER. P. et TASSY. P. 1989 : Introduction, dans : JANVIER et TASSY. éd. 7-15.

JANVIER. P. et TASSY. P. éd. 1989 : La recherche en paléontologie. Paris.

JANVIER. P., TASSY. P. et THOMAS. 1989 : Le cladisme, dans : JANVIER et TASSY. éd. 47-75.

JUCQUOIS. Guy. 1989 : Le comparatisme. t.1 : Généalogie d'une méthode. Louvain-la-Neuve.

JUCQUOIS. Guy. 1991 : Notes comparatives, dans : JUCQUOIS et SWIGGERS. éd. 19-38.

JUCQUOIS. G. et SWIGGERS. P. éd. 1991 : Le comparatisme devant le miroir. Louvain-la-Neuve.

KAPLAN. J.C. et DELPECH. M. 1992 : Biologie moléculaire et médecine. Paris.

KAPPLER. Claude. 1980 : Monstres, démons et merveilles à la fin du Moyen Âge. Paris.

KEHL. R. 1964 : Quelques grands problèmes de biologie animale, dans : TATON. éd. 629-661.

KNIBIEHLER. V. et FOUQUET. C. 1983 : La femme et les médecins : analyse historique. Paris.

KOESTLER. Arthur. 1972 : L'étreinte du crapaud. Paris.

KOYRE. A. 1969 : Sciences exactes, dans : TATON. éd. t.2. 11-107.

LA HARPE. J.F. 1818 : Lycée ou cours de littérature ancienne et moderne. t.8 à 14. Paris.

LALANDE. André. éd. 1976 : Vocabulaire technique et critique de la philosophie. Paris.

LAMARCK. 1968 : Philosophie zoologique. Paris.

LANKHEIT. Klaus. 1966 : Révolution et Restauration. Paris.

LASCAULT. G. 1978 : Monstres (esthétique), dans : Encyclopaedia Universalis. t.11. 285-288.

LE ROY LADURIE. Emmanuel. 1975 : De la crise ultime à la vraie croissance, dans : DUBY et WALLON. éd. t.2. 359-575.

LEAKEY. R.E. et LEWIN. R. 1985 : Les origines de l'homme. Paris.

LEFLON. Jean. 1949 : La crise révolutionnaire (1789-1846). Paris.

LEHMAN. Jean-Pierre. 1972 : La paléontologie des vertébrés inférieurs, dans : GRASSE et TETRY. éd. t.3. 923-1021.

LEON. Pierre. éd. 1978 : Histoire économique et sociale du monde. t.2 : Les hésitations de la croissance (1580-1740). Paris.

LEROI-GOURHAN. André. 1982 : Les racines du monde. Entretiens avec Claude-Henri Rocquet. Paris.

LEROI-GOURHAN. André. 1983 : Mécanique vivante. Le crâne des vertébrés du poisson à l'homme. Paris.

LINDEN. Eugène. 1979 : Ces singes qui parlent. Paris.

LIVET. G. et MOUSNIER. R. éd. 1980 : Histoire générale de l'Europe. t.2 : L'Europe de la fin du XIV$^{e}$ à la fin du XVIII$^{e}$ siècle. Paris.

L'HERITIER. Philippe. 1973 : L'histoire de la génétique, dans : La recherche, n°35. 557-568.

MADAULE. Jacques. 1966 : Histoire de France. t.2 : De Louis XIV à Napoléon III. Paris.

MAIRET. Gérard. 1978 : Peuple et nation, dans : CHATELET et MAIRET. éd. t.3. 57-79.

MALRAUX. André. 1953 : Les voix du silence. Paris.

MANDROU. Robert. 1977 : L'Europe "absolutiste" : raison et raison d'État (1649-1775). Paris.

MERCIER. D.-J. 1925 : Les origines de la psychologie contemporaine. Louvain-Paris.

MERCIER. Paul. 1971 : Histoire de l'anthropologie. Paris.

MESLIN. Michel. éd. 1984 : Le merveilleux. L'imaginaire et les croyances en Occident. Paris.

MONESTIER. Martin. 1978 : Les monstres. Le fabuleux univers des "oubliés de Dieu". Paris.

MONOD. Jacques. 1970 : Le hasard et la nécessité : essai sur la philosophie naturelle de la biologie moderne. Paris.

MORAZE. C. 1969 : Le siècle de la curiosité, dans : TATON. éd. t.2. 437-445.

MOREAU. Fernand. 1960 : Introduction. Les limites et les grandes divisions du monde végétal, dans : MOREAU. éd. 1-19.

MOREAU. Fernand. éd. 1960 : Botanique. Paris.

MOURRET. Fernand. 1921 : Histoire générale de l'Église. t.7 : L'Église et la Révolution. Paris.

MÜLLER. Max. 1868 : Nouvelles leçons sur la science du langage. t.2 : Influence du langage sur la pensée mythologique ancienne... Paris.

NOEL. Émile. 1982.a : Introduction, dans : ROGER et al. 7-13.

NOEL. Émile. 1982.b : Darwinisme, paléontologie et anatomie comparée, dans : ROGER et al. 55-73.

NOEL. Émile. 1982.c : Darwinisme et paléontologie humaine, dans : ROGER et al. 74-91

NOGAR. Raymond J. 1965 : Science de l'évolution : données scientifiques et pensée chrétienne. Tournai.

OSTOYA. Paul. 1951 : Les théories de l'évolution. Origines et histoire du transformisme et des idées qui s'y rattachent. Paris.

PARSONS. Talcott. 1973 : Sociétés : essai sur leur évolution comparée. Paris.

PIAGET. Jean. 1971 : La situation des sciences de l'homme dans le système des sciences, dans : HAVET. éd. t.1. 1-68.

PICHOIS. C. et ROUSSEAU. A.M. 1967 : La littérature comparée. Paris.

PIVETEAU. Jean. 1952 : Introduction. La science paléontologique, dans : PIVETEAU. éd. 1-12.

PIVETEAU. Jean. 1964 : Anatomie comparée et paléontologie des vertébrés, dans : TATON. éd. t.3.2. 716-734.

PIVETEAU. Jean. 1978 : Cuvier (Georges), dans : Encyclopaedia Universalis. t.5. 252-254.

PIVETEAU. Jean. 1981.a : Anatomie comparée des vertébrés, dans : TATON. éd. t.3.1. 485-502.

PIVETEAU. Jean. 1981.b : Paléontologie des vertébrés, dans : TATON. éd. t.3.1. 502-523.

PIVETEAU. Jean. éd. 1952 : Traité de paléontologie. t.1. Paris.

PIVETEAU. J. et BOUREAU. E. 1978 : Paléontologie, dans : Encyclopaedia Universalis. t.12. 415-422.

POLIAKOV. Léon. 1975 : Le fantasme des êtres hybrides et la hiérarchie des races aux XVIIIe et XIXe siècles, dans : POLIAKOV. éd. 167-181.

POLIAKOV. Léon. éd. 1975 : Hommes et bêtes. Entretiens sur le racisme. Actes du Colloque tenu du 12 au 15 mai... Paris.

PONTEIL. Félix. 1973 : Histoire générale contemporaine : du milieu du XVIIIe siècle à nos jours. Paris.

PROCHIANTZ. Alain. 1988 : Les stratégies de l'embryon. Embryons, gènes, évolution. Paris

RABAUD. Étienne. 1914 : La tératogenèse. Études des variations de l'organisme. Paris.

REAU. Louis. 1938 : L'Europe française au siècle des Lumières. Paris.

ROBERTS. John. 1975 : Révolution et progrès. Vie politique et sociale de 1789 à 1851, dans : BRION. éd. 73-114.

ROGER. J. 1978 : Transformisme, dans : Encyclopaedia Universalis, t.16. 252-255

ROGER. Jacques. 1983 : Buffon et le transformisme, dans : BIEZUNSKI. éd. 149-172.

ROGER. J. et al. 1982 : Le darwinisme aujourd'hui. Paris.

ROGIER. L-J. et al. éd. 1966 : Nouvelle histoire de l'Église. t.4 : Siècle des Lumières, Révolutions, Restaurations. Paris.

ROSTAND. Jean. 1962.a : Le développement, dans : ROSTAND et TETRY. éd. 158-173.

ROSTAND. Jean. 1962.b : Les monstres simples, dans : ROSTAND et TETRY. éd. 174-184.

ROSTAND. Jean. 1969 : Les grands problèmes de la biologie, dans : TATON. éd. t.2. 597-618.

ROSTAND. Jean. 1978 : Esquisse d'une histoire de la biologie. Paris.

ROSTAND. J. et TETRY. A. éd. 1962 : La vie. Paris.

ROUVIERE. H. 1941 : Anatomie philosophique. La finalité dans l'évolution. Paris.

RUFFIE. Jacques. 1976. : De la biologie à la culture. Paris.

RUFFIE. Jacques. 1982 : Traité du vivant. Paris.

SALAUN. J. 1978 : Embryologie. 1. Histoire et méthodologie, dans : Encycl. Univers. t.6. 123-125.

SCHMITT. Jean-Claude. 1990 : La raison des gestes dans l'Occident médiéval. Paris.

SCHWARZ-LIEBERMANN. H.A. 1978 : Droit comparé : théorie générale et principes. Paris.

SERVIER. Jean. 1980 : L'homme et l'invisible. Paris.

SINETY. R. de -. 1922 : Transformisme, dans : ALES d'-. éd. 1793-1848.

SMITH. John Maynard. 1962 : La théorie de l'évolution. Paris.

SNORRASON. Egill. 1969 : L'anatomiste J.-B. Winslow (1669-1760). Copenhague.

SOBOUL. Albert. 1981 : La Révolution française. Paris.

SOULIE. Maurice. 1980 : Le Régent (1674-1723). Paris.

TATON. René. 1981.a : Les sciences de la terre, dans : TATON. éd. t.3.1. 341-342.

TATON. René. 1981.b : Les conditions du progrès scientifique en Europe, dans : TATON. éd. t.3.1. 615-629.

TATON. René. éd. 1964 : Histoire générale des sciences. t.3 : La science contemporaine (2) : Le XXe siècle. Paris.

TATON. René. éd. 1969 : Histoire générale des sciences. t.2 : La science moderne (de 1450 à 1800). Paris.

TATON. René. éd. 1981 : Histoire générale des sciences. t.3 : La science contemporaine (1) : Le XIXe siècle. Paris.

TETRY. Andrée. 1963.a : Généralités sur le règne animal, dans : GRASSE et TETRY. éd. t.1. 3-24.

TETRY. Andrée. 1963.b : Phylogenèse et grandes lignes de l'évolution, dans : GRASSE et TETRY. éd. 23-53.

TETRY. Andrée. 1964 : Génétique et évolution, dans : TATON. éd. 697-715.

TETRY. Andrée. 1969 : Zoologie, dans : TATON. éd. t.2. 670-678.

TETRY. Andrée. 1974 : Place de l'homme dans la nature, dans : GRASSE et TETRY. éd. t.4. 1173-1218.

TETRY. Andrée. 1981.a : La zoologie, dans : TATON. éd. t.3.1. 401-425.

TETRY. Andrée. 1981.b : Les problèmes de la génération animale, dans : TATON. éd. t.3.2. 524-535.

THEODORIDES. Jean. 1984 : Histoire de la biologie. Paris.

THUILLIER. Pierre. 1972 : Jeux et enjeux de la science. Essais d'épistémologie critique. Paris.

THUILLIER. Pierre. 1981 : Darwin & C°. Bruxelles.

THUILLIER. Pierre. 1989 : Le 'scandale' du British Museum, dans : JANVIER et TASSY. éd. 325-343.

TINLAND. Frank. 1968 : L'homme sauvage. Homo ferus et homo sylvestris, de l'animal à l'homme. Paris.

TINTANT. Henri. 1952 : Principes de la systématique, dans : PIVETEAU. éd. 41-64.

TINTANT. Henri. 1984 : L'évolution du concept de genre : de la similitude à la parenté, dans : Bull. Soc. géol. Fr., 1984, n°4, 570-582

TINTANT. Henri. 1986 : La loi et l'événement. Deux aspects complémentaires des sciences de la Terre, dans : Bull. Soc. Géol. Fr., 1986, 1, 185-189.

TODOROV. Tzvetan. 1991 : Face à l'extrême. Paris.

TOMKIEWICZ. Stanislaw. 1974 : Le développement biologique de l'enfant. Paris.

TORT. Patrick. 1983 : Les complexes discursifs : la pensée hiérarchique et l'évolution. Paris.

TORT. Patrick. 1988 : Introduction à l'anthropologie darwinienne. Entretien avec G. Guille-Escuret, dans : L'homme, n° 105. 105-123.

VALADE. Bernard. 1984 : La nouvelle stratification sociale, dans : CAZENEUVE. éd. 359-369.

VAN CAMPENHAUT. E. 1946 : Éléments de génétique. Science de l'hérédité. Tournai.

VENTURI. Franco. 1971 : Europe des Lumières : recherches sur le XVIIIe siècle. Paris-La Haye.

VERRON. Henri. 1989 : Introduction biologique aux sciences de l'homme. Paris.

VOYELLE. Michel. 1976 : Religion et Révolution. La déchristianisation de l'an II. Paris.

VOYELLE. Michel. 1978 : Piété baroque et déchristianisation en Provence au XVIIIe siècle. Paris.

VOYELLE. Michel. 1985 : Idéologies et mentalités. Paris.

VOYELLE. Michel. 1988 : La Révolution contre l'Église. De la Raison à l'Être suprême. S.l. [Bruxelles]

WEBER. Eugen. 1987 : Une histoire de l'Europe. t.2 : Des Lumières à nos jours. Paris.

WOLFF. E. 1965 : La genèse des monstres, dans : ROSTAND et TETRY. éd. 561-620.

WORONOFF. Denis. 1972 : La République bourgeoise de Thermidor à Brumaire (1794-1799). Paris.

**TABLE DES MATIÈRES**

DEUXIÈME PARTIE – Émergence d'une méthode .................................. 7
Liminaire .................................................................................... 9

TITRE 4 – La méthode comparative .................................................. 15
Chapitre 9 – L'idée d'une méthode .............................................. 17
De l'histoire naturelle aux sciences de la nature ............................ 17
Le transformisme ........................................................................ 19
Le lamarckisme .......................................................................... 22
Le darwinisme ............................................................................ 27
Les sciences naturelles et les sciences de l'homme ......................... 32
Le renouveau scientifique ............................................................ 35
Chapitre 10 – Implications idéologiques ........................................ 39
Les nouvelles conceptions politiques ............................................ 39
La fin des Lumières ..................................................................... 43
La déchristianisation ................................................................... 47
Conservatisme et avant-gardisme ................................................. 51
Mentalités et contradictions ......................................................... 60
Sciences du vivant, sciences du changement ................................. 65
Science et société ....................................................................... 72
Chapitre 11 – L'anatomie comparée .............................................. 77
Les précurseurs .......................................................................... 77
Les fondateurs ............................................................................ 82
Les principes de l'anatomie comparée ........................................... 92
Anatomie comparée et paléontologie ............................................ 97
Place de l'homme ........................................................................ 99

TITRE 5 – La paléontologie .......................................................... 103
Chapitre 12 – Sources historiques ............................................... 105
Discipline frontière entre la géologie et l'anatomie ........................ 105
La paléontologie humaine ........................................................... 107
Les précurseurs .......................................................................... 109
Chapitre 13 – Science modèle au XIXe s. ...................................... 117
Introduction ............................................................................... 117
L'évolutionnisme social .............................................................. 121
L'essor du comparatisme ............................................................. 129
Chapitre 14 – Le déclin ultérieur ................................................. 133
Remises en cause ....................................................................... 133
Une théorie hypothétique ............................................................ 140
Pistes pour l'avenir ..................................................................... 142

TITRE 6 – Le développement biologique .......... 147
Chapitre 15 – L'embryologie ou les promesses de la vie .......... 149
Fécondation et mentalités .......... 149
Les premières théories .......... 150
Le XIXe siècle .......... 155
La théorie de la récapitulation et le comparatisme .......... 157
L'embryologie expérimentale .......... 161
Chapitre 16 – La tératologie .......... 167
Tératologie et "monstres" .......... 167
Un concept évolutif .......... 169
Tératologie et embryologie .......... 173
Les limites de l'humain et les sciences de l'homme .......... 176
Chapitre 17 – La génétique .......... 179
La sélection artificielle avant la génétique .......... 179
Hérédité et génétique .......... 180
Génie génétique et questionnements éthiques .......... 183
Théorie de l'évolution et génétique .......... 184
Les sciences du vivant et la science biologique .......... 187

Bibliographie .......... 191

Table de matières .......... 207

# PUBLICATIONS LINGUISTIQUES DE LOUVAIN



Les commandes, de même que les manuscrits destinés à la publication et les offres d'échanges, sont à adresser exclusivement à l'adresse suivante:

PEETERS
Bondgenotenlaan 153
B-3000 Leuven



## BIBLIOTHÈQUE DES CILL (BCILL)

BCILL 1: **JUCQUOIS G.,** *La reconstruction linguistique. Application à l'indo-européen*, 267 pp., 1976 (réédition de CD 2). Prix: 670,- FB.
A l'aide d'exemples repris principalement aux langues indo-européennes, ce travail vise à mettre en évidence les caractères spécifiques ou non des langues reconstruites: universaux, théorie de la racine, reconstruction lexicale et motivation.

BCILL 2-3: **JUCQUOIS G.,** *Introduction à la linguistique différentielle, I + II*, 313 pp., 1976 (réédition de CD 8-9). (épuisé).

BCILL 4: *Löwen und Sprachtiger. Actes du 8e colloque de Linguistique* (Louvain, septembre 1973), **éd. KERN R.,** 584 pp., 1976. Prix: 1.500,- FB.
La quarantaine de communications ici rassemblées donne un panorama complet des principales tendances de la linguistique actuelle.

BCILL 5: *Language in Sociology*, **éd. VERDOODT A. ET KJOLSETH Rn,** 304 pp., 1976. Prix: 760,- FB.
From the 153 sociolinguistics papers presented at the 8th World Congress of Sociology, the editors selected 10 representative contributions about language and education, industrialization, ethnicity, politics, religion, and speech act theory.

BCILL 6: **HANART M.**, *Les littératures dialectales de la Belgique romane: Guide bibliographique*, 96 pp., 1976 (2e tirage, corrigé de CD 12). Prix: 340,- FB.
En ce moment où les littératures connexes suscitent un regain d'intérêt indéniable, ce livre rassemble une somme d'informations sur les productions littéraires wallonnes, mais aussi picardes et lorraines. Y sont également considérés des domaines annexes comme la linguistique dialectale et l'ethnographie.

BCILL 7: *Hethitica II*, **éd. JUCQUOIS G. et LEBRUN R.**, avec la collaboration de DEVLAMMINCK B., II-159 pp., 1977, Prix: 480,- FB.
Cinq ans après *Hethitica I* publié à la Faculté de Philosophie et Lettres de l'Université de Louvain, quelques hittitologues belges et étrangers fournissent une dizaine de contributions dans les domaines de la linguistique anatolienne et des cultures qui s'y rattachent.

BCILL 8: **JUCQUOIS G. et DEVLAMMINCK B.**, *Compléments aux dictionnaires étymologiques du grec*. Tome I: A-K, II-121 pp., 1977. Prix: 380,- FB.
Le *Dictionnaire étymologique de la langue grecque* du regretté CHANTRAINE P. est déjà devenu, avant la fin de sa parution, un classique indispensable pour les hellénistes. Il a fait l'objet de nombreux comptes rendus, dont il a semblé intéressant de regrouper l'essentiel en un volume. C'est le but que poursuivent ces *Compléments aux dictionnaires étymologiques du grec*.

BCILL 9: **DEVLAMMINCK B. et JUCQUOIS G.**, *Compléments aux dictionnaires étymologiques du gothique*. Tome I: A-F, II-123 pp., 1977. Prix: 380,- FB.
Le principal dictionnaire étymologique du gothique, celui de Feist, date dans ses dernières éditions de près de 40 ans. En attendant une refonte de l'œuvre qui incorporerait les données récentes, ces compléments donnent l'essentiel de la littérature publiée sur ce sujet.

BCILL 10: **VERDOODT A.**, *Les problèmes des groupes linguistiques en Belgique: Introduction à la bibliographie et guide pour la recherche*, 235 pp., 1977 (réédition de CD 1). Prix: 590,- FB.
Un «trend-report» de 2.000 livres et articles relatifs aux problèmes socio-linguistiques belges. L'auteur, qui a obtenu l'aide de nombreux spécialistes, a notamment dépouillé les catalogues par matière des bibliothèques universitaires, les principales revues belges et les périodiques sociologiques et linguistiques de classe internationale.

BCILL 11: **RAISON J. et POPE M.**, *Index transnuméré du linéaire A*, 333 pp., 1977. Prix: 840,- FB.
Cet ouvrage est la suite, antérieurement promise, de RAISON-POPE, Index du linéaire A, Rome 1971. A l'introduction près (et aux dessins des «mots»), il en reprend entièrement le contenu et constitue de ce fait une édition nouvelle, corrigée sur les originaux en 1974-76 et augmentée des textes récemment publiés d'Arkhanès, Knossos, La Canée, Zakro, etc., également autopsiés et rephotographiés par les auteurs.

BCILL 12: **BAL W. et GERMAIN J.**, *Guide bibliographique de linguistique romane*, VI-267 pp., 1978. Prix 685,- FB., ISBN 2-87077-097-9, 1982, ISBN 2-8017-099-1.
Conçu principalement en fonction de l'enseignement, cet ouvrage, sélectif, non exhaustif, tâche d'être à jour pour les travaux importants jusqu'à la fin de 1977. La bibliographie de linguistique romane proprement dite s'y trouve complétée par un bref aperçu de bibliographie générale et par une introduction bibliographique à la linguistique générale.

BCILL 13: **ALMEIDA I.**, *L'opérativité sémantique des récits-paraboles. Sémiotique narrative et textuelle. Herméneutique du discours religieux.* Préface de Jean LADRIÈRE, XIII-484 pp., 1978. Prix: 1.250,- FB.
Prenant comme champ d'application une analyse sémiotique fouillée des récitsparaboles de l'Évangile de Marc, ce volume débouche sur une réflexion herméneutique concernant le monde religieux de ces récits. Il se fonde sur une investigation épistémologique contrôlant les démarches suivies et situant la sémiotique au sein de la question générale du sens et de la comprehension.

BCILL 14: *Études Minoennes I: le linéaire A,* **éd. Y. DUHOUX**, 191 pp., 1978. Prix: 480,- FB.
Trois questions relatives à l'une des plus anciennes écritures d'Europe sont traitées dans ce recueil; évolution passée et état présent des recherches; analyse linguistique de la langue du linéaire A; lecture phonétique de toutes les séquences de signes éditées à ce jour.

BCILL 15: *Hethitica III*, 165 pp., 1979. Prix: 490,- FB.
Ce volume rassemble quatre études consacrées à la titulature royal hittite, la femme dans la société hittite, l'onomastique lycienne et gréco-asianique, les rituels CTH 472 contre une impureté.

BCILL 16: **GODIN P.**, *Aspecten van de woordvolgorde in het Nederlands. Een syntaktische, semantische en functionele benadering*, VI + 338 pp., 1980. Prix: 1.000,- FB., ISBN 2-87077-241-6.
In dit werk wordt de stelling verdedigd dat de woordvolgorde in het Nederlands beregeld wordt door drie hoofdfaktoren, nl. de syntaxis (in de engere betekenis van dat woord), de semantiek (in de zin van distributie van de dieptekasussen in de oppervlaktestruktuur) en het zgn. functionele zinsperspektief (d.i. de distributie van de constituenten naargelang van hun graad van communicatief dynamisme).

BCILL 17: **BOHL S.**, *Ausdrucksmittel für ein Besitzverhältnis im Vedischen und griechischen*, III + 108 pp., 1980. Prix: 360,- FB., ISBN 2-87077-170-3.
This study examines the linguistic means used for expressing possession in Vedic Indian and Homeric Greek. The comparison, based on a select corpus of texts, reveals that these languages use essentially inherited devices but with differing frequency ratios, in addition Greek has developed a verb "to have", the result of a different rhythm in cultural development.

BCILL 18: **RAISON J. et POPE M.**, *Corpus transnuméré du linéaire A*, 350 pp., 1980. Prix: 1.100,- FB.
Cet ouvrage est, d'une part, la clé à l'Index transnuméré du linéaire A des mêmes auteurs, BCILL 11: de l'autre, il ajoute aux recueils d'inscriptions déjà publiés de plusieurs côtés des compléments indispensables; descriptions, transnumérations, apparat critique, localisation précise et chronologie détaillée des textes, nouveautés diverses, etc.

BCILL 19: **FRANCARD M.**, *Le parler de Tenneville. Introduction à l'étude linguistique des parlers wallo-lorrains*, 312 pp., 1981. Prix: 780,- FB., ISBN 2 87077-000-6.
Dialectologues, romanistes et linguistes tireront profit de cette étude qui leur fournit une riche documentation sur le domaine wallo-lorrain, un aperçu général de la segmentation dialectale en Wallonie, et de nouveaux matériaux pour l'étude du changement linguistique dans le domaine gallo-roman. Ce livre intéressera aussi tous ceux qui sont attachés au patrimoine culturel du Luxembourg belge en particulier, et de la Wallonie en général.

BCILL 20: **DESCAMPS A. et al.**, *Genèse et structure d'un texte du Nouveau Testament. Étude interdisciplinaire du chapitre 11 de l'Évangile de Jean*, 292 pp., 1981. Prix: 895,- FB.
Comment se pose le problème de l'intégration des multiples approches d'un texte biblique? Comment articuler les unes aux autres les perspectives développées par l'exégèse historicocritique et les approches structuralistes? C'est à ces questions que tentent de répondre les auteurs à partir de l'étude du récit de la résurrection de Lazare. Ce volume a paru simultanément dans la collection «Lectio divina» sous le n° 104, au Cerf à Paris, ISBN 2-204-01658-6.

BCILL 21: *Hethitica IV*, 155 pp., 1981. Prix: 390,- FB., ISBN 2-87077-026.
Six contributions d'E. Laroche, F. Bader, H. Gonnet, R. Lebrun et P. Crepon sur: les noms des Hittites; hitt. zinna-; un geste du roi hittite lors des affaires agraires; vœux de la reine à Istar de Lawazantiya; pauvres et démunis dans la société hittite; le thème du cerf dans l'iconographie anatolienne.

BCILL 22: **J.-J. GAZIAUX,** *L'élevage des bovidés à Jauchelette en roman pays de Brabant. Étude dialectologique et ethnographique,* XVIII + 372 pp., 1 encart, 45 illustr., 1982. Prix: 1.170,- FB., ISBN 2-87077-137-1.
Tout en proposant une étude ethnographique particulièrement fouillée des divers aspects de l'élevage des bovidés, avec une grande sensibilité au facteur humain, cet ouvrage recueille le vocabulaire wallon des paysans d'un petit village de l'est du Brabant, contrée peu explorée jusqu'à présent sur le plan dialectal.

BCILL 23: *Hethitica V*, 131 pp., 1983. Prix: 330,- FB., ISBN 2-87077-155-X.
Onze articles de H. Berman, M. Forlanini, H. Gonnet, R. Haase, E. Laroche, R. Lebrun, S. de Martino, L.M. Mascheroni, H. Nowicki, K. Shields.

BCILL 24: **L. BEHEYDT,** *Kindertaalonderzoek. Een methodologisch handboek*, 252 pp., 1983. Prix: 620,- FB., ISBN 2-87077-171-1.
Dit werk begint met een overzicht van de trends in het kindertaalonderzoek. Er wordt vooral aandacht besteed aan de methodes die gebruikt worden om de taalontwikkeling te onderzoeken en te bestuderen. Het biedt een gedetailleerd analyserooster voor het onderzoek van de receptieve en de produktieve taalwaardigheid zowel door middel van tests als door middel van bandopnamen. Zowel onderzoek van de woordenschat als onderzoek van de grammatica komen uitvoerig aan bod.

BCILL 25: **J.-P. SONNET,** *La parole consacrée. Théorie des actes de langage, linguistique de l'énonciation et parole de la foi,* VI-197 pp., 1984. Prix: 520,- FB. ISBN 2-87077-239-4.
D'où vient que la parole de la foi ait une telle force?
Ce volume tente de répondre à cette question en décrivant la «parole consacrée», en cernant la puissance spirituelle et en définissant la relation qu'elle instaure entre l'homme qui la prononce et le Dieu dont il parle.

BCILL 26: **A. MORPURGO DAVIES - Y. DUHOUX (ed.),** *Linear B: A 1984 Survey, Proceedings of the Mycenaean Colloquium of the VIIIth Congress of the International Federation of the Societies of Classical Studies (Dublin, 27 August-1st September 1984),* 310 pp., 1985. Price: 850 FB., ISBN 2-87077-289-0.
Six papers by well known Mycenaean specialists examine the results of Linear B studies more than 30 years after the decipherment of script. Writing, language, religion and economy are all considered with constant reference to the Greek evidence of the First Millennium B.C. Two additional articles introduce a discussion of archaeological data which bear on the study of Mycenaean religion.

BCILL 27: *Hethitica VI*, 204 pp., 1985. Prix: 550 FB. ISBN 2-87077-290-4.
Dix articles de J. Boley, M. Forlanini, H. Gonnet, E. Laroche, R. Lebrun, E. Neu, M. Paroussis, M. Poetto, W.R. Schmalstieg, P. Swiggers.

BCILL 28: **R. DASCOTTE,** *Trois suppléments au dictionnaire du wallon du Centre,* 359 pp., 1 encart, 1985. Prix: 950 FB. ISBN 2-87077-303-X.
Ce travail comprend 5.200 termes qui apportent un complément substantiel au *Dictionnaire du wallon du Centre* (8.100 termes). Il est le fruit de 25 ans d'enquête sur le terrain et du dépouillement de nombreux travaux dont la plupart sont inédits, tels des mémoires universitaires. Nul doute que ces *Trois suppléments au dictionnaire du wallon du Centre* intéresseront le spécialiste et l'amateur.

BCILL 29: **B. HENRY,** *Les enfants d'immigrés italiens en Belgique francophone, Seconde génération et comportement linguistique*, 360 pp., 1985. Prix: 950 FB. ISBN 2-87077-306-4.
L'ouvrage se veut un constat de la situation linguistique de la seconde génération immigrée italienne en Belgique francophone en 1976. Il est basé sur une étude statistique du comportement linguistique de 333 jeunes issus de milieux immigrés socio-économiques modestes. Des chiffres préoccupants qui parlent et qui donnent à réfléchir...

BCILL 30: **H. VAN HOOF,** *Petite histoire de la traduction en Occident*, 105 pp., 1986. Prix: 380 FB. ISBN 2-87077-343-9.
L'histoire de notre civilisation occidentale vue par la lorgnette de la traduction. De l'Antiquité à nos jours, le rôle de la traduction dans la transmission du patrimoine gréco-latin, dans la christianisation et la Réforme, dans le façonnage des langues, dans le développement des littératures, dans la diffusion des idées et du savoir. De la traduction orale des premiers temps à la traduction automatique moderne, un voyage fascinant.

BCILL 31: **G. JUCQUOIS,** *De l'egocentrisme à l'ethnocentrisme*, 421 pp., 1986. Prix: 1.100 FB. ISBN 2-87077-352-8.
La rencontre de l'Autre est au centre des préoccupations comparatistes. Elle constitue toujours un événement qui suscite une interpellation du sujet: les manières d'être, d'agir et de penser de l'Autre sont autant de questions sur nos propres attitudes.

BCILL 32: **G. JUCQUOIS,** *Analyse du langage et perception culturelle du changement,* 240 p., 1986. Prix: 640 FB. ISBN 2-87077-353-6.
La communication suppose la mise en jeu de différences dans un système perçu comme permanent. La perception du changement ets liée aux données culturelles: le concept de différentiel, issu très lentement des mathématiques, peut être appliqué aux sciences du vivant et aux sciences de l'homme.

BCILL 33-35: **L. DUBOIS,** *Recherches sur le dialecte arcadien*, 3 vol., 236, 324, 134 pp., 1986. Prix: 1.975 FB. ISBN 2-87077-370-6.
Cet ouvrage présente aux antiquisants et aux linguistes un corpus mis à jour des inscriptions arcadiennes ainsi qu'une description synchronique et historique du dialecte. Le commentaire des inscriptions est envisagé sous l'angle avant tout philologique; l'objectif de la description de ce dialecte grec est la mise en évidence de nombreux archaïsmes linguistiques.

BCILL 36: *Hethitica VII*, 267 pp., 1987. Prix: 800 FB.
Neuf articles de P. Cornil, M. Forlanini, G. Gonnet, R. Haase, G. Kellerman, R. Lebrun, K. Shields, O. Soysal, Th. Urbin Choffray.

BCILL 37: *Hethitica VIII. Acta Anatolica E. Laroche oblata*, 426 pp., 1987. Prix: 1.300 FB.
Ce volume constitue les *Actes* du Colloque anatolien de Paris (1-5 juillet 1985): articles de D. Arnaud, D. Beyer, Cl. Brixhe, A.M. et B. Dinçol, F. Echevarria, M. Forlanini, J. Freu, H. Gonnet, F. Imparati, D. Kassab, G. Kellerman, E. Laroche, R. Lebrun, C. Le Roy, A. Morpurgo Davies et J.D. Hawkins, P. Neve, D. Parayre, F. Pecchioli-Daddi, O. Pelon, M. Salvini, I. Singer, C. Watkins.

BCILL 38: **J.-J. GAZIAUX**, *Parler wallon et vie rurale au pays de Jodoigne à partir de Jauchelette*. Avant-propos de Willy Bal, 368 pp., 1987. Prix: 790 FB.
Après avoir caractérisé le parler wallon de la région de Jodoigne, l'auteur de ce livre abondamment illustré s'attache à en décrire le cadre villageois, à partir de Jauchelette. Il s'intéresse surtout à l'évolution de la population et à divers aspects de la vie quotidienne (habitat, alimentation, distractions, vie religieuse), dont il recueille le vocabulaire wallon, en alliant donc dialectologie et ethnographie.

BCILL 39: **G. SERBAT,** *Linguistique latine et Linguistique générale*, 74 pp., 1988. Prix: 280 FB. ISBN 90-6831-103-4.
Huit conférences faites dans le cadre de la Chaire Francqui, d'octobre à décembre 1987, sur: le temps; deixis et anaphore; les complétives; la relative; nominatif; génitif partitif; principes de la dérivation nominale.

BCILL 40: *Anthropo-logiques*, éd. D. Huvelle, J. Giot, R. Jongen, P. Marchal, R. Pirard (Centre interdisciplinaire de Glossologie et d'Anthropologie Clinique), 202 pp., 1988. Prix: 600 FB. ISBN 90-6831-108-5.
En un moment où l'on ne peut plus ignorer le malaise épistémologique où se trouvent les sciences de l'humain, cette série nouvelle publie des travaux situés dans une perspective anthropo-logique unifiée mais déconstruite, épistémologiquement et expérimentalement fondée. Domaines abordés dans ce premier numéro: présentation générale de l'anthropologie clinique; épistémologie; linguistique saussurienne et glossologie; méthodologie de la description de la grammaticalité langagière (syntaxe); anthropologie de la personne (l'image spéculaire).

BCILL 41: **M. FROMENT,** *Temps et dramatisations dans les récits écrits d'élèves de 5ème*, 268 pp., 1988. Prix: 850 FB.
Les récits soumis à l'étude ont été analysés selon les principes d'une linguistique qui intègre la notion de circulation discursive, telle que l'a développée M. Bakhtine.
La comparaison des textes a fait apparaître que le temps était un principe différenciateur, un révélateur du type d'histoire racontée.
La réflexion sur la temporalité a également conduit à constituer une typologie des textes intermédiaire entre la langue et la diversité des productions, en fonction de leur homogénéité.

BCILL 42: **Y.L. ARBEITMAN** (ed.), *A Linguistic Happening in Memory of Ben Schwartz. Studies in Anatolian, Italic and Other Indo-European Languages,* 598 pp., 1988. Prix: 1800,- FB.
36 articles dédiés à la mémoire de B. Schwartz traitent de questions de linguistique anatolienne, italique et indo-européenne.

BCILL 43: *Hethitica IX,* 179 pp., 1988. Prix: 540 FB. ISBN. Cinq articles de St. DE MARTINO, J.-P. GRÉLOIS, R. LEBRUN, E. NEU, A.-M. POLVANI.

BCILL 44: **M. SEGALEN** (éd.), *Anthropologie sociale et Ethnologie de la France,* 873 pp., 1989. Prix: 2.620 FB. ISBN 90-6831-157-3 (2 vol.).
Cet ouvrage rassemble les 88 communications présentées au Colloque International «Anthropologie sociale et Ethnologie de la France» organisé en 1987 pour célébrer le cinquantième anniversaire du Musée national des Arts et Traditions populaires (Paris), une des institutions fondatrices de la discipline. Ces textes montrent le dynamisme et la diversité de l'ethnologie chez soi. Ils sont organisés autour de plusieurs thèmes: le regard sur le nouvel «Autre», la diversité des cultures et des identités, la réévaluation des thèmes classiques du symbolique, de la parenté ou du politique, et le rôle de l'ethnologue dans sa société.

BCILL 45: **J.-P. COLSON,** *Krashens monitortheorie: een experimentele studie van het Nederlands als vreemde taal. La théorie du moniteur de Krashen: une étude expérimentale du néerlandais, langue étrangère,* 226 pp., 1989. Prix: 680 FB. ISBN 90-6831-148-4.
Doel van dit onderzoek is het testen van de monitortheorie van S.D. Krashen in verband met de verwerving van het Nederlands als vreemde taal. Tevens wordt uiteengezet welke plaats deze theorie inneemt in de discussie die momenteel binnen de toegepaste taalwetenschap gaande is.

BCILL 46: *Anthropo-logiques* 2 (1989), 324 pp., 1989. Prix: 970 FB. ISBN 90-6831-156-5.
Ce numéro constitue les Actes du Colloque organisé par le CIGAC du 5 au 9 octobre 1987. Les nombreuses interventions et discussions permettent de dégager la spécificité épistémologique et méthodologique de l'anthropologie clinique: approches (théorique ou clinique) de la rationalité humaine, sur le plan du signe, de l'outil, de la personne ou de la norme.

BCILL 47: **G. JUCQUOIS,** *Le comparatisme,* t. 1: *Généalogie d'une méthode,* 206 pp., 1989. Prix: 750 FB. ISBN 90-6831-171-9.
Le comparatisme, en tant que méthode scientifique, n'apparaît qu'au XIXe siècle. En tant que manière d'aborder les problèmes, il est beaucoup plus ancien. Depuis les premières manifestations d'un esprit comparatiste, à l'époque des Sophistes de l'Antiquité, jusqu'aux luttes théoriques qui préparent, vers la fin du XVIIIe siècle, l'avènement d'une méthode comparative, l'histoire des mentalités permet de préciser ce qui, dans une société, favorise l'émergence contemporaine de cette méthode.

BCILL 48: **G. JUCQUOIS,** *La méthode comparative dans les sciences de l'homme,* 138 pp., 1989. Prix: 560 FB. ISBN 90-6831-169-7.
La méthode comparative semble bien être spécifique aux sciences de l'homme. En huit chapitres, reprenant les textes de conférences faites à Namur en 1989, sont présentés les principaux moments d'une histoire du comparatisme, les grands traits de la méthode et quelques applications interdisciplinaires.

BCILL 49: *Problems in Decipherment,* edited by **Yves DUHOUX, Thomas G. PALAIMA and John BENNET,** 1989, 216 pp. Price: 650 BF. ISBN 90-6831-177-8.
Five scripts of the ancient Mediterranean area are presented here. Three of them are still undeciphered — "Pictographic" Cretan; Linear A; Cypro-Minoan. Two papers deal with Linear B, a successfully deciphered Bronze Age script. The last study is concerned with Etruscan.

BCILL 50: **B. JACQUINOD,** *Le double accusatif en grec d'Homère à la fin du* V[e] *siècle avant J.-C.* (publié avec le concours du Centre National de la Recherche Scientifique), 1989, 305 pp. Prix: 900 FB. ISBN 90-6831-194-8.
Le double accusatif est une des particularités du grec ancien: c'est dans cette langue qu'il est le mieux représenté, et de beaucoup. Ce tour, loin d'être un archaïsme en voie de disparition, se développe entre Homère et l'époque classique. Les types de double accusatif sont variés et chacun conduit à approfondir un fait de linguistique générale: expression de la sphère de la personne, locution, objet interne, transitivité, causativité, etc. Un livre qui intéressera linguistes, hellénistes et comparatistes.

BCILL 51: **Michel LEJEUNE,** *Méfitis d'après les dédicaces lucaniennes de Rossano di Vaglio*, 103 pp., 1990. Prix: 400,- FB. ISBN 90-6831-204-3.
D'après l'épigraphie, récemment venue au jour, d'un sanctuaire lucanien (-IV[e]/-I[er] s.), vues nouvelles sur la langue osque et sur le culte de la déesse Méfitis.

BCILL 52: *Hethitica* X, 211 pp., 1990. Prix: 680 FB. Sept articles de P. CORNIL, M. FORLANINI, H. GONNET, J. KLINGER et E. NEU, R. LEBRUN, P. TARACHA, J. VANSCHOONWINKEL. ISBN 90-6831-288-X.

BCILL 53: **Albert MANIET**, *Phonologie quantitative comparée du latin ancien*, 1990, 362 pp. Prix: 1150 FB. ISBN 90-6831-225-1.
Cet ouvrage présente une statistique comparative, accompagnée de remarques d'ordre linguistique, des éléments et des séquences phoniques figurant dans un corpus latin de 2000 lignes, de même que dans un état plus ancien de ce corpus, reconstruit sur base de la phonétique historique des langues indo-européennes.

BCILL 54-55: **Charles de LAMBERTERIE**, *Les adjectifs grecs en -υς. Sémantique et comparaison* (publié avec le concours de l'Académie des Inscriptions et Belles-Lettres, du Centre National de la Recherche Scientifique et de la Fondation Calouste Gulbenkian), 1.035 pp., 1990. Prix: 1980 FB. ISBN tome I: 90-6831-251-0; tome II: 90-6831-252-9.
Cet ouvrage étudie une classe d'adjectifs grecs assez peu nombreuse (une quarantaine d'unités), mais remarquable par la cohérence de son fonctionnement, notamment l'aptitude à former des couples antonymiques. On y montre en outre que ces adjectifs, hérités pour la plupart, fournissent une riche matière à la recherche étymologique et jouent un rôle important dans la reconstruction du lexique indo-européen.

BCILL 56: **A. SZULMAJSTER-CELNIKIER,** *Le yidich à travers la chanson populaire. Les éléments non germaniques du yidich*, 276 pp., 22 photos, 1991. Prix: 1490 FB. ISBN 90-6831-333-9.

BCILL 57: *Anthropo-logiques 3* (1991), 204 pp., 1991. Prix: 695 FB. ISBN 90-6831-345-2.
Les textes de ce troisième numéro d'*Anthropo-logiques* ont en commun de chercher épistémologiquement à déconstruire les phénomènes pour en cerner le fondement. Ils abordent dans leur spécificité humaine le langage, l'expression numérale, la relation clinique, le corps, l'autisme et les psychoses infantiles.

BCILL 58: **G. JUCQUOIS - P. SWIGGERS** (éd.), *Comparatisme 3: Le comparatisme devant le miroir*, 155 pp., 1991. Prix: 540 FB. ISBN 90-6831-363-0.
Dix articles de E. Gilissen, G.-G. Granger, C. Hagège, G. Jucquois, H.G. Moreira Freire de Morais Barroco, P. Swiggers, M. Van Overbeke.

BCILL 59: *Hethitica XI,* 136 pp., 1992. Prix: 440 FB. ISBN 90-6831-394-0.
Six articles de T.R. Bryce, S. de Martino, J. Freu, R. Lebrun, M. Mazoyer et E. Neu.

BCILL 60: **A. GOOSSE,** *Mélanges de grammaire et de lexicologie françaises*, XXVIII-450 pp., 1991. Prix: 1.600 FB. ISBN 90-6831-373-8.
Ce volume réunit un choix d'études de grammaire et de lexicologie françaises d'A. Goosse. Il est publié par ses collègues et collaborateurs à l'Université Catholique de Louvain à l'occasion de son accession à l'éméritat.

BCILL 61: **Y. DUHOUX,** *Le verbe grec ancien. Éléments de morphologie et de syntaxe historiques,* 549 pp., 1992. Prix: 1650 FB. ISBN 90-6831-387-8.
Ce livre étudie la structure et l'histoire du système verbal grec ancien. Menées dans une optique structuraliste, les descriptions morphologiques et syntaxiques sont toujours associées, de manière à s'éclairer mutuellement. Une attention particulière a été consacrée à la délicate question de l'aspect verbal. Les données quantitatives ont été systématiquement traitées, grâce à un *corpus* de plus de 100.000 formes verbales s'échelonnant depuis Homère jusqu'au IVe siècle avant J.-C.

BCILL 62: **D. da CUNHA,** *Discours rapporté et circulation de la parole,* 1992, 231 pp., Prix: 740 FB. ISBN 90-6831-401-7.
L'analyse pragmatique de la circulation de la parole entre un discours source, six rapporteurs et un interlocuteur montre que le discours rapporté ne peut se réduire aux styles direct, indirect et indirect libre. Par sa façon de reprendre les propos qu'il cite, chaque rapporteur privilégie une variante personnelle dans laquelle il leur prête sa voix, allant jusqu'à forger des citations pour mieux justifier son propre discours.

BCILL 63: **A. OUZOUNIAN,** *Le discours rapporté en arménien classique*, 1992, 300 pp., Prix: 990 FB. ISBN 90-6831-456-4.

BCILL 64: **B. PEETERS,** *Diachronie, Phonologie et Linguistique fonctionnelle,* 1992, 194 pp., Prix: 785 FB. ISBN 90-6831-402-5.

BCILL 65: **A. PIETTE,** *Le mode mineur de la réalité. Paradoxes et photographies en anthropologie*, 1992, 117 pp., Prix: 672 FB. ISBN 90-6831-442-4.

BCILL 66: **Ph. BLANCHET** (éd.), *Nos langues et l'unité de l'Europe. Actes des Colloques de Fleury (Normandie) et Maiano (Prouvènço)*, 1992, 113 pp., Prix: 400 FB. ISBN 90-6831-439-4.
Ce volume envisage les problèmes posés par la prise en compte de la diversité linguistique dans la constitution de l'Europe. Universitaires, enseignants, écrivains, hommes politiques, responsables de structures éducatives, économistes, animateurs d'associations de promotion des cultures régionales présentent ici un vaste panorama des langues d'Europe et de leur gestion socio-politique.

BCILL 67: *Anthropo-logiques* 4 1992, 155 pp. Prix: 540 FB. ISBN 90-6831-464-5.
Une fois encore, l'unité du propos de ce numéro d'*Anthropo-logiques* ne tient pas tant à l'objet — bien qu'il soit relativement circonscrit: l'humain (on étudie ici la faculté de concevoir, la servitude du vouloir, la dépendance de l'infantile et la parenté) — qu'à la méthode, dont les deux caractères principaux sont justement les plus malaisés à conjoindre: une approche dialectique et analytique.

BCILL 68: **L. BEHEYDT (red.),** *Taal en leren. Een bundel artikelen aangeboden aan prof. dr. E. Nieuwborg*, X-211 pp., 1993. Prix: 795 FB. ISBN 90-6831-476-9.
Deze bundel, die helemaal gewijd is aan toegepaste taalkunde en vreemde-talenonderwijs, bestaat uit vijf delen. Een eerste deel gaat over evaluatie in het v.t.-onderwijs. Een tweede deel betreft taalkundige analyses in functie van het v.t.-onderwijs. Een derde deel bevat contrastieve studies terwijl een vierde deel over methodiek gaat. Het laatste deel, ten slotte, is gericht op het verband taal en cultuur.

BCILL 69: **G. JUCQUOIS,** *Le comparatisme, t. 2: Émergence d'une méthode*, 208 pp., 1993. Prix: 730 FB. ISBN 90-6831-482-3, ISBN 2-87723-053-0.
Les modifications majeures qui caractérisent le passage de l'Ancien Régime à l'époque contemporaine se produisent initialement dans les sciences du vivant. Celles-ci s'élaborent, du XVIIIe au XXe siècle, par la progressive prise en compte du changement et du mouvement. Les sciences biologiques deviendront ainsi la matrice constitutive des sciences de l'homme par le moyen d'une méthodologie, comparative pour ces dernières et génétique pour les premières.

BCILL 70: *DE VSV, Études de syntaxe latine offertes en hommage à Marius Lavency, édité par* **D. LONGRÉE**, préface de G. SERBAT, 468 pp., 1993. Prix: 795 FB. ISBN 90-6831-481-5, ISBN 2-87723-054-6.
Ce volume, offert en hommage à Marius Lavency, professeur émérite à l'Université Catholique de Louvain, réunit vingt-six contributions illustrant les principales tendances des recherches récentes en syntaxe latine. Partageant un objectif commun avec les travaux de Marius Lavency, ces études tendent à décrire «l'usage» des auteurs dans ses multiples aspects: emplois des cas et des tournures prépositionnelles, oppositions modales et fonctionnements des propositions subordonnées, mécanismes diaphoriques et processus de référence au sujet, structures des phrases complexes... Elles soulignent la complémentarité des descriptions syntaxiques et des recherches lexicologiques, sémantiques, pragmatiques ou stylistiques. Elles mettent à nouveau en évidence les nombreuses interactions de la linguistique latine et de la linguistique générale.

ORIENTALISTE, P.B. 41, B-3000 Leuven